Die verletzte Frau

Aussteigen aus der
Berg- und Talfahrt der Gefühle

Melinda Fish

Die verletzte Frau

Aussteigen aus der Berg- und Talfahrt der Gefühle

mit Vorwort von
Mathilde Volz

Immanuel Verlagsgesellschaft mbH, Nürnberg

Titel der amerikanischen Ausgabe:

Restoring the Wounded Woman

Chosen, a division of Baker Book House

Immanuel Verlagsgesellschaft mbH
Bernhardstr. 12
90431 Nürnberg

Übersetzung: Dagmar Betz
Satz und Graphik: Immanuel Verlagsgesellschaft mbH
Druck: Schönbach-Druck GmbH, Erzhausen

Die Bibelzitate sind, soweit nicht anders vermerkt, der Elberfelder Bibel (revidierte Fassung) entnommen.

ISBN 3-930168-05-7

Inhalt

Widmung

Die verletzte Frau
ist meiner Mutter
Merle Weir Watson
in Liebe gewidmet.

Wenn alle Frauen eine Mutter
wie sie hätten, wäre dieses Buch
vielleicht nicht nötig.

Danksagung

Mein besonderer Dank gilt folgenden Menschen für ihre Mithilfe bei den Nachforschungen und Vorbereitungen für das Manuskript und für ihre Ermutigung im Herrn:

meinem Mann Bill und unseren Kindern Sarah und Bill für ihre Geduld und Hilfe,

den lieben Menschen in unserer Gemeinde, *Church of the Risen Saviour*, in Trafford Pennsylvania,

Kathleen Roen, Margaret Feaver, Dr. Sheila Johnson-Hunt,

Mary und Elliot Tepper, David, Jonathan und Peter,

meiner Mutter Merle Watson,

meinen Schwiegereltern Gladys und Vinton Fish

Glenda Moser (christliche Beraterin), JoAnn Marino,

meinen besonderen Freunden, deren Lebensberichte (ohne Namensnennung) die Seiten dieses Buches bereichern,

Jane Campbell, Ann McMath, Herausgeber des *Chosen Book Verlags,*

Evelyn Steele, Linda Shore, Jennie Newbrough, Patsy Lennon, Sarah Phillips ... und anderen Frauen der *Myrtle Grove Presbyterian Church* in Wilmington, New Carolina,

Pastor Guy McComb und seiner Frau Phyllis,

meinen Freunden der *Evangelistic Center Church* in Kansas City, Missouri, für ihre Liebe und beständige Unterstützung,

allen Frauen, die mit Problemen zu mir gekommen sind. Ohne daß es ihnen bewußt war, drängten sie mich durch ihre mutigen Bekenntnisse dazu, in ihrem Namen weiterzuschreiben.

Vorwort von Mathilde Voltz

Wir Frauen leben in aufregenden Zeiten:

Auf der einen Seite stürzt unsere Welt, die ja so klein und brüchig geworden ist, immer mehr in ein Chaos von Beziehungslosigkeit.

Sicherheit suchen wir in Ehe, Familie und Beruf und nur zu oft stellen wir dann fest, daß auch dort kein bleibender Halt zu finden ist.

Das kann Angst machen.

Auf der anderen Seite finden immer mehr Menschen zu einer lebendigen Gottesbeziehung und bekommen dadurch einen sicheren Halt und neue Perspektive für ihr Leben.

Wenn wir unser Leben auf falschen, unrealistischen Erwartungen aufbauen, werden wir anfällig für Enttäuschungen.

Gott kennenzulernen verändert nicht nur unser Weltbild, sondern hat ganz praktische und positive Auswirkungen auf unser ganzes Leben - auch auf meine Gefühle als Frau.

Indem wir den lebendigen Gott als einen "Gott der Liebe" kennenlernen und das ganz real in uns erfahren, werden wir selbst wiederhergestellt.

Das macht uns erst wieder dauerhaft beziehungsfähig und schützt uns vor falschen Erwartungen, Enttäuschungen und ständig neuen Verletzungen.

Die Unfähigkeit in guten, liebevollen Beziehungen zu leben ist eine der größten Nöte unserer Zeit. Nur zu oft verursacht gerade das die größten Schmerzen.

Vor diesem Hintergrund habe ich das Buch von Melinda Fish mit großer Freude gelesen. Ich bin dankbar, daß sie keine Patentrezepte und keine Sofortlösungen anbietet. Denn vieles ändert Gott in uns durch längere Prozesse, indem wir uns selbst und auch den "Gott der Liebe" immer besser kennenlernen.

Im Johannesevangelium steht ein sehr bemerkenswerter Satz von Jesus: "Wenn ihr in meinem Wort bleibt, so seid ihr wahrhaft meine

Jünger; und ihr werdet die Wahrheit erkennen, und die Wahrheit wird euch frei machen". (Joh. 8,31b-32)

Im Laufe der letzten 20 Jahre habe ich mit vielen Frauen Gespräche geführt und gebetet. Unsere Grundbedürfnisse als Frauen sind eigentlich immer dieselben:

Geliebt und bedingungslos angenommen werden, Geborgenheit zu erfahren und ein sinnerfülltes Leben zu führen.

Gleichzeitig bieten sich uns viele falsche Wege an, und wir gelangen nur allzu leicht in Sackgassen.

Jesus Christus will das Selbstwertgefühl von uns Frauen wieder herstellen. Indem wir in einer Liebesbeziehung zu Gott leben, werden wir wieder beziehungsfähig zu Menschen, ohne dabei in falsche Abhängigkeit zu geraten.

Dieses Buch bietet dafür ausführliche und gründliche Hilfe an.

Es ist lebendig und spannend geschildert anhand von vielen aus dem Leben gegriffenen Beispielen. Ich bin sicher, daß es für viele Frauen eine gute Lebenshilfe sein wird.

Mathilde Voltz
Aglow Deutschland
im Februar 1995

Kapitel 1

Die Opfer des Krieges

Es wurde bereits dämmrig, als das Evangelisationsteam unserer Gemeinde vor dem bescheidenen weißen Holzhaus hielt. Einsam lag es weit draußen in der Prärie von Texas. Auf der Postkarte hatte es nur geheißen: "Bitte besuchen Sie meinen Sohn Don. Er ist so mutlos." Vielleicht, dachten wir, wäre Don ja bereit, etwas von Jesus zu hören.

An der Tür empfing uns eine Frau in den mittleren Jahren. Ihre Haare wurden schon allmählich grau. Tiefe Hoffnungslosigkeit stand ihr im Gesicht geschrieben. Sie führte uns zum Schlafzimmer und zog sich dann still in die Küche zurück.

Wir waren nicht auf den Anblick vorbereitet, der sich uns bot. In einem Bett vor uns lag das, was von ihrem einzigen Sohn Don Helms übrig geblieben war. Die untere Hälfte seines Körpers fehlte völlig.

Als er damals mit seinem Spähtrupp durch ein dichtbewaldetes Gebiet in Vietnam marschierte, so erfuhren wir, hatten er und seine Kameraden eine Lichtung erreicht. Sie wateten gerade durch ein Reisfeld und Don machte einen großen Schritt, da hörte er plötzlich unter seinen Füßen das unmißverständliche Klicken einer Mine. Es war das letzte Geräusch, an das er sich erinnern konnte. Mehr als eine Woche später kam er in einem Lazarett in Guam zu sich.

Es sollte sein letzter Schritt gewesen sein. Was zu seiner Mutter nach Hause kam, war weniger als die Hälfte ihres Sohnes. Als ich ihn so ansah, war es mir ein Rätsel, wie er überhaupt überlebt hatte. Unterhalb des Nabels war sein ganzer Körper verschwunden - seine Beine, seine Hüften. Don würde nie wieder stehen oder sitzen können. Er würde niemals heiraten oder wenigstens sein Bett verlassen. In einem einzigen grausamen Moment hatte eine Explosion seinen Körper in eine Ruine verwandelt und seine Zukunft zerfetzt. Keine Prothese konnte auch nur notdürftig das ersetzen, was fehlte. Don würde hier wohl für den Rest seines Lebens einsam und isoliert liegen - deprimiert und voller Groll im

Herzen. Nur seine engsten Verwandten würden ihn ab und zu besuchen.

Wir wußten nicht, was wir sagen sollten. Einige von uns versuchten etwas halbherzig mit Don ins Gespräch zu kommen, aber er schien zu weit entfernt und verbittert zu sein, um sich für das Evangelium öffnen zu können. Warum hatte Gott zugelassen, daß ihm das passierte? Wie konnte er für die Zukunft planen, geschweige denn sich darauf freuen?

Wir blieben noch eine Weile bei ihm, dann entschuldigten wir uns und fuhren schweigend zurück zur Kirche.

Seitdem habe ich oft an Don Helms gedacht und für ihn und seine Mutter gebetet. Kann Gott eingreifen? Wird Don ihn jemals lassen?

Jeder Soldat bereitet sich geistig, körperlich und seelisch auf einen Krieg vor, aber einer oder mehrere in jeder Einheit müssen erleben, wie ihre Freude über den Sieg von einer grausamen Kugel des Feindes in Stücke gerissen wird. Don ist nur einer von tausenden von Verwundeten, die zwar lebendig, aber gebrochen aus Vietnam zurückkamen. Sie kehrten von einem Krieg zurück, den Amerika zwanzig Jahre lang im hintersten Winkel seines Bewußtseins zu vergraben versuchte. Auch Menschen wie Don liegen dort begraben - begraben und vergessen.

Genauso können seelische Wunden einen Menschen auf Dauer verstümmeln. Geistlicher Kampf hinterläßt seine eigenen tiefen Wunden. So wie durch eine Kriegsverletzung Gliedmaßen von einem Körper weggerissen werden, können seelische Verletzungen den Lebenshunger eines Menschen auslöschen. In meiner mehr als sechzehnjährigen seelsorgerlichen Tätigkeit habe ich selbst mit unzähligen Männern und Frauen persönlich gesprochen, mit ihnen gebetet und sie beraten. Dabei habe ich folgendes festgestellt: Während Satan in vielen Bereichen gezielt die Männer angreift, konzentriert er sich bei Frauen vorwiegend auf ihre natürliche emotionale Verletzlichkeit und attackiert sie durch vielfältige demütigende Erniedrigungen.

Es gibt unheilvolle Parallelen zwischen der Art und Weise wie Frauen in der Welt unterdrückt und benachteiligt werden und wie sie es in der Gemeinde erleben. Ich kann dir versichern, daß der Kummer, dem christliche Frauen ausgesetzt sind, dem ihrer Schwestern in der

Welt sehr ähnlich ist. Christinnen leiden unter tiefen Wunden in den Beziehungen zu den Menschen, die ihnen am meisten bedeuten, sowie in ihrer Fähigkeit, natürliche und geistliche Frucht zu bringen.

Trotz aller Versuche, die eigene Familie für Christus zu gewinnen, kommen Millionen christlicher Frauen jeden Sonntag aus dem Gottesdienst nach Hause und finden dort keinen friedlichen Schlupfwinkel, sondern ein Schlachtfeld der Einsamkeit und des Kummers vor. Sie werden mit zahlreichen Problemen ihrer Ehemänner konfrontiert: Alkohol- oder Drogenabhängigkeit, sexueller oder körperlicher Mißbrauch, verbale Attacken oder Vernachlässigung, weil der Mann nur für seine Arbeit lebt. Dabei erheben einige dieser Ehemänner den Anspruch, Christen und tragende Säulen der Gemeinde zu sein.

Manche Frauen leben mit der verborgenen Schande einer Sucht, in die sie sich flüchteten, um das Leid in ihrem Leben zu verdrängen. Alleinerziehende Mütter mühen sich - nicht nur finanziell - ab, um ihre Kinder großzuziehen, ohne dabei viel staatliche Unterstützung zu erhalten oder Barmherzigkeit in der örtlichen Gemeinde zu erfahren. Die ältere Witwe hat ihre vertrauteste Freundin an den Tod verloren, ihre Kinder sind längst erwachsen und leben in einem anderen Teil des Landes. Im besten christlichen Elternhaus kann es einen eigenwilligen Esau geben, einen verlorenen Sohn, der trotz jahrelanger geduldiger Erziehung seinen eigenen Weg gehen will. Sie alle sind Opfer, verwundete Kämpfer der Christenheit, die oftmals ihrem stillen Leid und tiefen Kummer auf dem einsamen Schlachtfeld der Entmutigung überlassen werden.

Eine verletzte Frau gleicht in vielem Don Helms. Unbeantwortete Gebete und enttäuschte Hoffnungen haben in ihrer Seele dort ein Loch hinterlassen, wo früher ihr Glaube wohnte. Ein wichtiges Teil fehlt in ihrem Lebenspuzzle, ein Stück von dem sie glaubte, Gott würde es einsetzen. Sie läßt ihre Reise durch das Leben nun vom Autopilot steuern.

Geistlich und seelisch unberührt verrichtet sie ihre alltäglichen Pflichten völlig mechanisch und distanziert - Einkaufen, die Kinder zu all den Treffen und Veranstaltungen chauffieren, Kochen, kurze Gespräche mit dem Ehemann oder mit anderen Leuten, Fernsehen. Endlich kann sie sich ins Bett zurückziehen. Christliche

Freundinnen rufen sie kaum noch an, weil die frommen Patentrezepte bei ihr nicht funktioniert haben. Sie ist eine schmerzhafte Erinnerung daran, daß auch für einen Christen im Leben nicht immer alles glattgeht.

Ich habe solche Frauen in jeder Veranstaltung angetroffen, bei der ich gesprochen habe, manchmal in großer Zahl. Aus Angst, es nicht mehr zu verkraften, wenn ihre Hoffnungen wieder geweckt würden, nur um ein weiteres Mal zerschmettert zu werden, wagten sie es kaum, sich nochmals auf einen Aufruf einzulassen und zum Gebet nach vorne zu kommen. Viele tausend Frauen haben unaussprechliche Wunden durch die Hand eines grausamen Feindes erlitten, der viele Gesichter trägt. Ein einziger heimtückischer Schlag zerstörte ihre geistliche Frucht. Während andere Christen "Königreiche eingenommen haben", wurden diese armen Schwestern "auseinandergenommen". Die Gebete der anderen wurden erhört, ihre eigenen nicht. Als sie Jesus Christus um die Erneuerung ihrer Ehe baten, kam es statt dessen zur Scheidung. In den Ehen, die doch irgendwie überlebten, sind viele Ehemänner noch immer nicht gläubig. Ihre Kinder wandten sich trotz aller Fürsorge Drogen zu. Geliebte Menschen wurden nicht geheilt, wie man ihnen versprochen hatte. Ihre Probleme lösten sich nicht durch ein Lied oder einige salbungsvolle Gebete der Heiligen in Luft auf.

Viele dieser Frauen kommen nicht einmal mehr in die Gemeinde, höchstens noch aus Gewohnheit oder Pflichtbewußtsein. Pro forma bleiben sie der Kirche treu, innerlich aber sind sie leer und abgestumpft.

Wie ein Soldat wird der geistliche Kämpfer in jedem Gottesdienst psychisch auf den Sieg eingeschworen. Er wird trainiert seine Waffen geschickt einzusetzen, dem Herrn zu gehorchen, in seiner Bibel zu lesen, zu beten und zu fasten. Aber was geschieht, wenn er oder sie eine Niederlage hinnehmen muß? Wenn Gebete unbeantwortet bleiben und sich die Probleme nicht durch das Proklamieren eines Bibelverses lösen lassen? Über ihn werden die glücklicheren Sieger hinwegsteigen, die ihr Unglück nur um Haaresbreite verfehlt haben mögen, aber insgeheim glauben, daß sie ihre Waffen eben gewandter eingesetzt haben oder daß sie bei Gott größere Gunst gefunden haben.

Für die verwundete christliche Frau gibt es kein Siegesgeschrei. Sie sieht sich einer weiteren ironischen Form des seelischen Leids gegenüber: überhöhtem geistlichem Leistungsdruck. Während von Frauen außerhalb der christlichen Gemeinde nicht erwartet wird, daß sie Antworten haben, muß sich die christliche Frau ihren Kämpfen mit unerschütterlichem Glauben stellen. Und sie muß Wunder erleben. Wenn die Antworten aber ausbleiben, erlebt sie den verborgenen Schmerz eines enttäuschten Herzens, der oft noch durch die gutgemeinten, aber fehlplazierten Ratschläge christlicher Freunde oder eigene Verdammnis verschlimmert wird: *Ich hätte ... Wenn ich doch nur ... Gott erhört andere, warum nicht mich? Es muß daran liegen, daß ich seinen Ansprüchen nicht gerecht werden kann.*

Vielleicht bist du selbst solch eine verletzte Frau, oder du kennst eine. Fruchtlos und völlig eingeschüchtert hast du immer gehofft, jemand in der Gemeinde möge endlich dein Leid bemerken und dir heraushelfen, ohne dich zu verdammen.

Die verletzte Frau ist ein Buch für dich. In diesem Buch wirst du dem Leid anderer Frauen begegnen, die sich mit ganz ähnlichen Schwierigkeiten abmühen wie du. Einige sind noch immer am Kämpfen, andere aber haben den Weg heraus gefunden, einen Weg, der sie zu innerem Frieden geführt und sie mit Gott und sich selbst ins reine gebracht hat.

Auf diesen Seiten werden wir uns gemeinsam damit beschäftigen, welchen besonderen Kämpfen sich eine Frau stellen muß, welche Waffen gegen sie gerichtet werden, welche vielfältigen Masken ihr Feind trägt, unter welchen seelischen Wunden sie insbesondere leidet und welche Narben sie hinterlassen - vor allem aber, welchen sicheren, stillen Weg es für sie gibt, sich wieder ganz heil, erfüllt und glücklich zu fühlen. Dieses Buch ist keine "Schnellreparaturanleitung für Probleme", sondern ein kaum ausgetretener, selten benutzter Pfad zu höhergelegenem Land.

Nimm dir nun bitte einen Moment Zeit für den folgenden Fragebogen. Mit Hilfe der Testfragen kannst du herausfinden, ob und in welchem Ausmaß du Hilfe brauchst. Antworte auf diese Fragen mit "Ja" oder "Nein".

Trage ich tiefen Kummer mit mir herum?

____ 1. Empfinde ich Schmerz über vergangene Verletzungen, den ich nicht überwinden kann?

____ 2. Fühle ich mich oft so, als würde Gott die Antwort auf ein Gebet zurückhalten, um mich für Sünden meiner Vergangenheit zu bestrafen?

____ 3. Wurde ich von meinem Partner durch Scheidung, Trennung oder seinen Tod fortgerissen oder wurde ich durch widrige Umstände von anderen Menschen getrennt, die mir viel bedeuten?

____ 4. Hat mein Verlangen nach Gebet, Bibelstudium, persönlicher Zeit mit Gott oder dem Besuch der Gemeinde nachgelassen, seit ich zum Glauben gekommen bin?

____ 5. Habe ich die Freude an meinem Christsein verloren?

____ 6. Ist es schon lange her, daß ich mich so gefühlt habe als müßte mein Herz singen?

____ 7. Ist meine Einstellung dem Leben, bestimmten Situationen oder Menschen gegenüber zunehmend zynisch, pessimistisch oder sarkastisch geworden?

____ 8. Glaube ich insgeheim, daß meine Gebete nicht erhört werden, wenn ich mir nicht mehr Mühe gebe?

____ 9. Flüchte ich mich oft in Tagträume oder Wunschvorstellungen?

____ 10. Verbringe ich viel Zeit mit dem Nachdenken darüber, wie ich aus meiner gegenwärtigen Lebenssituation oder meinem Beruf ausbrechen könnte?

____ 11. Wird es mir langsam einfach egal, ob meine Gebete erhört werden oder nicht?

____ 12. Bin ich zornig auf Gott?

____ 13. Sind meine Gefühle in Angelegenheiten, die mich betreffen sollten, abgestumpft?

____ 14. Entdecke ich bei mir eines der folgenden Anzeichen von Depression: Appetitlosigkeit oder zwanghaftes Essen? Das Gefühl, das Leben sei nicht lebenswert? Ist es mir weniger nach Gesprächen zumute als bisher? Fühle ich mich oft zum Heulen? Reizbarkeit? Antriebslosigkeit? Selbstmitleid? Schwere Schlafstörungen? Schwierigkeiten, das Interesse an Dingen aufrechtzuerhalten, die ich früher genossen habe? Schmerzvolle Gedanken? Gedanken an Selbstmord?

____ 15. Rechne ich bei allem, was ich versuche, mit meinem Versagen?

____ 16. Schlage ich mir selbst "die Tür vor der Nase zu", indem ich hilfreiche Ratschläge, seelsorgerliche Beratung oder logische Lösungen für meine Probleme ablehne? Betreibe ich andere Formen der "Selbstsabotage", um zu "beweisen", daß ich es nicht schaffe oder daß Gott nichts für mich tut?

Wenn du *eine* dieser Fragen mit "Ja" beantwortet hast, finden sich bei dir bereits gewisse Anzeichen für tiefen Kummer, der dein Herz krank machen kann. Ein "Ja" zu mehr als vier Punkten bedeutet, daß du Hilfe suchen solltest. Wenn du manchmal Gedanken an Selbstmord in dir trägst, brauchst du sofort professionelle Beratung.

Wir wollen nun unsere gemeinsame Reise beginnen, indem wir uns ansehen, wie du (oder der Mensch, den du kennst) überhaupt erst in das dunkle Verließ der Verzweiflung hineingeraten bist.

Kapitel 2

Rasante Fahrt in die Verzweiflung

Echte Hoffnung enttäuscht den Hoffenden nicht, falsche Hoffnung hingegen entmutigt und zerstört. Lynns Problem war, daß sie diesen Unterschied nicht kannte.

Vor mehr als zwanzig Jahren hatte Lynn zu einem lebendigen Glauben an Jesus Christus gefunden. Es geschah im Hauskreis einer örtlichen Gemeinde, die damals Erweckung erlebte. In dieser Zeit schlossen sich viele Ehepaare dem Kreis an, während der Herr auf seinem "Siegeszug" durch die Häuser der Stadt nicht nur die Ehefrauen, sondern auch ihre Männer in Scharen in die Gemeinde führte. Lynn war eine junge Christin, die auch die Grenzen des Glaubens erforschen wollte. So begann sie eifrig für die Errettung ihres Mannes Jack zu beten. Als einige Monate ohne Anzeichen einer Veränderung vergangen waren, brachte Lynn ihr Anliegen im Hauskreis vor.

Sie fand großes Mitgefühl. Jedes Ehepaar betete für Jack und versicherte ihr, daß Gott antworten würde. Schon sehr bald würde sie Jack am Sonntagmorgen neben sich in der Kirche sitzen sehen, sagte man ihr. Ihre Hoffnungen stiegen. Sie wußte, daß es Gottes Wille war, ihren Mann zu retten. Hatten nicht Paulus und Silas zum Kerkermeister in Philippi gesagt: "Glaube an den Herrn Jesus Christus, und du wirst errettet werden, du und dein Haus" (Apg. 16,31)? Nach all den liebevollen, einfühlsamen Gebeten ihrer Freunde lag Jacks Bekehrung sicher nicht mehr in weiter Entfernung!

Lynn versuchte, die Sache zu beschleunigen, indem sie überall christliche Zeitschriften und Bücher herumliegen ließ - sogar auf der Toilette, wo er mit dieser Lektüre eingesperrt war. Sie versuchte, mit Jack über Jesus zu sprechen. Wie wundervoll sein Leben sein würde, wenn er Ihn in sein Leben aufnähme. Aber jedes Mal lenkte Jack das Gespräch geschickt auf ein anderes Thema. Er schien ihren neu gefundenen Glauben zu respektieren, zeigte selbst aber keinerlei Neigung in dieser Hinsicht.

Lynn wünschte sich immer verzweifelter, Jack sicher im Königreich Gottes zu wissen. Daher entschied sie sich, zu fasten. Eine kleine Gruppe aus der Gemeinde beschloß, es an ihrer Stelle zu tun, weil sie damals gerade mit ihrem zweiten Kind schwanger war. Da nun so viel gefastet und gebetet wurde, war Lynn sicher, daß Jack bald gerettet werden würde.

Aus Wochen wurden Monate. Jacks Name war regelmäßiges Gebetsanliegen in jedem christlichen Treffen oder Gottesdienst, den Lynn besuchte. Da sich so viele Ehemänner bekehrten, war es doch unwahrscheinlich, daß Jack ausgelassen werden würde. Sicherlich wollte Gott nur ihren Glauben auf die Probe stellen. Und wenn sie nur fest genug glauben konnte, würde Jack zum Herrn finden.

Es schien jedoch, als würden ihre ständigen Bitten dem Hauskreis allmählich lästig. Manchmal stellte man ihre Ernsthaftigkeit in Frage. War sie vielleicht zu anmaßend oder herrisch? Ordnete sie sich genug unter? Vielleicht wollte Gott ja auf irgendeine Weise an Lynns Leben arbeiten. Wenn sie nur herausfinden könnte, welchen Lebensbereich Gott meinte und sich änderte, würde Jack sich sicher für den Glauben öffnen.

Lynn hörte geduldig zu. Nun setzte eine lange Phase der Selbstbeobachtung ein. Welche Schwächen gab es in ihrem Charakter? Was konnte sie verändern, damit sie Gott mehr gefallen konnte? Betete sie genug? Fastete sie selbstlos und mit reinem Herzen? Gab es etwas in ihrem Leben, das sie nicht aufgeben wollte? Was konnte sie denn noch tun?

Woche um Woche verstrich. Lynn wurde immer verwirrter. Andere Frauen hatten doch auch nicht durch solche Schwierigkeiten gehen müssen! Ihre Männer hatten sich in der selben Nacht bekehrt wie sie selbst.

Nach sechs Monaten eingehender Selbstprüfung war Lynn einer Antwort kein Stück näher. Seltsam, daß Gott anscheinend andere ihrer Gebete gnädig erhörte! Wenn sie für andere Menschen betete, besserten sich deren Lebensumstände häufig. Zwei Frauen waren zum Gebet zu ihr gekommen, weil sie kein Kind empfangen konnten. Inzwischen brachten sie ihre Babies mit in die Kinderbetreuung während des Sonntagsgottesdienstes, Lynn aber spürte den Stachel der Unfruchtbarkeit in ihrem eigenen Leben, als sei ihr eigener Leib verschlossen. Denn jener eine Wunsch, den sie am meisten ersehnte, für den sie lebte und sich abmühte - er blieb unerfüllt.

Inzwischen sind zweiundzwanzig Jahre vergangen. Jack ist noch immer kein wiedergeborener Christ. Ich habe Lynn heuer auf einer Freizeit kennengelernt. Alle anderen Frauen an unserem Tisch unterhielten sich glücklich und begeistert, Lynn aber lächelte nur mit den Lippen, nie mit ihren Augen. Als ich sie fragte, ob ich mit ihr für irgend etwas beten könne, brach sie in Tränen aus. Sie bekannte, daß sie in ihrem Herzen einen tiefsitzenden Groll gegenüber Gott und ihren christlichen Freunden spürte. Seit langem hatte sie schon aufgehört, jemanden um Gebet für Jack zu bitten. Die anderen schnitten das Thema auch nie von selbst an. Sie war zornig auf Gott, weil er ihr die Erfüllung ihres Herzenswunsches nach einem christlichen Zuhause verweigerte.

Gleichzeitig führten Jack und sie jedoch eine gute Ehe. Er liebte sie und war zuvorkommend, er hatte nur einfach kein Interesse an geistlichen Dingen. Mehr als fünfzehn Jahre lang war Lynn jeden Sonntagmorgen aufgestanden, hatte die fünf Kinder angezogen und ihre kleine Herde in die Kirche bugsiert. Sie hatte ihnen biblische Geschichten vorgelesen und versucht, bei Problemen mit geistlichen Ratschlägen zu helfen. Drei ihrer Kinder waren nun erwachsen, aber keines schien Interesse an Gott zu haben.

Lynn spürte, wie die Bitterkeit ihr Herz allmählich hart machte. Niemand konnte ihren Schmerz nachempfinden, wenn sie jeden Sonntagmorgen sah, wie andere Familien im Gottesdienst zusammen Gott anbeteten.

Lynn war seelisch am Ende. Innerlich fühlte sie sich leblos und lau. Manchmal fragte sie sich insgeheim, ob sie eine von denen geworden war, die Jesus aus seinem Mund ausspeien würde. Sie konnte keinen Glauben mehr aufbringen und hatte alle Hoffnung aufgegeben.

In jeder Gemeinde gibt es Frauen wie Lynn. Sie sind in allen Frauentreffen oder Gottesdiensten anzutreffen. Überall, wo ich sprach, begegnete ich ihnen. Es sind Frauen auf dem Abstellgleis. Sie wünschen sich sehnlichst die Erfüllung ihres Herzenswunsches. Gleichzeitig schämen sie sich, daß ihre Gebetserhörung nicht längst eingetreten ist. Manchmal werden sie erbarmungslos von anderen verurteilt, weil sie angeblich nicht genug Glauben haben. Sie sind die Opfer des geistlichen Kampfes.

Die Lynns in unseren christlichen Gemeinden müssen erfahren, daß andere Christen sie verstehen.

Millionen von Frauen wie Lynn haben Antworten auf ihre Gebete gesucht, mußten aber statt dessen erleben, daß ihre Träume wie eine zerbrechliche Vase in tausend winzige Scherben zersprungen sind, die nur Jesus wieder zusammensetzen kann. Ein ungläubiger Ehemann kann eine von vielen Ursachen für die Verzweiflung einer christlichen Frau sein - vor allem, wenn er von Suchtmitteln oder Tätigkeiten abhängig ist, die auf Dauer seine Gesundheit, sein Leben oder die Familienbeziehungen zugrunde richten. Eine andere Wurzel der Hoffnungslosigkeit sind rebellische Kinder. Unfruchtbarkeit läßt kinderlose Frauen zu dem Schluß kommen, daß Gott sie zugunsten anderer, vielleicht fähigerer Mütter übergangen hat.

Viele Frauen glaubten, ihre Ehe würde ein Leben lang halten. Plötzlich aber sehen sie sich mit einer Scheidung konfrontiert, obwohl sie versuchten, die althergebrachten Ratschläge und Rezepte für wahres Eheglück zu befolgen. Nicht wenige Frauen wurden wegen einer anderen Frau von ihrem Mann verlassen. Finanzielle Schwierigkeiten machen alleinstehenden, verheirateten und geschiedenen Frauen zu schaffen, auch wenn sie treu den Zehnten geben, großzügig spenden und Bedürftige unterstützen. Andere Frauen leiden im Stillen darunter, daß sie eine Gabe für einen Dienst besitzen. Trotz dieser Begabung durch den Heiligen Geist wird ihr Dienst nicht anerkannt oder zugelassen, nur weil sie nicht als Männer, sondern als Frauen geboren wurden.

Alle diese Frauen sind verletzt. Sie sind in einer emotionalen Sackgasse angelangt oder befinden sich auf dem Weg dahin.

Hoffnung - ein lebensnotwendiges Element

Wenn eine Frau in eine seelische Sackgasse geraten ist, muß vorher ein äußerst wichtiger Bestandteil ihrer emotionalen Ausstattung außer Kraft gesetzt worden sein: ihre Hoffnung.

Hoffnung wird in der Bibel als eine freudige und gespannte Erwartung definiert, die wahrem Glauben vorausgeht, denn der Glaube ist "eine Verwirklichung dessen, was man hofft" (Hebräer 11,1). Sie ist ein unerläßliches Element wahrer christlicher Liebe, denn die Liebe "hofft alles" (1. Korinther 13,7). Nur weil wir hoffen, können wir auch geduldig aushalten. Hoffnung erneuert die Seele und verändert unsere innere Verfassung: aus Trauer kann Freude werden. Aufgrund seiner Zuversicht streut ein Bauer die Saat aus. Hoffnung veranlaßt Menschen, Pläne zu schmieden und zu arbeiten: "Es wird sicher besser werden!" Hoffnung läßt Visionen wachsen, ohne die die Menschen zu Grunde gehen würden. Die übernatürliche Hoffnung, die ein gläubiger Mensch in sich trägt, bringt den Ungläubigen dazu, nach ihrem Ursprung zu suchen.

Aber "hingezogene Hoffnung macht das Herz krank" (Sprüche 13, 12). Sie verwandelt die seelische Grundstimmung in Verzweiflung, das Gegenteil der Hoffnung. Der Mensch kann an der Hoffnung nicht mehr so stark festhalten, er rutscht entmutigt und antriebslos in Passivität ab und hört schließlich vollständig auf, zu kämpfen. Wenn die Hoffnung fehlt, verliert eine Frau jegliche Motivation, Schwierigkeiten weiter durchzustehen. Warum soll sie noch an einen Gott glauben, der sich um sie kümmert? Warum soll sie durchhalten, um den Lohn ihres Glaubens zu erhalten und zu empfangen, was ihr Gott nach seinem Zeitplan verheißen hat? Möglicherweise ist Hoffnung sogar die einzige geistliche Eigenschaft, ohne die Menschen auch physisch nicht leben können. Hoffnung ist eine kostbare und lebensnotwendige Gabe, die dem menschlichen Geist große Kraft geben kann. Deshalb versucht Satan um jeden Preis, sie entweder zu zerstören oder in falsche Hoffnung zu verdrehen.

Die Gefühle einer Frau mit fehlgerichteten Erwartungen gleichen den Erfahrungen, die man bei einer Fahrt mit der Achterbahn in einem Freizeitpark macht. Erinnere dich an eines deiner Kindheitserlebnisse in einer Achterbahn. Eine modernere Variante ist das "Stahlphantom" im Kennywood Park in Pittsburgh. Die amerikanischen Achterbahnfans halten diese Berg- und Talbahn für die beste in ganz Amerika, weil sie mit einer Geschwindigkeit von 130 km/h auf einer kühnen Stahlkonstruktion dahinrast. Auf einer Strecke von fast 1000 Metern überwindet sie insgesamt 50 Meter Steigung und Gefälle von 68 Metern, macht dabei vier Loopings, rattert durch zwei Spiralen, zwei enge Kehren und eine brezenähnliche Schleife. Die mutigen Fahrgäste, die unten an der Kasse anstehen, zittern entweder vor nervöser Aufregung oder stellen sich in frenetischer Begeisterung wieder und wieder an. Es ist die schnellste und längste Achterbahn der Welt und zugleich die Bahn mit der der steilsten Talfahrt: eine Minute und fünfzig Sekunden Todesangst und Ekstase!

Satan verlockt seine ahnungslosen, geschickt getäuschten Opfer, eine unsichtbare Achterbahn in Gesellschaft wenig vertrauenswürdiger Begleiter zu besteigen.

Aus diesem Grund ist es von entscheidender Wichtigkeit, den Unterschied zwischen echter und falscher Hoffnung zu erkennen. Wahre Hoffnung findet Erfüllung. Falsche Hoffnung führt zu einer abenteuerlichen Talfahrt, die schließlich in Verzweiflung und Passivität endet.

Lynns Unfähigkeit, neue Hoffnung zu schöpfen, nachdem ihr Traum von einer christlichen Ehe zerplatzt war, führte sie in Depressionen und lähmende Ängstlichkeit. Wie kam es dazu, daß Satan sie zu dieser zerstörerischen Fahrt verleiten konnte?

Die höllische Spirale

Lynn bestieg jene unsichtbare Achterbahn an dem Tag, als sie zum ersten Mal mit einer möglichen Bekehrung ihres Mannes rechnete. Schließlich ist es ja ganz natürlich, zu hoffen, daß nahestehende Menschen zum Glauben kommen. In jeder neuen Gebetszeit stiegen Lynns Hoffnungen wie das leise Klicken der Achterbahn, wenn sie eine steile Steigung hinaufrattert. Wenn Jack dann nicht auf ihre Anstrengungen reagierte, rasten ihre Gefühle in einer halsbrecherischen Talfahrt mit atemberaubender Geschwindigkeit hinab in die Ernüchterung. Statt die Wolken des Himmels zu berühren, fiel sie in eine Glaubenskrise.

Jeder Illusion beraubt, erlebte sie eine kurze Phase der Trauer und des Kummers, die einige Stunden oder manchmal auch Tage andauerte. Dann begannen ihre Erwartungen von neuem den langsamen, stetigen Anstieg zum "Leben wie es sein sollte". Bald kam es zu einer erneuten Krise und der Erkenntnis, daß alle Bemühungen vergeblich gewesen waren, und schon begann wieder die rasante Fahrt hinunter in die Enttäuschung.

Zeitweise schien Jack doch ein wenig am Glauben interessiert zu sein. Einmal besuchte er zusammen mit Lynn eine Evangelisationsveranstaltung, ein anderes Mal begleitete er einen Mann aus ihrem Hauskreis zu einem Männerabend. Jedes Mal stiegen Lynns Hoffnungen. Wenige Tage oder Wochen später jedoch brach wieder alles zusammen und sie blieb mit unerfüllten Erwartungen zurück. Hoffnung, Krise, Enttäuschung - bis sie schließlich jede Hoffnung aufgegeben hatte.

Besonders für sehr verletzliche und empfindsame Frauen werden die Qualen und der Nervenkitzel dieser Achterbahnfahrt manchmal fast zu einer verführerischen Sucht - vor allem, wenn diese Frauen ihre Hoffnung auf psychisch instabile, unreife Männer setzen. Sie finden diese Art der Beziehung auf romantische Weise aufregend, faszinierend und unwiderstehlich. Einige Christinnen haben mir anvertraut, daß sie sich nie zu Männern hingezogen fühlten, die einen soliden und vertrauenswürdigen Eindruck machten. Statt dessen weckte der Reiz des Verbotenen und Gefährlichen ihre Neugier und ließ den Funken überspringen.

Aber welches zerstörerische Feuer wird da entzündet! Eine Macht, die stärker ist als sie selbst, verlockt sie zur Fahrt ihres Lebens. Zerbrochen und niedergeschmettert bleiben sie am Ende zurück. Vielleicht hatten sie Gott vertraut, daß er ihren unzuverlässigen Freund oder Partner verändern würde, aber ihre missionarischen Bemühungen sind wie Saat, die vom Wind weggeblasen wird. Auf der Achterbahn rast ihr Lebenswaggon zwischen Vertrauen und Betrug dahin. Schließlich endet die Fahrt in der Verzweiflung über eine zerrüttete oder geschiedene Ehe.

Lynns Gefühle wurden (wie die Empfindungen jedes Menschen) so geschaffen, daß sie diesem kummervollen Prozeß nur einige Male in ihrem Leben standhalten konnte. Wir sind nicht dazu bestimmt, auf Dauer in Leid zu leben. Wenn Frauen wie Lynn ihre Hoffnung aber auf Ereignisse setzen, die sie nicht beeinflussen können, begeben sie sich unausweichlich in einen Lebensstil der Schmerzen. Wenn Gott nicht so wirkt, wie er es ihrer Ansicht nach tun sollte, denken sie sofort ans Aufgeben.

Ähnlich wie die Frau eines Süchtigen war auch Lynn dazu verdammt, in Verzweiflung zu enden. Obwohl ihr Mann sie liebte, führte ihr verzweifelter Wunsch nach seiner Errettung zum seelischen "Burnout" in ihrer Ehe. Eine Frau, die wie Lynn zwischen Hoffnung, Krise und Enttäuschung dahinrast, erlebt Trauerphasen unterschiedlicher Intensität. Alle Stadien des Kummers werden durchlitten: Schock, Leugnung, Zorn, Depression, Verzweiflung. Anders als bei heilsamem Kummer jedoch wird dieser Kreislauf nie durchbrochen, gelöst oder abgeschlossen. Statt dessen beginnt das Opfer den Kreislauf sofort wieder von neuem. Unzählige Male wiederholt sich der Teufelskreis.

Dieses Phänomen ist in der Psychologie als Kodependenz bekannt. Was bewirkt es im Leben einer Frau? Ähnlich wie Lynn gewöhnen sich diese Frauen an ihren seelischen Zustand: automatisch warten sie nach einer Hoffnung geradezu auf die anschließende Enttäuschung. Der Kummer-Kreislauf wird zur gewohnten Lebensweise. Wenn sie es jemals schaffen, sich innerlich zu lösen und aus der Achterbahn auszusteigen, müssen sie lernen, auf eine völlig andere Art und Weise mit dem Leben zurechtzukommen. Ein gründlicher Heilungsprozeß ist dann ebenso nötig wie die vollständige Neuordnung ihrer seelischen Verfassung, ihrer Denkmuster und Verhaltensweisen. Sie müssen ganz neu mit einem normalen Leben vertraut werden, das nicht von Krisen bestimmt ist.

Wenn diese Anpassung an die Normalität nicht gelingt, verbringen die Frauen den Rest ihres Lebens seelisch abgestumpft. Unbewußt werden sie ständig nach Personen und Situationen suchen, die vertraute Reaktionen erfordern. Solche Umstände sind für sie wie gute alte Bekannte, die sie auf ihrer Achterbahnfahrt durch Hoffnung und Verzweiflung so oft angetroffen haben. Sie werden zunehmend abhängig von falschen Hoffnungen und ungesunden Beziehungen. Aus Gewohnheit suchen sie immer wieder Krisen auf oder rufen sie selbst hervor. Sie gleichen suchtkranken Menschen, die ständig neue Suchtmittel probieren und konsumieren. Gottes Plan für ihr Leben existiert höchstens noch verborgen im Labyrinth ihrer seelischen Störungen.

Das Verlies der Verzweiflung

Die Hoffnungs-Enttäuschungs-Achterbahn ist ein bewährtes Mittel Satans, Menschen in die Verzweiflung zu locken. Das Verlies der Verzweiflung ist feuchter, modriger und dunkler als die finsteren, mit Ungeziefer verseuchten Kerker einer mittelalterlichen Burg. Es hält seine Opfer in geistlicher, seelischer und körperlicher Untätigkeit gefangen.

Nach mehr als fünfzehn Jahren des Kämpfens fiel Lynn in das tiefe Loch einer funktionalen Depression, in der sie dann fast sieben Jahre lang völlig passiv lebte. Medizinisch gesehen ist eine Depression nach innen gewandter Groll. Lynns Groll gegenüber Gott und sich selbst hatte sie zu einer geistlich schizophrenen Person gemacht. Manchmal lebte sie tagelang stumpfsinnig ohne jegliche innere emotionale Anteilnahme vor sich hin. Nach außen hin erschien sie anderen gegenüber meist ruhig und beherrscht. Man bewunderte ihren Mut angesichts aller widrigen Lebensumstände. Insgeheim aber war Lynn voller Bitterkeit und Härte gegenüber Gott und ihren christlichen Freunden - vor allem gegenüber denen, die eine christliche Ehe führten. Nur gelegentlich schimmerte ihr Groll in sarkastischen Bemerkungen durch.

Sie hatte kein Bedürfnis nach Gebet. Wozu sollte sie beten? Man konnte sich ja doch nicht darauf verlassen, daß Gott antworten würde. Wozu in der Bibel lesen? Dort standen statt echten Antworten sowieso nur fromme Patentrezepte, die ihr eigenes Versagen noch unterstrichen. Wozu in die Kirche gehen? Mit einem ungläubigen Ehemann sahen die anderen sie doch nur als Christin zweiter Klasse an. Sie empfand, als könne sie Gott nach der Ansicht einiger Menschen sowieso nicht dienen, selbst wenn sie es gewollt hätte.

Ähnlich wie der Kriegsveteran Don Helms, dem wir im ersten Kapitel begegnet sind, war Lynn ein Opfer des geistlichen Kampfes geworden. Lynn war müde vom Kämpfen, litt unter einer "Kriegsneurose" und hatte das Gefühl, als würde die Hälfte von ihr fehlen. Sie hatte einen Punkt erreicht, an dem sie keine neue Hoffnung mehr schöpfen konnte. Das Schlachtfeld ihrer Seele war übersät mit den Trümmern eines erfolglosen geistlichen Kampfes.

Man hatte sie antriebslos und bewegungsunfähig gemacht. Schritt für Schritt war sie einem heimtückischen, geschickt angelegten Plan gefolgt. Er hatte ihr allmählich alle Hoffnung geraubt und sie von der Gemeinschaft mit ihrem Herrn getrennt. Lynn war die Zielscheibe für Verzweiflung und eine Lähmung in Geist, Seele und Leib.

Passivität: Das letzte Glied der Kette

An der Endstation der Passivität hat der Feind eine christliche Frau schließlich an dem Punkt, wo er sie haben will. Obwohl er viele Methoden verwendet, um dieses Ziel zu erreichen (von zwanghaft-neurotischen Formen religiöser Abhängigkeit bis hin zu feinen Nuancen der Irrlehre) ist doch sein probatestes Mittel die Hoffnungs-Enttäuschungs-Achterbahn.

Jessie Penn-Lewis charakterisiert Passivität in ihrem christlichen Klassiker *War on the Saints* (Krieg gegen die Heiligen) als den Zustand, in dem ein Christ von einer Apathie beherrscht wird, die ihn für Täuschungsmanöver öffnet und anfällig macht. Eine mögliche Ursache mag das Nachlassen einer Erweckung oder eine "Flaute" in der wunderwirkenden Aktivität des Heiligen Geistes sein. Auch ein falsches Verständnis von Gottes Zeitplan zu segnen und Erfolg zu schenken kann der Anlaß sein. Manchmal nehmen Menschen auch die Stimme Gottes und seine Verheißungen für seine Kinder nicht unvoreingenommen und bereitwillig wahr. In jedem Fall setzt jedoch eine gefährliche Schläfrigkeit ein, die den Geist und das Denken des einst begeisterten und enthusiastischen Christen einhüllt, manchmal sogar begleitet von einer körperlich spürbaren Lethargie.

Man ist zornig und enttäuscht, weil die eigenen Bemühungen nicht geschätzt werden, weil der christliche Lebensstil andere nicht überzeugt oder Gebete unbeantwortet bleiben. Geistliche Hingabe schwindet, der Gläubige wird von Untätigkeit aufgesogen. Auf diese Weise kann die Fruchtbarkeit einer christlichen Frau verhindert werden, weil sich ohne Zusammenarbeit mit Jesus keine bleibende geistliche Frucht bilden kann. Schließlich kreischen die Bremsen des Achterbahnwaggons und er kommt zum Stehen: Seine Aufgabe ist erfüllt, das Ziel erreicht. Der Gläubige steht unter seelischem Schock und taumelt aus dem Wagen.

Lynns Fahrt mit der Achterbahn der Verzweiflung wiederholt sich überall auf der Welt unzählige Male in der Menschheit. Wir müssen aber begreifen, daß es nur ein winziger Teil einer globalen Auseinandersetzung zwischen Gut und Böse ist, wenn Satan versucht, einzelne Männer und Frauen (insbesondere Christen) in Verzweiflung zu stürzen. Dieser große Konflikt wird, soweit wir wissen, erst am Ende der Zeiten seinen letzten Höhepunkt haben. Die Verwundung von Frauen ist eine der Haupttaktiken des Teufels, um das Werk des Heiligen Geistes abzuschneiden und den Plan Jesu auf der Erde zu verhindern.

Um also unsere persönlichen Kämpfe richtig einordnen und verstehen zu können, müssen wir sie in ihrer wahren Perspektive sehen. Allzu oft macht uns der eigene Schmerz blind für den eigentlichen Kampf. Wir wollen nun zusammen herausfinden, welche Aufgaben eine Frau hat. So können wir auch das charakteristische Wesen ihrer Verletzungen besser verstehen.

Kapitel 3

Das Unfruchtbarkeitssyndrom

Wie wir in Lynns Fall gesehen haben, kann eine Christin in eine bestimmte seelische Verfassung geraten, wenn sich der Teufelskreis von Hoffnung und Enttäuschung häufig wiederholt. Es ist ein Zustand, der vielen Frauen vertraut ist, die den Herrn lieben und keine bewußte Absicht haben, von ihm wegzulaufen. Ich nenne diese Befindlichkeit inzwischen das "Unfruchtbarkeitssyndrom", weil sich eine Frau in diesem Zustand so fühlt, als sei ihr geistlicher Mutterleib verschlossen.

Wenn dieses Syndrom voll ausgeprägt ist, kann es durch einige bestimmte Kennzeichen und Symptome charakterisiert werden: Unfähigkeit, in einem entscheidenden Lebensbereich natürliche oder geistliche Frucht zu bringen; das Vorhandensein von berechtigtem oder falschem Schamgefühl; das Gefühl, von Gott in den Schwierigkeiten und Niederlagen des Alltags im Stich gelassen oder ausgenutzt zu werden. Daraus resultiert häufig ein tiefsitzender Zorn auf Gott und ein Bruch in der Gemeinschaft mit Ihm. Dieser Bruch kann konstant vorhanden sein oder parallel zu den Steigungen und Talfahrten der Hoffnungs-Enttäuschungs-Achterbahn auftreten. Das Gefühl, unge- recht behandelt worden zu sein, läßt Frauen meist zu dem Schluß kommen, daß Gottes Liebe eben doch nicht beständig und bedingungslos ist und daß Gott sie verlassen hat oder bestrafen will.

Wie kann eine Christin, die den Herrn von ganzem Herzen liebt, in solch eine seelische Verfassung geraten?

Tatsache ist, daß sich seit der Erschaffung der Welt viele treue Nachfolger Gottes in genau demselben seelischen Tief befunden haben. Solche Gefühle können manchmal auch ein Zeichen aufrichtiger und inniger Verbundenheit mit Gott sein. Hanna, Elisabeth, die Jünger Jesu nach der Kreuzigung, Sara, sogar Abraham selbst, der Vater der Treuen - sie alle kannten Momente, in denen sie von solchen Gefühlen überwältigt wurden. Es waren Augenblicke, die sie manchmal dazu brachten, die Dinge selbst in die Hand zunehmen.

In jeder Beziehung gibt es Erwartungen. Wenn diese Erwartungen sich nicht erfüllen, setzt eine Desillusionierung ein, begleitet vom Zorn auf denjenigen, der daran schuld zu sein scheint. Je weniger Vertrauen in einer Beziehung herrscht, desto unwahrscheinlicher ist es, daß wir unseren Ärger zugeben werden. Je enger und inniger eine Beziehung ist, um so sicherer fühlen wir uns. Damit wird es viel wahrscheinlicher, daß wir unseren Groll auch aussprechen können. Um die Krise zu überwinden, ist es unerläßlich, den Zorn - selbst den Zorn, den wir Gott gegenüber fühlen - zu erkennen und auszudrücken. (Mehr über den Zorn auf Gott erfahren Sie in Kapitel 12).

Wir wollen uns nun ansehen, wie aus einem einzigen unbeantworteten Gebet das dauerhafte Gefühl entstehen kann, unfruchtbar und unproduktiv zu sein.

Der Ursprung der Unfruchtbarkeit

Nachdem ich festgestellt hatte, daß das Unfruchtbarkeitssyndrom in meinem eigenen Leben am Wirken war, beobachtete ich nach und nach seine Entwicklung bei vielen Christen. Inzwischen bin ich zu der Erkenntnis gelangt, daß es sich um ein Werk des Feindes handelt, das zuerst im Garten Eden aufgetreten ist. Damals schlich sich Satan in die Beziehung zwischen dem ersten Paar und Gott ein. Mann und Frau waren die Krone der Schöpfung Gottes und beide hatten denselben göttlichen Auftrag erhalten: den Garten, in den sie gesetzt worden waren, zu bebauen und Frucht zu bringen. Es war der Nebeneffekt davon, daß sie mit Gottes eigenem lebensspendenden Atem erfüllt waren und daß sie Gemeinschaft mit ihm hatten.

Nicht durch Zufall war die vorrangigste und wichtigste Anweisung Jesu an seine Jünger "daß ihr hingeht und Frucht bringt und eure Frucht bleibe" (Johannes 15,16). Als bestätigendes Zeichen dieser Fruchtbarkeit konnten sie erwarten, daß "was ihr den Vater bitten werdet in meinem Namen, er euch gebe" (Vers 16). Jesus zeigte auf, daß das Geheimnis der Fruchtbarkeit seit der Zeit Adams und Evas gleich geblieben ist: "Wenn ihr in mir bleibt..." (Johannes 15,7). Einzig aus diesem Grund attackiert Satan die Gedankenwelt jedes Gläubigen und versucht mit Täuschungen und Anklagen, ihn von der Gemeinschaft mit Gott zu trennen.

Dem seelischen Zustand, dem wir die Bezeichnung "Unfruchtbarkeitssyndrom" gegeben haben, liegt das Gefühl zugrunde, Gott wolle nicht wirklich mein Bestes. Und Satan ist jedes Mal am Werk, wenn ich denke oder fühle, Gott sei mein Feind. Auf die gleiche Weise hat er damals im Garten Eden die Frau getäuscht. Jeder Christ kennt Zeiten, in denen der Satan versuchte, ihm ein falsches Bild von Gott einzuflüstern. Plötzlich tauchen Gedanken auf, wie: *Er spielt ein launisches Spiel mit meinen Gefühlen. Gott liebt mich nicht wirklich. Anscheinend will er mich bestrafen.* Leider fragen wir uns oft in solchen Momenten nicht: Warum würde Gott seine eigene Schöpfung zerstören, sein Wort brechen und die Geschöpfe im Stich lassen oder ungerecht behandeln, die Er doch so von Herzen liebt?

Jene Zweifel, die am Rande unseres bewußten Denkens nagen, werden selten bis zu ihren logischen Schlußfolgerungen durchgedacht. Statt dessen nehmen wir sofort an, daß man Gott nicht vertrauen kann. Es ist schwer, über abstrakte Wahrheiten und Zusammenhänge nachzudenken, wenn die Umstände ganz andere Schlüsse nahelegen. Wer denkt, es sei leicht, wurde noch nie bis zu den menschlichen Grenzen seines Glaubens geprüft. Aber warum stürzen wir uns so bereitwillig auf die falschen Schlußfolgerungen?

Die Antwort finden wir in der nächsten Entwicklungsphase des Unfruchtbarkeitssyndromes: dem Auftauchen eines primären Stressfaktors.

Der primäre Stressfaktor

Die Psychologie lehrt uns, daß es beschleunigende Faktoren für das Entstehen einer Depression gibt. Oftmals ist dies die Anwesenheit eines sogenannten primären Stressfaktors, das heißt einer recht gewichtigen Ursache für Schuldgefühle oder Zorn, seien sie berechtigt oder eingebildet. Dieser primäre Stressfaktor nagt am Gewissen, untergräbt das positive Selbstbild eines Menschen und bewirkt, daß nachfolgende Stressituationen einen Druck aufbauen, der schließlich kaum noch zu ertragen ist.

In kleinerem Ausmaß erleben wir dies täglich. Ein Beispiel: du hattest vielleicht gerade einen Streit mit dem Ehepartner, kommst dann aufgebracht ins Büro und arbeitest den ganzen Tag lang ziemlich uneffektiv. Die Stapel auf deinem Schreibtisch werden immer höher, der Chef nörgelt an dir herum und schließlich kommst du entnervt nach Hause, wo das Chaos ausgebrochen zu sein scheint. Der primäre, ursprüngliche Stressfaktor war der Streit mit deinem Partner. Die Sekundärfaktoren - viel Arbeit im Büro, das Gefühl, den Chef nicht zufriedenstellen zu können und das durcheinander daheim - häufen sich an, bis du entweder explodierst oder deprimiert wirst, weil du deinen Ärger in dich hineinfrißt.

Wenn es in einer Beziehung einen primären Stressfaktor gibt, stört er unsere Fähigkeit, mit kleineren, an sich harmlosen, Stressituationen fertig zu werden. Aber was geschieht, wenn dieser primäre Stressfaktor gravierender ist; beispielsweise Untreue in einer Ehe, eine verborgene Sucht oder eine unkontrollierbare Charakterschwäche? In diesen Fällen sind die Konsequenzen wesentlich schlimmer.

Die psychologische Stressfaktortheorie läßt sich auch auf den geistlichen Bereich übertragen. Nehmen wir an, der primäre Stressfaktor eines Menschen seien seine verdrehten Ansichten über Gott und seine Liebe für sie oder ihn. Ein solches verzerrtes Gottesbild kann unter anderem von der tiefsten menschlichen Schuld kommen: von einem unerneuerten Herzen, welches niemals um Vergebung seiner Sünden gebeten und Jesus Christus als Herrn und Heiland angenommen hat. Bevor man andere Stressfakoren in Betracht zieht, muß zuerst dieser aufgelöst und beseitigt werden, weil er ewige Konsequenzen nach sich zieht.

Aber was ist mit dem Christen, der weiterhin ein tiefes Schamgefühl als seinen primären Stressfaktor empfindet, obwohl er von seinem himmlischen Vater Vergebung erlangt hat und von ihm gereinigt wurde? Die Wurzel mag dann in ungelösten emotionalen Problemen der Vergangenheit liegen, beispielsweise wenn die bedingungslose Liebe von nahestehenden Menschen oder bedeutenden Autoritätspersonen fehlte. Eine andere Ursache kann ein Mißbrauch durch Eltern, Lehrer oder andere Personen sein, deren Anerkennung man suchte. Menschen schämen sich auch, wenn Sünden ihr Gewissen belasten. Vielleicht haben sie ihre Schuld sogar bekannt, können aber die Vergebung Gottes und anderer Menschen nicht annehmen. Manchmal entwickelt sich Scham aus Schuldgefühlen, wenn man glaubt, man sollte bestimmte Dinge tun oder hätte sie tun sollen. Im

Unterbewußtsein werden dann immer wieder die "Bänder" abgespielt, die die Eltern in einem programmiert haben.

Am häufigsten ist bei Christen als Hauptursache ihres Stresses das bohrende Gefühl anzutreffen, Gottes Liebe sei leistungsabhängig. Eines Tages werde er sie bestimmt im Stich lassen. Obwohl uns Gottes Liebe wiederholt in der Bibel zugesichert wird, bringt Satan sie dazu zu glauben, Gottes Liebe sei von ihrer Glaubensstärke oder ihrem Gehorsam abhängig. Dabei finden sich in der Heiligen Schrift viele Verse wie "[...] niemand kann sie aus der Hand meines Vaters rauben" (Johannes 10,29), oder "Und siehe, *ich* bin bei euch alle Tage bis zur Vollendung des Zeitalters" (Matthäus 28,20).

Was ist, wenn sie irgend etwas übersehen oder vernachlässigt haben? Pech gehabt! Denn Gottes Standard ist nun mal Perfektion! Wie ein unerbittlicher Abteilungsleiter hinter einem riesigen Schreibtisch überwacht und bewertet Gott ständig ihre Leistung, legt sie in eine Waagschale und befindet sie für mangelhaft. Wenn die Mißerfolge oder Verfehlungen zu zahlreich werden, werden sie "entlassen".

Aber wie kann sich ein solches verzerrtes Gottesbild überhaupt im Leben eines Christen entwickeln?

Gesetzlichkeit

Gesetzlichkeit war die Religion der Pharisäer. Sie gründete auf einer Sammlung von Lebensregeln, die man aus dem Gesetz des Mose abgeleitet und zusammengestellt hatte. Obwohl Paulus selbst ein Pharisäer war, machte er deutlich, daß der Sinn des Gesetzes darin lag, uns auf unsere Unfähigkeit seiner Erfüllung und unsere Sündhaftigkeit hinzuweisen. Im Gegensatz dazu versucht der gesetzliche Mensch, es trotzdem einzuhalten.

Jede Form des Heidentums ist gesetzlich, weil sie auf der Vorstellung basiert, Gott belohne gutes Verhalten und bestrafe schlechtes Verhalten. Die Indianer glaubten, Donner und Blitz seien Zeichen der Mißbilligung Gottes. Genau auf die gleiche Weise reagieren Christen Gott gegenüber in ihren *Gefühlen.* Wenn negative Vorfälle sich ereignen oder der Glaube nicht belohnt zu werden scheint, muß Gott wohl zornig oder nicht einverstanden sein.

Bevor du jetzt protestierst, beantworte bitte die folgenden Fragen mit "Ja" oder "Nein":

____ 1. Werde ich finanzielle Schwierigkeiten bekommen, wenn ich keinen Zehnten gebe oder Geld spende?

____ 2. Werde ich krank werden, wenn ich in Wort oder Tat sündige?

____ 3. Wenn ich nicht genug Glauben aufbringen kann, wird Gott mich dann nicht belohnen "können"?

____ 4. Kann ich auf Dauer wegen moralischem Versagen oder Unterlassungssünden "meine Salbung verlieren"?

____ 5. Kann ich meine Erlösung verlieren?

____ 6. Wenn ich anderen nicht helfe oder gegen sie sündige, wird Gott dann auch "unfähig" sein, mir in Zeiten der Not zu helfen?

____ 7. Wenn negative Gedanken oder Worte aus meinem Mund kommen, werden sie dann "auf meinen Kopf zurückkommen" und zu schlimmen Konsequenzen in meinem Leben führen?

____ 8. Wenn ich es nicht schaffe, Gewohnheitssünden in meinem Leben zu überwinden, wird Gott dann seinen Segen zurückziehen?

____ 9. Wenn meine Gebete nicht erhört werden, suche ich dann nach dem Grund dafür?

____ 10. Wenn ich es nicht schaffe, eine Sünde zu stoppen, die mich ständig bedrängt, werden dann Dämonen die Erlaubnis bekommen, mich zu quälen?

Vielleicht hast du dich bei diesen Fragen innerlich ungemütlich und unruhig gefühlt, oder du hast mehr als dreimal mit "Ja" geantwortet. Dann ist es ziemlich wahrscheinlich, daß du - zumindest emotional - in einem leistungsorientierten Christsein gefangen bist. Es mag für dich schwer zu akzeptieren sein: möglicherweise empfindest du in deiner Beziehung zu Gott kaum anders als ein Heide! Kann es sein, daß deine Haltung anderen Christen gegenüber richtend und überkorrekt ist? Du wurdest beraubt und stehst am Anfang eines Unfruchtbarkeitssyndroms!

Naomi

Der Glaube, daß Gott zornig auf mich ist und ein grausames Spiel der Vergeltung mit mir treibt, ist sehr alt und viele Male im Alten Testament widerlegt. Mose, Abraham, der Syrer Naeman und Hiob - sie alle lernten, daß Gottes Liebe bedingungslos gilt.

Eine der inspirierendsten Geschichten der Bibel ist jedoch die Geschichte von Gottes Eingreifen im Leben der armen Witwe Naomi. Ihre Geschichte findet man im Buch Ruth. Wenn jemals ein Mensch für das Unfruchtbarkeitssyndrom sozusagen prädestiniert war, dann war es diese Frau, deren Name die Bedeutung "angenehm" hat. Ihr Leben war alles andere als angenehm gewesen.

Die erbarmungslosen heißen Winde hatten Dürre, Hunger und Entbehrung über das Land Israel gebracht. Es war die Zeit, in der Richter das Land regierten. Viele Israeliten hatten das Verheißene Land auf der Suche nach Nahrungsmitteln verlassen, und genau diese Suche verursachte Naomis primären Stressfaktor. Ihr Ehemann, Elimelech, wählte nämlich das Land Moab als Zufluchtsort für seine Familie.

Die Moabiter waren aus der Gnade Gottes gefallen, weil sie den Israeliten während ihres Auszuges aus Ägypten nicht mit Nahrung und Wasser helfen wollten. Seit der Zeit als sie Bileam angeworben hatten, um Israel zu verfluchen, waren sie die Feinde Israels. Gott hatte gewarnt: "Ein [...] Moabiter darf nicht in die Versammlung des HERRN kommen. Auch die zehnte Generation von ihnen darf nicht in die Versammlung des HERRN kommen, für ewig; [...]du sollst ihren Frieden und ihr Wohl nicht suchen alle deine Tage für ewig." (5. Mose 23,4;7).

Diese Schriftstelle ging Naomi wahrscheinlich sehr nach. Sie war die Grundlage für Naomis Überzeugung, die Gnade Gottes verloren zu haben. Deshalb war sie nicht nur das Opfer einer von Gott gesandten Hungersnot in Israel geworden. Ihr Mann hatte sie auch noch zusammen mit ihren beiden Söhnen in ein Land gebracht, das Gott in seinem Wort deutlich mißbilligte. Naomis primärer Stressfaktor war tief in ihrem Leben verwurzelt: sie hatten Zuflucht in einem Land gesucht, das Gott haßte. Das mußte der Grund dafür sein, daß seine Gunst aus ihrem Leben verschwunden war. Kein Wunder also, daß nach einiger Zeit Elimelech starb.

Die Zeiten schienen sich zu bessern als ihre beiden Söhne Machlon und Kiljon in Moab Liebe und Glück fanden. Sie heirateten moabitische Frauen, Orpa und Ruth, und lebten glücklich und zufrieden - bis ihr Traum zerplatzte. Beide Söhne starben frühzeitig, was Naomis Kummer fast ins Unerträgliche steigerte. Nachdem nun diese sekundären Stressfaktoren hinzugekommen waren, beschloß Naomi schließlich, daß eine Rückkehr nach Bethlehem die einzige Möglichkeit sei, den Fluch von ihrem unglücklichen Leben zu nehmen.

Habe ich zu viel in die Geschichte hineininterpretiert? Wohl kaum. Naomis eigene Worte im ersten Kapitel des Buches Ruth offenbaren deutlich die Schlußfolgerungen, die sie aus der Hungersnot, ihrem mühevollen Leben und dem Tod ihres Mannes und ihrer Söhne zog. Sie war der festen inneren Überzeugung, daß Mühe und Entbehrung immer ihr Los sein würden. Fünfmal in diesem Kapitel verdeutlichen Naomis Worte ihre Ansicht, daß sie unter dem Gerichtsurteil Gottes stand: "Ist doch die Hand des HERRN gegen mich ausgegangen. ...denn der Allmächtige hat mir sehr bitteres Leid zugefügt. ...leer hat mich der Herr zurückkehren lassen. ...da der Herr gegen mich ausgesagt und der Allmächtige mir Böses getan hat."

Schwerer zu verstehen ist Naomis verzerrte Einschätzung ihrer Situation zur Zeit der Hungersnot in Israel, bevor sie nach Moab reisten: "Voll bin ich gegangen...". Als ob sie vergessen hätte, wie leer ihre Mägen gewesen waren, nachdem ihnen durch die Dürre und die anschließende Hungersnot ihre Einkommensgrundlage in Bethlehem, ihrem kleinen bäuerlichen Heimatdorf, entzogen worden war.

Momentane Stressfaktoren tragen in der Tat das Potential in sich, unsere Erinnerungen an eine schmerzhafte Vergangenheit zu verklären. Die Israeliten vergaßen die Sklaverei in Ägypten und sehnten sich nach ihren "Fleischtöpfen" - ähnlich wie sich Christen nach ihrem früheren Leben zurücksehnen, wenn sich ihr Christsein als langweilig oder erfolglos herausstellt. Die Erkenntnis, daß man Gott mißfällt, scheint die einzige logische Schlußfolgerung zu sein.

Aber wie bald sollte sich herausstellen, daß Naomi völlig unrecht hatte! Ihr liebevoller, treuer Gott wartete nur auf eine passende Gelegenheit, um Sein Erbarmen zur rechten Zeit zu beweisen. Durch die treue Freundschaft ihrer moabitischen Schwiegertochter wurde ihr Leben erneuert. Ruth glaubte an die Gnade des Gottes Israels und durfte schließlich erleben, daß sie nicht nur in der "Versammlung des Herrn" sondern sogar in der Abstammungslinie des Messias ihren Platz bekam.

Gesetzliche Menschen rechnen nicht mit der Gnade Gottes. Sie verabscheuen sie sogar. Warum sollte Gott gegen seinen Charakter und seine Prinzipien handeln? Ist es nicht allein Gerechtigkeit, an der Gott interessiert ist?

Wenn das wahr wäre, hätte Jesus Christus nicht zu kommen brauchen. Jesus hat Gottes Strafkonzept der Vergeltung ein für alle Mal beendet. Sein Auftrag bestand darin, den primären Stressfaktor zu beseitigen: er nahm die Schuld der Welt auf sich und stellte die Gemeinschaft der Menschen mit Gott wieder her. Dadurch erwies er uns seine Gnade, die wir nicht verdienen. Die engstirnigen Pharisäer regte das auf. Ihre religiöse Gesetzlichkeit schloß die Gläubigen von inniger, vertrauter Gemeinschaft mit einem Gott aus, der doch seine größte Freude darin findet, sich seiner Kinder zu erbarmen.

Gesetzlichkeit trennt auch heute noch Männer und Frauen von einer vertrauensvollen Beziehung zu Gott. Wir Menschen neigen immer zu der heidnischen Ansicht, daß wir ständig unter den mißbilligenden Blicken Gottes leben. Wie ist diese Einstellung in unserem Leben entstanden?

Die Ursache einer niedrigen Selbsteinschätzung

Seit dem Moment als Adam von der Frucht des Baumes der Erkenntnis von Gut und Böse aß, haben Menschen unter einem niedrigen Selbstwertgefühl gelitten. Satan hatte der Frau gegenüber vorgegeben, die Erkenntnis von Gut und Böse sei eigentlich Weisheit. In dem furchtbaren Moment jedoch, als ihr Ehemann die Frucht versuchte, wurden ihre Augen geöffnet und sie sahen ihren eigenen Körper und den Körper des anderen ohne die Dimension der Gnade Gottes. Plötzlich schämten sie sich und fühlten sich minderwertig. Die Erkenntnis, die Eva sich erhoffte (vielleicht auch um ihre Aufgabe, den Garten Eden zu bewahren, besser erfüllen zu können), raubte ihr in Wirklichkeit ihr Selbstwertgefühl.

Als sich die beiden zum ersten Mal ihren prüfenden, gnadenlosen Blick zuwarfen, gefiel ihnen nicht, was sie da sahen. Sie *mochten* sich selbst nicht. Und als sie ihre Gedanken - nun in neuer "Erkenntnis" - Gott zuwandten, mochten sie ihn auch nicht. Sie fürchteten sich, ihm unter die Augen zu treten.

Ironischerweise schienen sie nicht negativ gegenüber der Schlange zu reagieren. Die Handlung, die ihnen angeblich dazu hätte verhelfen sollen, den Unterschied zwischen Gut und Böse zu erkennen, schien in Wirklichkeit ihre Fähigkeit zerstört zu haben, die wahre Bosheit in Satan selbst wahrzunehmen.

Es ist erstaunlich, wieviel Schaden der Gemeinde im Namen einer "Erkenntnis" zugefügt wird, die ein Zerrbild wahrer Erkenntnis und Unterscheidung der Geister ist. Die echte Gabe ermöglicht es dem Gläubigen übrigens nicht nur, zu erkennen, was von Gott ist. Er kann auch das entdecken, was in ihm selbst und in seinen Geschwistern von kostbarem Wert ist. Wenn uns nur das Negative auffällt und es uns selten Freude macht, das zu sehen, was göttlich ist, sind wir vielleicht derselben Täuschung zum Opfer gefallen.

Vielleicht warst du selbst früher die Zielscheibe einer derart perfektionistischen Musterung durch andere, sei es durch ein Elternteil oder einen Lehrer. Dann weißt du, wie schmerzhaft das sein kann. Durch das Errichten von Schutzmauern um dich herum kannst du eine gnädigere Sicht deiner Beobachter aber nicht zurückgewinnen. Mehr noch, wenn du dich nicht bewußt darum bemühst, dich von dieser erbarmungslosen Einschätzung der anderen zu befreien, wirst du selbst beginnen, alles mit einem kritischen Blick zu sehen. Du fängst an, Gott und die Menschen, die er liebt, einschließlich dich selbst, ohne Erbarmen zu verurteilen. Es wird zu einer gewohnten, fesselnden Beschäftigung, bei anderen Schwächen zu entdecken und ihnen die Gründe für ihre Misere vorzutragen. In einem schwachen Versuch, das eigene niedrige Selbstbewußtsein zu heben, sehen wir uns selber mit mehr Erbarmen als wir bereit sind, unserem Bruder oder unserer Schwester zuzugestehen.

Neu lernen, mit Gottes Augen zu sehen

Unser Gefühl, von Gottes bedingungsloser Liebe getrennt zu sein, hängt direkt mit unserer richtenden Haltung anderen gegenüber zusammen. Wenn diese Haltungen aber von Gott verändert werden, ist das Ergebnis ein gereinigtes Gewissen.

Wie kann dies geschehen? Es beginnt damit, statt Verurteilung Gnade und Liebe auszustrahlen. Dem anderen eine Chance zu geben. Aufzuhören, die Ursache hinter der offensichtlichen Niederlage, Krankheit oder dem Versagen des anderen beurteilen zu wollen. Ihn anzunehmen, so wie er ist. Seine Schmerzen mit tröstenden Worten zu lindern oder in schweigender Anteilnahme stehen zu lassen. Die furchtsame Erwartung, im Stich gelassen zu werden, nicht noch zu verstärken, sondern wie Ruth den anderen treu zu begleiten, auch wenn er es nicht verdient. Anderen Menschen das Bild eines liebenden, nicht das eines strafenden, fordernden Gottes zu vermitteln. Andere auch dann zu lieben, wenn es scheint, als wären ihnen die Dinge, nach denen wir uns schon lange sehnen, so leicht und ohne viel Aufwand zugefallen.

Wo wir bisher durch unser Verhalten den Bruch zwischen Menschen und Gott noch verstärkt haben, müssen wir ihn reparieren. Wir sollen es dem verlorenen Sohn leicht machen, heimzukommen. Freue dich daran, Erbarmen zu zeigen, statt insgeheim mit Befriedigung festzustellen, daß andere endlich das bekommen, was sie verdienen. Bringe deinem Bruder Respekt und Achtung statt Herablassung oder Bevormundung entgegen, auch wenn es dir den Sockel, auf dem du stehst, unter den Füßen wegzieht und dich auf die gleiche Stufe mit ihm stellt. Er geht in seinem Leben durch die gleichen Prüfungen und Siege wie du, und er hat den gleichen Gott auf seiner Seite.

Jeder Mensch hat seinen eigenen privaten Bereich, in dem er schmerzhafte Erfahrungen macht. Ich habe niemals einen Christen getroffen, der nicht Schwierigkeiten in irgendeinem Lebensbereich hatte, deren er sich schämte und eine Art Unfruchtbarkeit empfand. Aber oft vergessen wir unsere eigenen ungelösten, leidvollen Probleme und urteilen über Ursache und Wirkung, über Sünde und Strafe im Leben anderer Menschen! Genau diese Tendenz, andere zu richten, hält uns in einem Schuldturm gefangen, bis auch wir den letzten Pfennig bezahlt haben.

Patsys Ehemann Cleve mußte die Bibelschule aus finanziellen Gründen abbrechen. Es fällt ihr deshalb sehr schwer, Laura im Gottesdienst zu begrüßen, da diese wohlmeinende Frau Patsy ständig zurechtweist, weil Cleve die Schule verlassen hat. Laura ist fest davon überzeugt, daß Cleves finanzielle Schwierigkeiten direkt mit diesem ungehorsamen Verhalten Gott gegenüber zusammenhängen. Lauras Ehemann ist Alkoholiker. Trotz all ihrer Bemühungen hat er niemals Christus angenommen oder ist in die Gemeinde gekommen. Wenn sie aber nun mit dem Finger auf Patsy zeigt, wird es ihren eigenen Schmerz nicht lindern. Wir werden wohl nie erfahren, was ein mitfühlenderer Umgang mit anderen in Lauras eigenem Leben verändern könnte.

Wenn wir Erbarmen im Leben von anderen Menschen säen, wird so das lockere Band der Gemeinschaft mit Gott allmählich wieder fester geknüpft. Unser ganzes Gottesbild, das jetzt noch so von Täuschung und Anklage verdunkelt ist, verändert und erhellt sich.

Es ist nicht leicht, sich zu ändern. Starre, gesetzliche Lehre diktiert uns manchmal eine Vorstellung von Gott als von einem "treuen Gott, der sein Wort nicht bricht". In Wirklichkeit meinen wir damit aber, daß sein Wort ein Gesetz ist, das ohne Gnade gilt, es sei denn man "verdient" sie sich.

Wenn wir aber anderen gegenüber Erbarmen zeigen, öffnet das unser eigenes Leben für einen Strom der Gnade. Als ich endlich damit aufhörte, nach Sünde bei anderen zu suchen, fand ich allmählich auch weniger Sünden in mir selbst. Als ich andere freisetzte, sie selbst zu sein, spürte ich plötzlich Gottes Annahme für mich, wie ich war, ohne daß ich etwas leisten mußte. Als ich meinen anklagenden Finger zurückzog, stellte ich fest, daß Gott mich auch nicht anklagte. Als ich begann zu lieben und die Geschwister anzunehmen, die ich ja sehen konnte, fühlte ich die bedingungslose Liebe des Gottes, den ich nicht sehen konnte.

Von dem primären Stressfaktor "Gesetzlichkeit" frei zu werden, geht jedoch viel tiefer. Wer unter dem Joch eines leistungsorientierten Christseins steht, neigt nicht nur dazu, andere zu verurteilen, er ist auch anfällig dafür, das Geheimnis für Fruchtbarkeit im Leben eines

Christen auf schablonenhafte, austauschbare Erfolgsformeln zu reduzieren.

Das Geheimnis des Peak 37

Als ich mir neulich einen Film im Kino ansah, verdeutlichte das Geschehen auf der Leinwand auf sehr prägnante Weise das offensichtliche Defizit einer auf Leistung gegründeten Theologie. In der Hauptrolle des Filmes "Der Medizinmann" (The Medicine Man) spielte Sean Connery einen säkularen Wissenschaftler, der die Sozialpolitik der Forschungsgemeinschaft seiner Universität satt hat. Er schlägt sein Lager für längere Zeit bei einem primitiven Stamm im Regenwald Südamerikas auf.

Eines Tages stößt er in dieser unzivilisierten Gemeinschaft durch Zufall auf eine natürliche Substanz, die tatsächlich Krebs heilen kann. Trotz all seiner Versuche, diese Substanz in Reagenzgläsern anhand der wunderwirkenden Formel herzustellen, kann keine dieser Proben Tumore über Nacht beseitigen. Nur die Flüssigkeit im Originalfläschchen hat diese Wirkung. Schließlich betritt ein anderer Wissenschaftler mit einer professionellen Ausstattung die Szene. Jedes Gefäß wird auf seine Bestandteile hin analysiert und auf einem Bildschirm in Kurven graphisch dargestellt. Die Anzeige gleicht dabei fast der Zickzacklinie eines EKGs. Jede Probe weist dieselbe Kurve am Bildschirmmuster auf - außer der ursprünglichen, wirksamen Substanz. Ganz unten auf der Bildschirmanzeige erscheint ein winziger Ausschlag, der die Bezeichnung *Peak 37* erhält. Der Rest des Filmes handelt von der Suche nach dieser 37 - die Spitze der Kurve - verursacht von einem merkwürdigen Bestandteil, der die eine unwirksame Substanz in einen hochwirksamen Wirkstoff verwandelt.

In der Mitte des Filmes fühlte ich, wie Gott zu mir sagte: *Ich bin Peak 37.*

Es brachte mich zum Nachdenken. Besteht unsere Erfolgsformel einfach darin, daß wir die garantiert wirksamen Rezepte kopieren, mit denen es bei den anderen geklappt hat, statt uns an Gott selbst zu wenden? Hing die Bekehrung von Lynns Ehemann davon ab, daß sie genau die Dinge tat, die alle anderen Frauen in ihrem Hauskreis getan hatten? Wächst eine Gemeinde, weil sie die Rezepte für Gemeindewachstum einer anderen Gemeinde kopiert? Wird eine hoffnungsvolle Ehefrau von Gott mit einem Baby belohnt, weil sie und ihr Ehemann Gott treuer waren als ein anderes Paar, das kinderlos bleibt?

Wenn wir diese Fragen innerlich mit Ja beantworten, stehen wir in der Gefahr, in die Falle der Gesetzlichkeit in einer ihrer heimtückischsten und subtilsten Formen zu stolpern.

Was bedeutet es denn dann, wenn du persönlich in einem Lebensbereich leidest, ohne daß man sich darum kümmert? Wenn du mit schweren Situationen konfrontiert wirst, wenn Gottes Salbung aus deinem Leben zu schwinden scheint? Wenn der Segen ausbleibt und dir gar nichts mehr leichtfällt? Bist du schuld daran? Genügt deine Leistung nicht? Sind deine "Zutaten" minderwertig? Mußt du dich deshalb schämen?

Wir dürfen das Wirken des allmächtigen Gottes in unserem Leben nicht auf Spezialrezepte aus unserer eigenen Küche reduzieren. Das wäre Zauberei, ein Zusammenmischen von Tränken, um wundersame Ergebnisse zu erzielen. Gott hat sich das Recht vorbehalten, auf der Grundlage von Gnade zu handeln, nach seinem eigenen Zeitplan und seiner eigenen Wahl, denn er ist der Herr.

Beseitige den primären Stressfaktor!

Der erste Schritt zur Heilung vom Unfruchtbarkeitssyndrom ist die Beseitigung des primären Stressfaktors, also der schmerzhaften Täuschung durch Gesetzlichkeit, die sich oftmals als vernünftige, gesunde Theologie verkleidet. Sobald die Hauptursache einmal entfernt ist, werden andere vorhandene Stressfaktoren nicht mehr dazu führen, daß ich glaube, mein Gebet würde deshalb nicht erhört, weil ich irgendwo versagt habe.

Jesus, der einzige Sohn Gottes, kam auf die Erde um den primären Stressfaktor zu entfernen: Er nahm die Schuld von denen, die an ihn glauben. Durch die gesetzliche Auslegung der Heiligen Schrift durch die Pharisäer war ein verzerrtes Gottesbild entstanden, Gottes Charakter und seine Absichten wurden falsch dargestellt. Aber das Kreuz zerstörte diese Grundursache für Stress. Wenn wir unser

Denken Schritt für Schritt vom Heiligen Geist erneuern lassen, indem wir die Gemeinschaft mit ihm pflegen, und wenn wir uns von der Gesetzlichkeit lösen, dann wird der primäre Stressfaktor der Schuld aus unserem Leben beseitigt.

Wird die Frucht, nach der ich mich so sehr sehne, schließlich in dem Bereich, in dem ich unter meinem Mangel leide, doch noch wachsen? Wenn ein Christ den ausgestreckten Zeigefinger des Urteilens von sich selbst und von anderen zurückzieht, findet er das Geheimnis der Fruchtbarkeit: in der Gnade zu ruhen, die in Jesus Christus zu finden ist. Wenn wir in Christus bleiben, läßt das in uns die Art von Frucht wachsen, die er von uns möchte. Das Ruhen in Christus befreit den Gläubigen vom Druck, selbst entscheiden zu müssen, welche Art von Frucht denn nun aus seiner gegenwärtigen Situation entstehen sollte. Die Ruhe bewirkt gute Frucht in manchmal schwierigen und aufreibenden Umständen. Du kannst aufhören, dich um die Segnungen deiner eigenen Wahl zu mühen, und damit beginnen, für die Segnungen dankbar zu sein, die du bereits besitzt. Diese Ruhe in der Gnade läßt es mich genießen, Gott zu dienen, weil meine verzerrten Vorstellungen von ihm heilen.

Es ist ein freudiges Vorrecht, einem Gott zu dienen, der lächelt statt die Stirn zu runzeln, der unsere Gefühle nicht manipuliert, indem er uns androht, uns im Stich zu lassen. Du kannst es genießen, einem Gott zu gehören, der in seiner Hingabe an uns unerschütterlich und wohlwollend ist, der uns immer willkommenheißt, wenn wir das Bedürfnis nach einem Gespräch haben, und der keinerlei Absicht hegt, uns zu richten oder zu verdammen - weder jetzt noch in der Zukunft.

Kann das alles wahr sein?

Jesus selbst bestätigte es, als er sagte: "[...] ich bin nicht gekommen, daß ich die Welt richte, sondern daß ich die Welt errette" (Johannes 12, 47). Wovon erretten? Vom Gericht. "Wer mein Wort hört und glaubt dem, der mich gesandt hat", sagte Jesus, "[der] hat ewiges Leben und kommt nicht ins Gericht, sondern er ist aus dem Tod in das Leben übergegangen." (Johannes 5,24). Das ist die Ruhe des Glaubens.

Mein eigener Kampf

Viele Menschen haben mich gefragt, wie meine beiden bereits veröffentlichten Bücher entstanden sind. Wie lange ich dazu gebraucht hätte, sie zu schreiben? "Fünfzehn leidvolle Jahre!" ist dann meine Standardantwort.

Ich habe selbst in der Frage des Gemeindewachstums unter dem Unfruchtbarkeitssyndrom gelitten. Mein Ehemann Bill und ich kamen vor mehr als sechzehn Jahren in eine Innenstadtgemeinde in Pittsburgh, die um ihr Überleben kämpfte. Die aktive Mitgliedschaft betrug weniger als fünfzehn Erwachsene. In all den Jahren seither haben wir das freudige Lachen und den tiefen Kummer der Hoffnungs-Enttäuschungs-Achterbahn erlebt: unsere Mitgliedszahlen stiegen und fielen, stiegen und fielen. Nach sechzehn Jahren des treuen, hingegebenen Dienstes haben wir gerade einmal ungefähr einhundert Mitglieder.

Andere Gemeinden in unserer Nähe platzen aus allen Nähten, ihre Kirchenbänke sind dicht besetzt. Manche von ihnen bitten mich auch, auf ihren Frauenkonferenzen und Freizeiten zu sprechen. In unsere Gemeinde haben sich die Schafe des Herrn niemals in solch großer Zahl hineingedrängt.

Für Bill und mich ist es wohl ebenso schwer, zu Konferenzen zu gehen, wo wir von "erfolgreicheren" Pastoren umgeben sind, wie es für eine kinderlose Frau schwer ist, eine Freundin zu besuchen, die gerade ein Baby bekommen hat. Ich hasse Bücher und Seminare über Gemeindewachstum genauso stark, wie andere Frauen Bücher darüber *Wie Sie Ihren Ehemann für Christus gewinnen.* Und ich kann gut nachempfinden, wie es ist, wenn andere Leute einem vorschlagen, in welchen Bereichen man Dinge verändern müßte, damit die Gemeinde an einen Punkt kommt, wo sie Gottes Segen empfangen kann. Manchmal denke ich, wir haben jede Änderung ausprobiert, jeden Ansatz versucht, Gott gebeten, unser Herz zu verändern. Trotzdem kommt unsere Gemeinde noch immer über eine Höchstzahl von einhundert Mitgliedern nicht hinaus.

Ja, es waren schmerzhafte Lektionen, die Bill und ich aus dem lernen mußten, was andere "Versagen" nannten. Aber gerade sie bewirkten, daß Bücher über Abhängigkeit, Erneuerung und Innere Heilung entstanden sind, die inzwischen international veröffentlicht wurden. Wenn wir persönlich unter der Situation nicht so gelitten und uns geschämt hätten, wäre diese Frucht niemals hervorgebracht worden. Die Wunden der Menschen, die durch diese Bücher angerührt worden sind, wären vielleicht offen und blutig geblieben. Ich bin dankbar, daß wir erkennen durften, wie Gott in unserer Verzweiflung am Wirken ist. Wir haben erlebt, daß wir uns weiterhin auf seine Güte verlassen können, egal wie schwierig und hart es im Alltag manchmal ist.

Ich bin deshalb voll Mitgefühl und Verständnis für deine Situation und möchte dir Mut machen. Wenn wir Schweres erdulden müssen und dabei die Treue Gott gegenüber nicht verlieren, ist das in seinen Augen von viel größerem Wert, als wenn Gebete zu deiner Zufriedenheit erhört werden - etwas was ja eigentlich nicht dein Verdienst ist! Dein Glaube hat das Wunder nicht bewirkt, es war seine Gnade, die dir zuerst seinen Glauben geschenkt hat. Ebenso wenig hast du Erfolgserlebnisse durch deinen heiligen Lebensstil verdient; allein Gottes Gegenwart macht einen Glaubenden heilig, und diese gründet sich wieder auf seine Gnade.

Vielleicht ist gerade Treue die Frucht, die er von dir in deinen besonderen Lebensumständen möchte. Es gibt nur einen Weg, wie diese Treue (oder auch jede andere Frucht, die wir bringen), wachsen kann: ich muß die Gemeinschaft mit dem Gott aufrechterhalten, der mich bedingungslos liebt. Und das bedeutet, Gott so zu akzeptieren, wie er ist:als Meister in meinem Leben.

Es wäre wesentlich leichter, die Gemeinschaft mit Gott aufrechtzuhalten, wenn der Heilungsprozess nicht durch Kämpfe unterbrochen würde, die ich mit Menschen ausfechten muß, die mir viel bedeuten. Verlangt Gott, daß ich im Namen christlicher Liebe und Gnade meine Rolle als Opfer annehme, ohne zu erkennen, wo Menschen mich mißbrauchen und dadurch möglicherweise sogar meine Beziehung zu Ihm schädigen?

Wir wollen diesen Gedanken im nächsten Kapitel weiterverfolgen.

Kapitel 4

Der Kampf beginnt: Wie Frauen verletzt und mißbraucht werden

Nimm bitte wieder einen Stift und beantworte die folgenden Fragen mit "Ja" oder "Nein". Sie werden dir viel über dich selbst und den wichtigsten Mann in deinem Leben offenbaren:

____ 1. Ist er in einem Elternhaus aufgewachsen, in dem seine Mutter stets von seinem Vater geachtet und respektiert wurde? Wie ist das bei mir?

____ 2. Wurde er von seiner Mutter in seelischer oder körperlicher Hinsicht vernachlässigt?

____ 3. Gibt er den anderen Frauen in seinem Leben, also beispielsweise seiner Ex-Frau, seiner Mutter oder einer anderen Frau, die in seinem Leben eine wichtige Rolle gespielt hat, die Schuld für erlittene Ungerechtigkeiten oder persönliches Versagen?

____ 4. Scheint er mich zu sehr zu brauchen? Gesteht er mir nicht genug Freiraum zu?

____ 5. Wenn ich die Beziehung abbrechen würde, müßte ich dann Angst haben, daß er sich oder anderen etwas antut?

____ 6. Erwartet er von mir zu viel oder Dinge nach zu kurzer Zeit?

____ 7. Kritisiert er mich? Versucht er mich nach seinen eigenen Maßstäben zu verändern, sei es nun ausgesprochen oder unausgesprochen?

____ 8. Bin ich diejenige die in unserer Beziehung immer nur gibt, vor allem in den Bereichen, die von Bedeutung sind?

____ 9. Ist er finanziell von mir abhängig oder kann er für seinen eigenen Lebensunterhalt sorgen?

____ 10. Ist er eifersüchtig, wenn ich erfolgreich war und etwas erreicht habe?

____ 11. Macht er mich öffentlich oder privat in irgendeiner Weise lächerlich?

____ 12. Benutzt er irgendwelche Mittel - und seien sie auch noch so unscheinbar und harmlos - , um mich einzuschüchtern?

____ 13. Mag er sich selbst?

____ 14. Wurde er jemals von einer anderen Frau kontrolliert, manipuliert oder mißbraucht?

____ 15. Übernimmt er für seine Fehler, Probleme oder sein Versagen die Verantwortung?

____ 16. Hat er Schwierigkeiten, Arbeit zu finden oder eine Stelle zu behalten?

____ 17. Ist sein Auftreten mir gegenüber aggressiv?

____ 18. Hat er sehr strenge oder engstirnige Ansichten über Frauen und ihre Rolle, sich dem Mann zu unterwerfen?

____ 19. Verwendet er Bibelstellen um mich anzugreifen oder seine Ansicht zu legitimieren, daß Frauen "an ihrem Platz" bleiben sollten?

____ 20. Glaubt er, daß eine Frau für die gleiche Arbeit auch die gleiche Bezahlung erhalten sollte?

____ 21. Ist er mir gegenüber besitzergreifend?

____ 22. Beschimpft er mich, wenn er wütend ist? Beleidigt er mich mit erniedrigenden Schimpfworten oder versucht er, mich zu beherrschen?

____ 23. Schmollt er, um mich zu manipulieren?

____ 24. War sein Vater seiner Mutter gegenüber gewalttätig?

____ 25. Hält er es für ein Zeichen von Männlichkeit, Frauen zu kontrollieren und zu dominieren?

____ 26. Möchte er daß ihm alles zufällt, ohne daß er sich dafür anstrengen muß?

____ 27. Würde ich irgendwie versuchen, ihn zu halten?

____ 28. Wechselt meine Beziehung zu ihm zwischen Begeisterung und Schmerz?

____ 29. Ist er wirklich Christ? (Bist du sicher? Prüfe es anhand von 0Galater 5,22-23: Ist die Frucht des Heiligen Geistes in seinem Leben sichtbar, so wie sie in diesen Versen beschrieben ist?)

____ 30. Unterstützt und ermutigt er mich, meine Lebensziele auch umzusetzen, nicht nur zu Hause, sondern auch für mich persönlich, in meiner Weiterbildung, meinem Beruf oder in der Gemeinde?

____ 31. Hört er mir zu? Respektiert er meine Ansichten und erkennt er sie als genauso wichtig, geistlich oder gültig wie seine eigenen an?

____ 32. Übernimmt er als Ehemann und Vater Verantwortung (oder würde dies tun), oder drückt er sich vor dieser Verantwortung? Weist er sie von sich, um sich Dingen zu widmen, die ihm wichtiger sind?

____ 33. Fühle ich mich von ihm irgendwie ausgenutzt?

____ 34. Muß ich meine Persönlichkeit ändern, um von ihm geliebt oder akzeptiert zu werden?

____ 35. Erwartet er von mir, daß ich ihn mit Sex für das belohne, was er in unsere Beziehung investiert, obwohl wir nicht verheiratet sind?

____ 36. Habe ich Angst vor ihm?

____ 37. Fühlt er sich von mir oder von meinem Erfolg bedroht?

____ 38. Bin immer ich diejenige, die sich entschuldigt?

____ 39. Ist er ein Alkoholiker oder abhängig von Drogen, Arbeit, Sex, Glücksspiel, ____________?

Wenn du die Fragen 1, 13, 15, 20, 29, 30, 31 verneint hast, dich bei Frage 32 für die Alternative *drückt sich* entschieden hast und ansonsten auf die restlichen Fragen mit "Ja" geantwortet hast, dann weisen deine Antworten deutlich darauf hin, daß du eine Beziehung zu einem Mann aufbaust oder aufrechterhältst, der dich in geistlicher, seelischer oder körperlicher Hinsicht zerstören wird.

Hoffnung wird zerstört

Kann Satan einen Menschen, den du liebst, benutzen, um dich zu zerstören? Im Garten Eden hat er es getan - als Schlange verstellt. Unbemerkt schlich er sich ein, überwand die Grenzen des Garten Eden und suchte sich das geeignetste Schlachtfeld aus: die

Beziehung zwischen dem Mann, der Frau und Gott. Satan versuchte, dieselbe Taktik auch bei Judas und sogar bei Petrus einzusetzen, in der Hoffnung, Jesus dadurch zu zerstören.

Seit Eden hat Satan niemals aufgehört, wie eine Schlange in das Leben von Menschen hineinzugleiten, Grenzen zu übertreten, sein eigenes Königreich aufzubauen und das an sich zu reißen, was ihm nicht gehört. Wir mögen glauben, daß wir seine widerwärtige Gegenwart deutlich im Leben anderer Menschen erkennen und können uns dabei doch völlig täuschen. Im nächsten Augenblick drehen wir uns dann um und übersehen ihn in seiner täuschendsten Maske in dem einen Menschen, der uns am nächsten steht.

Bei Christen ist Satans Angriffspunkt ihre Beziehung zu Gott, ihre Hoffnung auf ein ewiges Erbe und ihre Fähigkeit, Gott zu vertrauen, daß er etwas aus den Umständen ihres Lebens machen kann. Obwohl die Vorgehensweise Satans bei Frauen und Männern ähnlich ist, konzentrieren wir uns in diesem Buch vorwiegend auf seine Attacken gegenüber Frauen. Wenn man einer Frau die Hoffnung raubt, bedeutet dies, daß die Schutzmauern ihres Lebensgartens niedergerissen werden. Diese Mauern sollen eigentlich ihre Ehe und Familie ebenso schützen, wie ihre natürliche und geistliche Frucht und ihr Selbstwertgefühl.

Um die Hoffnung der Frau zu zerstören, muß Satan das zerstören, worauf sie ihre Hoffnung setzt. Also wird er in die Beziehungen zu Menschen eindringen, die ihr viel bedeuten, und dabei anklagende und täuschende Strategien verwenden. Da es sein Ziel ist, die Frucht aus dem Garten einer Frau zu stehlen, muß er die Schutzmauern, die diese Frucht beschützen, zum Wanken bringen oder sich unbemerkt einschleichen, um eine zerstörerische Zeitbombe ablegen zu können. Frauen, die blind für Satans Wirken im Leben des Mannes an ihrer Seite sind, sind für Kummer geradezu prädestiniert.

Das Leben von Wendy und Bud Milford verdeutlicht, wie es passieren kann.

Wendy und Bud

Wendy Milford war eine leichte Beute. Sie hatte nie etwas vom Prinzip der von Gott gesetzten Grenzen gehört. Als Kind eines alkoholabhängigen Vaters und einer passiven Mutter, die seine verbalen und körperlichen Attacken widerstandslos erduldete, hatte Wendy nur ein Vorbild für ihre künftige Rolle als Ehefrau und Mutter - eine Frau deren Leben seelischer Zerstörung preisgegeben war. Wendys Mutter, eine Christin, hatte immer geglaubt, daß ihr Glaube und ihre Hingabe belohnt werden würden und ihr Mann zum Glauben finden würde, wenn sie seine Wutausbrüche und verbalen Auswüchse hinnahm und sich unterordnete.

Es geschah nie. Er kam nicht zu Christus und Wendys Mutter starb nach einem qualvollen Leben im Alter von 51 Jahren an Krebs. Damals war Wendy achtzehn Jahre alt.

Wendys Mutter erfuhr nie, daß ihr Mann seine Tochter seit ihrem zehnten Lebensjahr sexuell mißbraucht hatte. Wendy hatte es in diesen acht Jahren gelernt, den Einbruch der Dunkelheit zu fürchten, denn dann schlüpfte ihr eigener Vater immer in ihr Zimmer. Er kam zu ihr ins Bett und zwang sie, perverse sexuelle Handlungen auszuführen. Ihre Mutter erfuhr es nie. Wendy schämte sich zu sehr, um ihr ihr furchtbares Geheimnis anzuvertrauen.

Wendys Mutter war eine von 1,8 Millionen Frauen, die laut einem Artikel in der Ausgabe der Zeitschrift *Newsweek* vom 12. Dezember 1988 jedes Jahr Opfer häuslicher Gewalt werden. Auch Wendy wurde Teil einer Statistik: gut ein Drittel der weiblichen Bevölkerung der Vereinigten Staaten leidet unter sexueller Gewalt. Eines von fünf Mädchen (so berichtete die Aprilausgabe der Zeitschrift *Seventeen* im Jahr 1991) wird das Opfer von Inzest, bevor es das 18. Lebensjahr erreicht hat. Wendy war eine von ihnen.

Wendy wuchs innerlich gespalten auf: ein Teil war das unschuldige, kindliche Mädchen, der andere eine schmutzige Prostituierte. Sie verbarg ihre dunkle Seite unter einer Maske tadellosen, braven Verhaltens. Sie war in der Schule beliebt und stand immer auf der Ehrenliste. Wendy plante, eine Schule für Sekretärinnen zu besuchen - bis sie Bud traf. Bud wurde ihre Fahrkarte heraus aus einer furchtbaren Kindheit.

Jemand hatte Wendys Schutzmauern überwunden und verwüstet. Sie wuchs damit auf, in der intimsten aller Beziehungen, der Eltern-Kind-Beziehung, auf grausamste Weise mißbraucht worden zu sein. Von ihrer Mutter hatte sie zudem die Kunst der Kodependenz[1] gelernt: schweigendes, sinnloses Leiden.

Sie verliebte sich in Bud in den letzten Monaten auf der High School. Er war gutaussehend und beschützte sie. Wendy erwartete, daß sich ihr Leben in vielem verbessern würde, sobald sie sich nur vor dem Altar das Eheversprechen gegeben hätten.

Aber es verbesserte sich gar nichts. Bud war in vielerlei Hinsicht genauso wie ihr Vater - dickköpfig und besitzergreifend. Anders als ihr Vater trank Bud nicht. Er behauptete ja, Christ zu sein. Er übernahm nur sporadisch Gelegenheitsjobs und hatte Probleme, begonnene Tätigkeiten durchzuhalten. Sie waren erst wenige Wochen verheiratet als Wendy erleben mußte, wie Buds hitziges Temperament sich in einem Zornausbruch entlud. Er schlug mit seiner Hand die Badezimmertüre ein, zerrte Wendy aus der Dusche und begann, sie herumzustoßen, - alles nur, weil das Abendessen zehn Minuten zu spät fertig war.

Nach drei Jahren Ehe war Wendy täglich seinen verbalen Angriffen ausgesetzt. Er beschuldigte sie, eine Hure zu sein, wenn sie aus irgendeinem Grund mit einem anderen Mann sprach. Wenn Bud einen seiner Zornausbrüche hatte, fluchte er, beschimpfte sie und warf ihr vor, die Ehe zu ruinieren.

Sein Verhalten war dennoch verwirrend. Zwischen seinen gewalttätigen Wutanfällen konnte Bud sehr romantisch sein. Gewöhnlich entschuldigte er sich nach einer verbalen oder manchmal auch körperlichen Attacke für sein Verhalten und versuchte, sich durch irgendeine Form der Wiedergutmachung mit Wendy zu versöhnen. Ein neues Kleid, das sie sich gewünscht hatte, oder ein Essen in ihrem Lieblingsrestaurant waren sein Friedensangebot. Das Monster zog sich hinter die Maske des liebevollen Mannes zurück, den Wendy sich wünschte. Schon nach kurzer Zeit verwandelte er sich jedoch in einem stets neuerlichen Kreislauf der Gewalt in ein eifersüchtiges, nachtragendes Ungeheuer.

---

1 wechselseitige Abhängigkeit (Anmerkung des Übersetzers)

Das Monster in ihm haßte Wendy wegen ihrer Versuche, ihre eigenen Möglichkeiten zu entfalten. Bud bestritt, daß sie je eine Schule für Sekretärinnen besuchen könne, schließlich sei sie nur ein einfältiges Dummerchen. Er glaubte, daß Frauen dazu bestimmt seien, für ihre Männer zu sorgen "wie es die Bibel lehrt". Er selbst hatte große Schwierigkeiten, eine Anstellung zu finden, obwohl er ein hervorragender Schreiner war. Er weigerte sich, Stellengesuche aufzugeben und behauptete, der Herr würde ihm schon Arbeit verschaffen. Bewerbungen loszuschicken, so sagte er, würde bedeuten, Gott nicht zu vertrauen.

Trotz allem war Wendy fest entschlossen, dafür zu sorgen, daß ihre Ehe funktionierte. Sie wollte bei Bud bleiben und versuchen, ihn zu verstehen. Sie hoffte, daß Gott ihn doch noch verändern würde. Mehrere Jahre gingen vorüber, Wendy bekam drei Söhne. Sonst aber änderte sich nichts. Wendy hielt es für falsch, ihren Mann zu verlassen. Für die Kinder wäre es sicher ein schlechtes Vorbild.

Bud wechselte zudem ständig von einer Gemeinde zur nächsten. Alle drei oder vier Jahre suchte er sich eine neue. Sobald ein Pastor bemerkte, mit welchen brutalen und verletzenden Methoden Bud seine Frau ausnutzte, wurde er beschuldigt, die Familie auseinanderbrechen zu wollen. Bud verschwand auf Nimmerwiedersehen, um sich einen neuen Pastor zu suchen, der seine Ansichten über wahres christliches Familienleben bestätigen würde. Manchmal hatte Wendy, eine begabte Bibellehrerin, den Eindruck, sie solle in der Gemeinde von dem mitteilen, was ihr wichtig war. Doch immer wenn die Ältesten ihr die Gelegenheit dazu gaben, fühlte sie sich von Buds fehlender Unterstützung und seinen starren Ansichten wie abgewürgt. Und sobald sie begann, sich als Teil der Gemeinde zu fühlen und zusammen mit ihren drei Söhnen Freundschaften zu schließen, wollte Bud weg.

Als die Jungen dann in die High School kamen, fingen sie ebenfalls an, ihre Mutter respektlos zu behandeln. Sie glaubten den abfälligen Worten ihres Vaters und wurden zornig auf ihre Mutter, die angeblich ihr Zuhause zu der Hölle machte, die es war. Gleichzeitig waren sie auch voller Groll darüber, daß sie seine Gewaltausbrüche so tatenlos hinnahm.

Wendy war Mitte vierzig als das Lächeln, das sie stets auf den Lippen getragen hatte, um ihre seelischen Wunden zu verbergen, schließlich verschwand. Depressionen setzten ein. Ihre einzige Möglichkeit, noch mit der Situation fertig zu werden, bestand darin, aus einem Leben des Kummers und der Frustration innerlich auszusteigen. Apathie wuchs in ihr - gegenüber Gott, gegenüber der Gemeinde, gegenüber allen geistlichen Fragen.

Wiederholt war Wendy sexuell, geistig und körperlich mißbraucht worden. Ihre Ehe existierte nur noch auf dem Papier. Zwei ihrer Söhne, die inzwischen verheiratet waren, schienen ganz in die Fußstapfen ihres Vaters zu treten, statt Wendys Beispiel des demütigen Erduldens zu folgen. Sie behandelten ihre Frauen genauso, wie ihr Vater seine Frau behandelt hatte. Warum hatte Gott nicht eingegriffen? Warum hatte er ihr geduldiges Ausharren nicht belohnt? Wo war die Gemeinde, wo der Pastor, die das Wunder bewirken konnten, das sie brauchte?

Wendy hatte nun keine Verteidigungsmöglichkeiten mehr: sie glaubte Satans Täuschung und seiner verzerrten Darstellung des Charakters Gottes. Sie war nun anfällig für Versuchungen. Es wäre so leicht, einen Mann zu finden, der ihr freundlich und zuvorkommend begegnen würde. Ihre Achterbahnfahrt mit Bud hatte in der Verzweiflung geendet. Sie wollte endlich aussteigen. Sie hatte sogar schon darüber nachgedacht, sich das Leben zu nehmen. Vielleicht konnte sie es wie einen Unfall aussehen lassen - wenn sie es überhaupt schaffte. Sie hatte kein Geld, keine Möglichkeit, auf eigenen Füßen zu stehen, keine Unterstützung von ihrer Familie - und keinen Respekt mehr vor sich selbst.

Warum? Weil Wendy sich für eine der bedeutsamsten Rollen in ihrem Leben einen "Mysogynisten", einen frauenfeindlichen Mann, ausgesucht hatte: ihren Ehemann und den Vater ihrer Kinder.

Misogynie[2]

Die Misogynie ist keine Erfindung der modernen Psychologie. Das Wort geht zurück auf das griechische *miso*, zu deutsch "hassen", und *gyne*, was "Frau" oder "Ehefrau" bedeutet. Misogynie, also der Haß

---

2 Misogynie [griech.]: Abneigung eines Mannes gegen das weibliche Geschlecht (generell in allen sozialen Beziehungen, speziell im sexuellen Bereich)(Meyer, Bd 14, S. 294)

gegenüber Frauen, hat schon immer in verschiedenen Formen und unterschiedlich starken Ausprägungen existiert. Der Begriff wurde früher nur für Männer verwendet, die Verbrechen an Frauen begangen hatten. In unserer Zeit bezeichnet man damit praktisch alle Formen der Diskriminierung von Frauen und ihre Ursachen, seien sie nun gewalttätig oder nicht.

Ebensowenig ist die Misogynie ein seltenes Phänomen. Laut einer kürzlich veröffentlichten Statistik der *Pensylvannia Coalition Against Domestic Violence*[3] wird eine von zwei Frauen irgendwann in eine Beziehung geraten, in der sie Mißhandlung erlebt. Die gewalttätigen Handlungen, die dabei begangen werden, führen oft zu schweren Verletzungen oder sogar zum Tod der betroffenen Frau. Der gleiche Report legt dar, daß ein Viertel aller Morde in den Vereinigten Staaten auf das Konto von häuslicher Gewalt gehen. In 85% dieser Fälle wurde die Polizei vor dem letzten tödlichen Angriff fünfmal oder öfter verständigt, eine Eskalation des Mißbrauchs zeichnete sich deutlich ab.

In jeder christlichen Versammlung, in der ich in der letzten Zeit gesprochen habe, haben mir später mehrere Frauen, die zum Gebet nach vorne gekommen waren, anvertraut, daß sie das Opfer körperlichen Mißbrauchs durch ihre eigenen Ehemänner waren. Viele andere leiden häufig unter geistigen und verbalen Angriffen.

Einige Frauen mit extrem feministischen Ansichten bezeichnen alle Männer, die nicht ihrer Meinung sind, abfällig als Misogynisten. Aber die Gemeinde Jesu kann es sich nicht mehr leisten, deshalb zu polarisieren und dabei das andere Extrem so sehr zu befürworten, daß wir gewalttätiges Verhalten ignorieren und frauenfeindliche Männer in unserer Mitte noch bestätigen. Denn so täuschen wir uns selbst und unterstützen durch unser Schweigen den Mißbrauch von Frauen. Wir nehmen es hin, daß der Heilige Geist in ihnen unterdrückt wird.

Wenn die Frauenfeindlichkeit so real ist, wann hat sie dann begonnen?

---

3 (Kapitel 4): Popsy Sadock, "Domestic Abuse: Breaking the Violent Cycle" (Greensburgh, Pa.: *The Tribune- Review*, April 15, 1992), Section E, pp.1-2.

Der Kampf gegen die Frau

Auch die Frauenfeindlichkeit hatte, wie vieles andere, ihren Ursprung im Garten Eden. Sie war jedoch am Anfang keine menschliche Idee, sondern stammte aus der Hölle. Satan hatte Eva getäuscht und so fiel sie in Sünde. Deshalb versprach ihr Gott, daß er für diese Tat Erlösung schaffen würde: der Nachkomme der Frau, der Messias, würde die Schlange zertreten. "[...] *er* wird dir den Kopf zermalmen, und du, du wirst ihm die Ferse zermalmen." (1. Mose 3,15).

Aber Satan schlich sich nicht unterwürfig fort und verschwand in der Vergessenheit. Mit aller Kraft bereitete er einen großflächig angelegten Angriff vor. Ähnlich wie er versuchte, den Propheten Mose durch die Massenvernichtung der hebräischen Babies umzubringen, wollte er auch Jesus in seiner Kindheit töten, indem er ein Massaker an den hebräischen Kindern in Judäa veranlaßte, die zwei Jahre alt und jünger waren.

Da Satan nicht allwissend war, konnte er nicht darauf hoffen, den Messias, die Hoffnung auf Erlösung, in der Masse der Menschheit genau zu erkennen und "operativ zu entfernen". So mußte er eine gröbere Form des Kampfes anwenden, eine Art "Schrotflinten-Methode". An vorderster Front des Schlachtfeldes stand dabei die Frau, die Gott geschaffen hatte, um der Menschheit Hilfe zu bringen. Erinnere dich, wie Gott sagte, daß sich Feindschaft zwischen der Frau und Satan ausbreiten würde: "Und ich werde Feindschaft setzen zwischen dir und der Frau, zwischen deinem Samen und ihrem Samen." (1. Mose 3,15). Satan machte sich daran, den Haß gegenüber Frauen auf der ganzen Welt anzufachen. Dadurch versuchte er, in ihr nicht nur den Christus, sondern auch den Helfer, den Heiligen Geist, auszulöschen. Er sollte ja kommen um den Christus zu offenbaren. Satan hoffte, die Hilfe in ihrer vollendetsten Form unwirksam machen zu können.

Jahrtausende sind gekommen und gegangen. Jesus Christus, der Messias, kam und nach ihm auch der Helfer, der Heilige Geist. Dennoch ist das dämonische Konzept der Frauenfeindlichkeit noch immer erfolgreich. Satans Aktien stehen gut, wenn eine christliche Frau durch ein wiederholtes Wechselbad ihrer Gefühle zwischen Hoffnung und Enttäuschung passiv und verzweifelt gemacht wird.

Wenn er ihr Zuhause und ihre Familie zerrütten kann, wird er es tun. Wenn man ihr das Recht verweigert, ihre von Gott geschenkten Begabungen und ihren Verstand zu Hause und am Arbeitsplatz einzusetzen und dafür eine angemessene, gerechte Rückerstattung zu erhalten, ist es für ihn um so besser. Wenn sie die Gaben, die der Geist Gottes ihr schenkt, in der Gemeinde nicht ausüben darf, kann der Feind für ihre Entmutigung wieder einige Punkte auf seinem Konto sammeln. Wenn sie sich verführen läßt, ihren "Samen" durch Abtreibung der künftigen Generation zu zerstören, dann liegt das genau auf einer Linie mit Satans Zielen. Und wenn sie von schlechten oder dämonisch beeinflußten Menschen beherrscht werden kann, vor allem von einem frauenfeindlichen Ehemann, verliert Jesus Christus seine Stellung als Herr in ihrem Leben. Sie wird in natürlicher und geistlicher Hinsicht unfruchtbar gemacht.

Es war nur deshalb möglich, daß Wendy Milford das Opfer von Frauenfeindlichkeit wurde, weil sie selbst Gottes Absichten für ihr Leben völlig mißverstanden hatte. Zunächst von ihrem eigenen Vater mißbraucht, hatte sie nur das eine armselige Rollenvorbild ihrer Mutter vor Augen. Das machte sie dann besonders verletzlich und anfällig für Buds perverse Ansichten, wie eine ideale Ehe oder Familie auszusehen hätte. Es waren Vorstellungen, die sich durch eigene seelische Verletzungen und Satans sorgfältig geplantes Eindringen in sein Leben geformt hatten.

Wie Satan in Bud Milfords Leben eindringen konnte

Bud war wie Wendy mit einem alkoholsüchtigen Vater aufgewachsen, einem mürrischen, passiven Mann. Seine Mutter verbrachte ihr Leben damit, ihren Mann durch ihre Nörgelei dazu zu bringen, mit dem Trinken aufzuhören. Aber Buds Mutter war aggressiver als Wendys Mutter. Statt schweigend alles hinzunehmen, schrie sie herum, fluchte und wählte als letzten Ausweg offensichtlich manipulative Methoden. So versuchte sie, ihren Mann dazu zu bringen, nicht mehr zu trinken. Im Laufe dieser Entwicklung wurde Bud das Opfer verbalen Mißbrauchs durch die ständige Kritik und die Vorhaltungen seiner Mutter. Oft warf sie ihm vor "genauso wie dein Vater" zu sein - eine Bemerkung, die Bud nicht ausstehen konnte.

Bud haßte seinen Vater dafür, daß er ein Waschlappen und Pantoffelheld mit einem moralisch schwachen Charakter war. Sehr schnell formte sich bei ihm die Vorstellung, daß daran seine Mutter schuld sei. Frauen, glaubte er, mußten in die Schranken gewiesen werden, so daß sich solche Szenen nicht ereignen konnten.

Weil Bud also im Grunde seines Herzens davon überzeugt war, daß die wichtigste Frau in seiner Kindheit indirekt seinen Kummer verursacht hatte, wuchs er mit einem tiefsitzenden Irrtum auf, der dann viele verdrehte Ansichten über die Beziehung zwischen Mann und Frau enstehen ließ. Als er sein Leben mit Gott begann, übertrug er seine umfangreichen Vorurteile auf die Worte der Schrift. Er nahm Bibelstellen aus dem Zusammenhang heraus und machte sich rasch die herablassenden Meinungen anderer Männer über die Frauen zu eigen. So wurde die Frauenfeindlichkeit allmählich Teil seiner Theologie. Nach Buds Ansicht waren Frauen daran schuld, daß es Sünde in der Welt gab.

Bud glaubte, daß Frauen leichter in die Irre geführt werden konnten und deswegen Trägerinnen des Bösen seien. Man mußte sie gefügig machen und davon abhalten, aus der Kontrolle des Mannes zu geraten. Statt selbst die Initiative zu ergreifen, hatten sie zu Hause zu bleiben. Lehrte nicht schließlich die Bibel, daß Frauen sich unterordnen und in der Gemeinde schweigen sollten, weil sie dazu neigten, männliche Autorität an sich zu reißen? Buds Erfahrungen mit seiner eigenen Mutter schienen seine Meinung zu bestätigen.

Als er ins heiratsfähige Alter kam, waren falsche Glaubensvorstellungen tief in Buds Denken eingedrungen. Er besaß all die charakteristischen Eigenschaften, die das Erscheinungsbild der Frauenfeindlichkeit kennzeichnen. Sein Selbstbild war herabgesetzt, weil seine Mutter ihn verbal mißbraucht hatte. Sie hatte stets an allem herumgenörgelt und von Bud erwartet, daß er es zu mehr bringen würde als sein Vater und nicht so werden würde wie er. Um der drückenden Familiensituation zu entfliehen und den Erwartungen seiner Mutter zu entsprechen, hatte Bud in seinem Leben und in seinen Beziehungen eine Tendenz zum Perfektionismus entwickelt. Er bestrafte sich selbst, wenn er seinen eigenen Maßstäben nicht gerecht werden konnte.

Selbstbestrafung ist der Bestandteil der Frauenfeindlichkeit, der schließlich zur Aggression führt.

Der Apostel Paulus schreibt: "Wer seine Frau liebt, liebt sich selbst. Denn niemand hat jemals sein eigenes Fleisch gehaßt, sondern er nährt und pflegt es [...]" (Epheser 5,28;29). Der Misogynist schwankt zwischen selbstsüchtiger, stolzer Eigenliebe und dem Haß auf sich selbst und andere, wenn sie seine Ansprüche nicht erfüllen können. Unter der Last seines immensen seelischen Konfliktes, entwickelt sich jener gewalttätige Zorn, der sich auf die entlädt, die ihn lieben. Der frauenfeindliche Mann bestraft andere, weil sie ihn nicht lieben sollten. Seine Frau wird zum Sündenbock, der seine Sünden und sein Versagen auf sich nimmt. Er bürdet es ihr auf, indem er sie verbal, geistig oder körperlich mißbraucht, oder auf weniger deutliche Weise respektlos behandelt. So tritt die Umkehrung der Lehre des Paulus ein: "Wer sich selbst haßt, der haßt seine Frau."

Der Stolz verleitet ihn dazu, Gott spielen zu wollen. Wie der Bildhauer Pygmalion in der griechischen Mythologie, der eine Frauenstatue schuf und erlebte, wie seine Schöpfung zum Leben erwachte, versucht der Frauenfeind an seiner Frau herumzumeißeln. Er verwendet den Mißbrauch in der Hoffnung, sie in sein eigenes Bild der Vollkommenheit zu verwandeln. Er meißelt an allem herum, an ihrem Aussehen, ihren Kochkünsten oder der Haushaltsführung bis hin zu ihren Lebenszielen und Wünschen. Wenn er Christ ist und kein Verständnis der Freiheit und Gnade Gottes hat, wird er auch noch Bibelstellen als Meißel verwenden.

Frauen die einst sehr hübsch und attraktiv waren, verwandeln sich in graue Mäuse ohne jeden Schick, weil ihre Ehemänner glauben, sie sollten als Christinnen kein Make-up tragen oder sich schön zurechtmachen. Diese Männer vergessen, daß Königin Ester ihr Volk dadurch rettete, daß sie Gott vertraute - und Kosmetika verwendete! Sie verdrehen das biblische Prinzip der Anständigkeit so, daß eine Frau sich nicht wohl in ihrer Haut fühlen oder in der Öffentlichkeit und vor dem Spiegel attraktiv aussehen darf. Solche Ehemänner versuchen auf jede erdenkliche Weise, ihre Frauen verhüllt und verschleiert zu halten.

Es gibt jedoch auch das andere Extrem: Der frauenfeindliche Mann, mit einem perfektionistischen Schönheitsideal. Der Boom in der plastischen Chirurgie läßt sich zum großen Teil auf die Unzufriedenheit manches Ehemannes mit dem Körper seiner Frau zurückführen. Ihr Bauch ist zu schlaff, der Busen zu klein, die Nase zu groß. Um seine Idealvorstellung vom Aussehen einer Frau zu erfüllen, setzt er seine Frau unter Druck, indem er ihr Selbstwertgefühl wegmeißelt, bis sie sich unter das Messer eines Schönheitschirurgen begibt.

Mehrere Frauen haben mir anvertraut, daß es ihre Ehemänner waren, die ihnen die Schönheitsoperation vorgeschlagen haben. Dieser Eingriff kann schmerzhaft, teuer, ja sogar riskant sein. Der frauenfeindliche Mann macht sich darüber keine Gedanken. Das höchste Ziel in seinem Denken ist es, eine Frau nach seiner Vorstellung zu schaffen.

Durch besitzergreifendes Verhalten wird versucht Kontrolle auszuüben. In ihrer Weltanschauung kann man einer Frau nicht vertrauen, wenn sie eine Beziehung entwickelt. Oft ist eines der Hauptkennzeichen der Frauenfeindlichkeit die Isolation ihres Opfers. So wie ein Raubtier seine Beute vom Rest der Herde wegdrängt bevor es sie erlegt, bemüht sich der frauenfeindliche Mann, seine Frau von ihren Freunden, ihrer Familie, von allem und jedem, was ihr wichtig ist, zu trennen. Wenn jemand in sein Revier eindringt und versucht, mit ihr ins Gespräch zu kommen, wird er oder sie sofort entdeckt und als Eindringling behandelt. Oft gibt der Mann dann seiner Frau die Schuld. Bud Milford versuchte, Wendy immer dann zu isolieren, wenn er sich von anderen Beziehungen in ihrem Leben bedroht fühlte. Besonders fürchtete er den Einfluß von Gemeindeleitern, wie gering er auch sein mochte. Das war auch die Ursache für Buds ständigen Wunsch, die Familie zu entwurzeln und häufig von einer Gemeinde zur nächsten zu wechseln.

Der Apostel Paulus kommt zu dem Schluß, daß Frauen in der Gemeinde zur Gleichheit mit den Männern emporgehoben sind, weil sie mit dem gleichen Geist bekleidet sind, der christliche Männer umhüllt. "Denn ihr alle, die ihr auf Christus getauft worden seid, ihr habt Christus angezogen. Da ist nicht Jude noch Grieche, da ist nicht Sklave noch Freier, da ist nicht Mann und Frau; denn ihr alle seid einer in Jesus Christus" (Galater 3,27;28). Die Gaben, Berufungen und Ämter in der Kirche sind nicht männlich oder weiblich, sondern Kraftwirkungen des Heiligen Geistes, der keines von beidem ist. Sexuelle Unterschiede gehören in den natürlichen Lebensbereich des Menschen. Sie sind aus natürlichen Gründen vorhanden, nicht zur geistlichen Unterscheidung.

Bud aber glaubte, christliche Frauen seien wegen der Sünde Evas dazu bestimmt, ihre Köpfe verschämt gesenkt und ihren Mund geschlossen zu halten. Seine Ansprüche dämpften den Heiligen Geist in Wendy, obwohl sie eine hervorragende Bibellehrerin war und in jeder Gemeinde, die sie besuchten, sehr geschätzt und geachtet wurde. Den Gemeinden entging viel Segen wegen Buds Frauenfeindlichkeit und Wendys Mangel an Verständnis, wie sie sich davon lösen konnte.

Aber auch Bud verpasste viel. Niemand kann je den Heiligen Geist in sich selbst oder in anderen Menschen dämpfen, ohne daß dann wichtiger Segen ausbleibt. Jedesmal wenn Bud seiner Frau seine strengen Einschränkungen auferlegte, spürte er, wie sich die Kette um seinen Hals fester zuzog. Weil er Gottes Geist in Wendy dämpfte, verhinderte er dadurch, daß er in seinem eigenen Leben geistlich wuchs und erntete nur Dürre und Trockenheit. Er fühlte sich unfähig zu beten. Gott hörte ihm ja doch nicht zu!

In der Tat werden Gebete von Ehemännern, die ihre Frauen schlecht behandeln, behindert. Bud erinnerte sich nicht an die biblische Ermahnung "[...] wohnt bei ihnen [=eueren Frauen] mit Einsicht als bei einem schwächeren Gefäß, als dem weiblichen, und gebt [ihnen] Ehre als [solchen], die auch Miterben der Gnade des Lebens sind, *damit eure Gebete nicht verhindert werden.*" (1. Petrus 3,7). Bud fühlte sich schuldig vor Gott, weil er schuldig *war.* Aber er glaubte immer, daß Wendy irgendwie am Mangel in seinem geistlichen Leben schuld war, so wie er Frauen schon immer die Schuld an allem gegeben hatte.

Frauenfeindliche Männer wie Bud gibt es am Arbeitsplatz, in der Gemeinde und in nahezu jedem anderen Lebensbereich - besonders dort, wo man sie widerstandslos gewähren läßt. Unbewußt wurden sie durch ihre eigenen seelischen Verletzungen gefangen und leben nun eingesperrt und verblendet in Gefängnissen, die sie sich selbst geschaffen haben. Sie stehen ständig unter dem Druck, jeden Bereich ihres Lebens unter Kontrolle haben zu müssen. Dabei beachten sie die Hilfe nicht, die ihnen Gott durch die Frauen geschickt hat.

Aber diese Männer hätten keinen so großen Einfluß, wenn Frauen wie Wendy nicht anfällig für sie wären. Christinnen müßten erfahren, welche Absichten Gott für die Ehe hat, und die Prinzipien anwenden, die im nächsten Kapitel erklärt werden.

Kapitel 5

Die christliche Ehe: Rechte und Grenzen

Als Gott Mann und Frau schuf, wollte er durch ihre Ehe der Beziehung zu ihm zusätzliche Qualität verleihen. Er wollte seinen Garten Eden beschützt wissen und er sollte Frucht bringen. Mehr als alles andere aber wollte er die Gemeinschaft mit ihnen genießen. "Es ist nicht gut, daß der Mensch allein sei", stellte Gott fest, "Ich will ihm eine Hilfe machen, die ihm entspricht." (1. Mose 2, 18).

Gott hat seine Meinung nicht geändert. Das höchste Ideal einer Ehe ist noch immer eine Beziehung, die das Wissen beider Partner über Gott verbessert, die die Kraft des Heiligen Geistes in ihnen freisetzt, die Frucht bringt und die hilft, andere wieder mit Gott in Beziehung zu bringen. Deswegen warnte der Apostel Paulus auch die Christen davor "unter fremdartigem Joch mit Ungläubigen" zu gehen (2. Korinther 6, 14). Denn wenn ein Christ das tut, unterwirft er sich damit möglicherweise den ungeistlichen Einstellungen eines gefallenen Menschen und macht sich gegenüber Mißbrauch verletzlich.

Wenn ein Mensch nach seiner Heirat Christ wird, ermutigt ihn die Bibel, den ungläubigen Partner nicht zu verlassen, sondern Gott die Chance zu geben, im Herzen dieses Ehepartners zu wirken. Es gibt die Hoffnung, daß auch dieser Partner zu Jesus Christus findet. Mit Sicherheit ist dies auch schon viele Male geschehen.

Wenn eine christliche Frau aber mit einem Frauenfeind verheiratet ist, tritt genau das Gegenteil ein. Indem sie sich einem dämonisch beeinflußten Partner unterordnet, öffnet sie ihr Innerstes wiederholt für verschiedene Formen des Mißbrauches. Während sich das Herz ihres Mannes im Unglauben immer mehr verhärtet, verliert die Christin allmählich das Vertrauen in Gott und wird unfruchtbar und voller Groll.

Die gleichen traurigen Folgen kann eine Frau zu spüren bekommen, die mit einem Mann verheiratet ist, der zwar behauptet, Christ zu sein, der sie aber so behandelt wie ein Ungläubiger mit seiner Frau umgehen würde. Verloren zwischen den Kluften und Brüchen unserer christlichen Lehre über die Ehe sind Menschen wie Wendy Milford, der wir im vorherigen Kapitel begegnet sind. Die Bibel gibt uns klare Anweisungen, wie Frauen sich verhalten sollten, die mit gläubigen oder ungläubigen Männern verheiratet sind. Was aber sagt sie einer Frau, deren Ehemann wie ein Christ redet, sich aber wie ein Nichtchrist verhält? Muß diese Frau um jeden Preis den Ehefrieden aufrechthalten? Wie kann sie wissen, ob sie bei ihrem Mann bleiben oder ihn verlassen soll?

Der Schlüssel zu Ruhe und Wiederherstellung in ihrem Leben liegt im Errichten von Schutzmauern um den Garten herum, den Gott ihr gegeben hat. Es ist ein biblisches Prinzip, das leider viel zu wenig gelehrt wird. Wenn es jedoch mehr Christen kennenlernen würden, würde Satans Möglichkeit, ihr Leben zu kontrollieren, erheblich eingeschränkt werden.

Warum Schutzmauern notwendig sind

Schutzmauern sind deutliche, genau festgelegte Begrenzungen. Sie sind eine sichere Einfassung um das herum, was uns gehört. Alles draußen mag in heller Aufregung sein, aber innerhalb unserer Grenzen können wir unser Leben so führen, wie wir es für richtig halten und dabei Frieden finden.

Gott grenzte den Garten Eden auf allen vier Seiten mit Flüssen ein. Innerhalb dieser Grenzen waren Mann und Frau dafür verantwortlich, das Land zu bebauen und zu schützen. Außerdem hatten sie einen längerfristigen Auftrag erhalten: "Seid fruchtbar und vermehrt euch, und füllt die Erde, und macht sie [euch] untertan; und herrscht [...] über alle Tiere, die sich auf Erden regen" (1. Mose 1, 28). Vor dem Sündenfall besaßen Adam und Eva etwas, was wir als übernatürliche Kraft beschreiben könnten. Der Ursprung dieser Stärke war ihre Beziehung zu Gott. Sobald jedoch diese Beziehung zerbrochen war, war auch ihre Kraft weg. Gott vertrieb sie aus dem Garten und bestimmte ein enger umgrenztes Gebiet und einen weniger umfangreichen Auftrag für sie. Statt nun über die Erde zu herrschen, war Adam lediglich dafür verantwortlich, seinen Lebensunterhalt selbst zu verdienen, wo auch immer er sich niederlassen würde - im Schweiße seines Angesichtes.

Als Abraham, der Freund Gottes, auf der Erde lebte, erweiterte Gott seine Grenzen: Er verhieß ihm ein Land. Abrahams Beziehung zu Gott befähigte ihn, entschlossen aufzubrechen und sein Land in Besitz zu nehmen. Es war weder zu groß noch zu klein, sondern entsprach genau seinen Kräften und Möglichkeiten. Abraham kannte seine eigenen Grenzen weil er die Grenzen seines Gebietes kannte.

In jedem Leben gibt es Grenzlinien. Es sind gleichzeitig Schutzmauern, die von Gott gesetzt werden. Sie werden nicht notwendigerweise von natürlicher Fähigkeit, Begabung oder sogar geistlicher Vollmacht bestimmt, sondern von Gottes Gnade und seinen Absichten. Wir haben alle einen "Garten", den wir pflegen sollen, und durch Gottes Gnade können wir ihn bebauen und bewahren. Innerhalb unseres Gartens haben wir Autorität, die uns von Gott verliehen ist, um in den von der Bibel gesteckten, göttlichen Grenzen zu arbeiten und zu wirken. Und wir haben Rechte, die mit dieser Autorität einhergehen. Die Grenzen sorgen für eine genaue Definition der Ziele in unserem Leben und umfassen gerade so viel, wie wir mit Gottes Gnade bewältigen können. Ob es der Haushalt, Kinder, eine berufliche Karriere, ein Dienst in der Gemeinde oder ein evangelistischer Auftrag ist: jeder Christ hat seinen angemessenen Platz in Gottes Plan.

Ob ein Krieg im politischen oder geistlichen Bereich stattfindet, - immer wird er über Grenzen hinweg geführt. Im geistlichen Kampf versucht Satan, die Effektivität eines Menschen dadurch zu verringern, daß er ihn verführt, über seine angemessenen Grenzen hinaus Einfluß nehmen zu wollen. Seit Beginn der Welt hat sich die Menschheit in der Beurteilung dessen, wieviel ihr gehört, täuschen lassen. Ein Mensch, der "...höher [von sich] [denkt], als zu denken sich gebührt" (Römer 12,3) nimmt einen größeren Einflußbereich für sich in Anspruch als er bewältigen kann. So muß er in seinem Leben ständig frustriert seine Unfähigkeit erkennen, sich ausreichend um das Gebiet zu kümmern, für das er verantwortlich ist. Manchmal ergeht es einem Christen nicht besser, weil er von sich selbst *geringer* denkt als Gott es tut. Er läßt deshalb sein eingegrenztes Gebiet zusammenschrumpfen und hält es möglichst klein. Nie wird er herausfinden, welche guten Dinge Gott für ihn bereithält.

Wer sich selbst und seine Berufung aber in Gottes Licht sieht, findet Frieden innerhalb der Grenzen, die Gott ihm gesetzt hat. Er wird fähig, sein Land mit Kraft und Begabung zu bebauen und zu bewahren, weil seine Beziehung zu Gott ihn stärkt.

Diese geistlichen Grenzen lassen sich nicht nur auf äußerlich sichtbare Lebensbereiche wie Haushalt oder Dienst in der Gemeinde anwenden, sondern stellen vorwiegend eine innerliche Schutzmauer dar, einen Wächter für Geist und Seele. Es sind unsere moralischen Maßstäbe, unser Gewissen. Gott selbst muß diese Schutzmauern errichten, wenn unsere Beziehung zu ihm weiter wachsen soll.

Innere Grenzen bestimmen, was wir uns selbst gestatten zu glauben. Von ihnen hängt auch ab, was wir anderen im Umgang mit uns erlauben werden. Wenn unsere Schutzmauern nicht von Gott bestimmt werden, geraten wir aus dem Einflußbereich seines Friedens. Der Ungläubige lebt ziellos und willkürlich mit ständig schwankenden, unbeständigen Grenzen. In ähnlicher Weise macht auch ein Christ in seinem Leben dauernd Kompromisse und lädt damit Schuld auf sich, weil seine inneren Grenzen nicht von Gott gesetzt werden und deshalb verschwommen und unklar bleiben.

Ein Mensch, der keine Kontrolle über seinen eigenen Geist hat, ist "wie eine aufgebrochene Stadt ohne Mauer" (Sprüche 25, 28). Seine Grenzen werden ständig von Mächten überrannt, die er nicht kontrollieren kann. Er ist verletzlich gegenüber dämonisch belasteten Personen und irreführenden Ideen oder Lehren. Schließlich wird er emotional und geistlich vernichtet, sein Garten liegt verwüstet da.

Ohne auf die politische und prophetische Bedeutung der Nahostkrise eingehen zu wollen, möchte ich doch darauf hinweisen, daß das palästinensische Volk ein real existierendes Beispiel dafür ist, wie hoffnungslos ein Leben ohne nationale Grenzen sein kann. Die Palästinenser sind ein zorniges, kampflustiges und aggressives Volk, weil sie sich ausgenutzt fühlen. Sie haben keine Ziele und sind sehr verletzlich geworden. Ihr Geist ist gebrochen. Sie haben nur wenige Rechte und werden als Eindringlinge, als unwillkommene Gäste behandelt.

Genauso empfindet eine verwundete Frau, die keine schützenden Grenzen mehr hat. Man ist in ihren Garten eingedrungen und hat sie ohne einen Ort des Friedens und der Sicherheit zurückgelassen. Wenn sie es schließlich nicht mehr länger aushalten kann, nimmt sie

Zuflucht zu ihren eigenen Mitteln, um sich zu wehren und zurückzuschlagen. Nicht immer sind es Wege, die Gott gutheißen kann.

Wie wir bereits im letzten Kapitel sahen, wurde die Frau zu Satans Hauptangriffspunkt, als er den Garten Eden verließ. Der Sieg, den Gott ankündigte, "*er* [der kommende Messias] wird dir den Kopf zermalmen und du, du wirst ihm die Ferse zermalmen" (1. Mose 3, 15) hatte für die Frau einen hohen Preis: andauernde Feindschaft zwischen ihr und der Schlange, bis einer der beiden Gegner vernichtet sein würde. Daher ist es für den Erfolg Satans von vorrangiger Bedeutung, in das geschützte Gebiet der Frau eindringen zu können. Er attackiert ihren Körper, ihre Seele und ihren Geist in einer Art Guerillakrieg, die für sein Vorgehen charakteristisch ist.

Wie Satan in Wendy Milfords Leben eindringen konnte

Ich möchte zur Lebensgeschichte von Wendy Milford zurückkehren und mich im restlichen Teil dieses Kapitels weitgehend darauf beziehen. Ihre Geschichte hat nämlich einen positiven Ausgang. Dieses Ende wird jeden ermutigen, der selbst unter Schmerzen oder Erfolglosigkeit leiden mußte, weil ihm die Schutzmauern fehlten.

Wie wir gesehen haben, hatte Satan bereits früh in Wendys Leben ihre äußeren und inneren Schutzmauern überwunden. Durch die Wutausbrüche ihres alkoholisierten Vaters und seinen Inzest gelang es dem Feind, in ihren Garten einzudringen. Nachdem sich diese ersten Grenzverletzungen ereignet hatten, wurde es für andere einflußreiche Personen (wie ihren Mann) zunehmend leichter, in ihr Leben einzufallen.

Aber Satan konnte auch die Grenzen ihres Gewissens überwinden. Er benutzte dazu das falsche Verständnis von Unterordnung, das Wendys Mutter hatte. Wendy beobachtete häufig, wie ihre Mutter von ihrem Vater gequält wurde. Sie zog daraus den Schluß, daß gottgewollte Unterordnung keine Grenzen kennt und daß eine christliche Frau in ihrer Ehe keine Rechte hat. Sie glaubte, als eine Christin sei sie dazu verpflichtet, was auch immer geschieht, als "den Willen Gottes" anzunehmen. Diese Lektionen bildeten die

Grundlage für Täuschung und legitimierten die Entstehung von Abhängigkeiten in ihrem Leben.

Einem in dieser Weise abhängigen Menschen ist normalerweise nicht bewußt, daß er eigentlich versucht, das Erlösungswerk Christi durch eigene Anstrengungen zu ersetzen.

Er bringt ein Opfer nach dem anderen und überläßt eine Grenze nach der anderen skrupellosen oder dämonisch beeinflußten Leuten. Dabei bildet er sich noch ein, daß seine Bemühungen denjenigen, der ihn mißbraucht irgendwie näher zur Erlösung bringen könnten. Unter Umständen ist er sogar auf seinen besonders gottgefälligen Lebensstil stolz. Er hat eine Art geistliches Vergnügen daran, "sein Leben niederzulegen". Dabei wird ein Mensch, der die Erlösung durch Christus nicht annehmen will, erst recht nicht das Märtyrerverhalten einer Frau schätzen, die von einem messianischen Sendungsbewußtsein besessen ist.

Diese Tatsache wird gut im Gleichnis vom reichen Mann und dem armen Bettler Lazarus verdeutlicht, das Jesus erzählt hat. Beide Männer waren gestorben. Der Reiche bat Abraham, Lazarus zu ihm zu schicken, daß er seinen Finger in kühles Wasser tauchen und seine Zunge kühlen möge. Als Abraham diese Bitte ablehnte, wünschte sich der Reiche, daß Lazarus doch wenigstens zu seinen Brüdern gesandt werden möge, um sie vor den Qualen in der Hölle zu warnen. Aber Abraham antwortete: "Wenn sie Mose und die Propheten nicht hören, so werden sie auch nicht überzeugt werden, wenn jemand aus den Toten aufersteht" (Lukas 16, 31). Jesus wollte damit klarstellen, daß es Menschen gibt, die einfach niemals die gute Nachricht des Evangeliums annehmen werden, Menschen die ihr Herz bereits für Gottes Versuche, sie zu retten, verhärtet haben.

Einer Frau mit einem messianischen Komplex sei folgendes gesagt: Ein wahrer Märtyrer sucht das Martyrium niemals von sich aus, sondern möchte nur Jesus Christus gehorsam sein. Wer hingegen das Martyrium sucht, glaubt, seine Leiden würden irgendwie noch zu dem beitragen können, was Jesus am Kreuz vollbracht hat. Sieh es einmal aus dieser Perspektive: Wenn ein Sünder auf das Evangelium von Jesu stellvertretendem Leiden und Tod nicht reagiert, ist es dann nicht eine seltsame Art von Stolz, wenn eine Frau sich einbildet, dieser Mensch würde durch ihre aufopfernde Hingabe eher zum Glauben kommen?

Wendy hoffte, Bud durch ihre unterwürfige Selbstaufgabe zur Erlösung bringen zu können. Dabei war sie sich nicht im Klaren über die Wichtigkeit gottgegebener Schutzmauern und Grenzen, weil sie meinte, wie ihre Mutter aus Gottes Sicht das Richtige zu tun, wenn sie es zuließ, daß sie mißbraucht oder gewalttätig angegriffen wurde. Sollte ein Christ nicht die zweite Meile mitgehen? Die andere Wange auch noch hinhalten? Nicht nur seinen Mantel hergeben, sondern auch noch sein Hemd? Und war es nicht immer falsch, wenn sich ein Christ scheiden ließ? Wendy hielt ihr Zuhause für ihr Missionsfeld. Sie glaubte, daß sie auch bereit sein mußte, ihr Leben für die Sache Christi niederzulegen, wenn es nötig würde.

Erst Jahre später erkannte Wendy, daß alle Qualen ihrer Mutter nicht zur Errettung ihres Vaters geführt, sondern sie nur körperlich und seelisch ausgezehrt hatten. Sie hatten sie blind gemacht für die natürliche und geistliche Realität. Erst als Wendys Söhne erwachsen waren, wurde ihr eine alarmierende Tatsache bewußt: Söhne (seien es Christen oder nicht), die beobachten, wie ihr Vater ihre Mutter mißhandelt und ausnutzt, werden fast unweigerlich auch selbst in ihrer Ehe gewalttätig, wenn sie erwachsen sind.

Wendys Einstand ins Leben hatte Satan eine vorteilhafte Ausgangsposition verschafft. Von dort aus arbeitete er zielsicher darauf hin, sie in dem psychologischen Prozess gefangen zu halten, der als *Leugnung* bekannt ist. Es handelt sich um ein Denkmuster, das es Frauen möglich macht, vor der Realität die Augen zu verschließen - sogar vor der Tatsache, daß sie ausgenutzt werden oder das Opfer von Gewalt sind.

Dr. James Dobson erklärt in seinem Buch *Gemeinsam oder einsam?*[4], daß ein Ehepartner manchmal Furcht davor hat, sich der Wahrheit zu stellen. Er "entscheidet, Probleme nicht zur Kenntnis zu nehmen [...] in der Hoffnung, daß sie vorübergehen und in Vergessenheit geraten werden. [...] Wenn die Anzeichen unmißverständlich werden, wird das Opfer den schuldigen Partner bitten, ihn bei der Leugnung zu unterstützen. Es werden dann Fragen gestellt, die direkt zu sein scheinen. Das Opfer gibt sich jedoch mit Lügen zufrieden. [...] durch dieses Verhalten wird der Verstand eine Zeit lang geschützt. Es ermöglicht jedoch auch, daß noch größere Katastrophen in unserem Leben Fuß fassen können."

---

4 James Dobson, *Gemeinsam oder einsam?*, Edition Trobisch 1986

Wenn eine verwundete Frau versucht, sich vor der bitteren Erkenntnis zu schützen, daß die Ehe zerbrochen und ihre Aufopferung vergeblich ist, flieht sie in den Selbstbetrug. Sie redet sich ein, alles sei in Ordnung und werde es auch in Zukunft bleiben.

Manchmal werden unglücklicherweise auch noch Bibelstellen dazu benutzt, diese Leugnung zu rechtfertigen. Viele christliche Frauen sind anfällig für Täuschung und Mißbrauch, weil sie ein falsches Verständnis von Gottes Absichten für Frauen haben und seine schützenden Maßnahmen nicht kennen. Ein falsches Verständnis von biblischer Unterordnung ist nur ein Beispiel dafür. (Wir werden auf das Thema Unterordnung in diesem und im nächsten Kapitel noch näher eingehen). Frauen verdrehen das Wort Gottes zu ihrem eigenen Schaden: das gleiche Wort, das ihnen eigentlich Leben bringen sollte, trägt zu ihrer Zerstörung bei!

Die Beziehung einer Frau zu ihrem Mann kann durch fragwürdige Mittel zu einer beherrschenden Position hochstilisiert und verklärt werden, die eigentlich nur Jesus Christus zusteht. Viele dieser Frauen leiden unter der grausamen Herrschaft eines sündigen Mannes, wie es bereits im 1. Mose 3, 16 prophezeit wurde: "Nach deinem Mann wird dein Verlangen sein, er aber wird über dich herrschen!" Sie glauben, daß die Bibel Ehefrauen lehrt, den Mißbrauch ihrer Männer in Unterordnung zu erdulden. Deshalb staut sich allmählich in ihrem Herzen vielleicht ein tiefsitzender Groll gegen Gott an. Schließlich geraten sie passiv und innerlich leer ins Abseits.

Ich kenne die Lebensgeschichte einer Frau, die den Mißbrauch durch ihren Ehemann jahrelang verbarg. Die Frauen in ihrem Bibelkreis lehrte sie: "Wenn mein Mann schließlich abgekämpft und barfuß zu Christus gekrochen kommt, dann will ich sein Fußabtreter sein." Jahrelang wurde sie gezwungen, in Armut zu leben, wurde geschlagen und mißbraucht. Dann verließ ihr Mann sie wegen einer anderen Frau. Er kam eben nicht "barfuß" zu Christus. (Übrigens tut das niemand). Auch dein Ehemann kann nur von ganzem *Herzen* zu Jesus kommen. Sein Herz ist aber augenblicklich vielleicht (noch) für die Berührung Gottes verhärtet.

Es ist nie der Wille Gottes, daß eine Frau mißbraucht wird. Darin äußert sich vielmehr die Selbstverachtung ihres Mannes. Indem Wendy sich schweigend fügte, unterstützte sie Satans Angriffe und ließ es zu, daß er in ihr Leben ganz nach seinem Belieben eindringen konnte.

Diese Attacken kannst du abwehren, wenn du deine schützenden Grenzen gut kennst und sie verstärkst. Es nützt nichts, wenn du dich in einem natürlichen Kampf weigerst, ausgenutzt zu werden. Als christliche Frau mußt du wissen, daß Gott mit dir ist, wenn du Schutzmauern um deine christliche Ehe errichtest. Es wird dir auch helfen, wenn du biblische Vorbilder kennst, die dir zeigen, wie du deine Grenzen befestigen und verteidigen kannst.

Was macht eine Ehe in Gottes Sicht aus?

Zunächst einmal müssen wir verstehen, was eine Ehe ist und was sie nicht ist. Ehe ist nicht nur ein Stück Papier, ein Dokument, das am Tag der Hochzeit unterschrieben wird. Selten ist es so offensichtlich wie in einer Ehe, daß der Buchstabe tötet, der Geist hingegen Leben schenkt! Ehe ist definiert als eine beiderseitige Verpflichtung, in der sich ein Mann und eine Frau versprechen, einander treu zu bleiben und für das Wohl des anderen zu sorgen.

Eine Ehe wird geschlossen, wenn die Beteiligten Erklärungen abgeben, die ihnen jeweils Rechte zuerkennen. Diese Rechte beziehen sich auf die Erwartungen, die jede Seite an die andere hat. Ziel einer Ehe wie sie von Gott eingesetzt und von der Gemeinde gefördert wird, ist es, daß sich Mann und Frau *gemeinsam* Gott unterordnen.

Die Bibel lehrt, daß der Mann das Haupt der Frau ist (Epheser 5, 23). Diese Aussage wird oft mißverstanden. Das Wort *Haupt* heißt im Griechischen *kephale*, was "Ursprung" oder "Quelle" bedeutet. Der Ehemann soll seine Frau so lieben, wie Christus die Gemeinde liebt. Seine Liebe wird seine Frau in natürlicher und geistlicher Hinsicht freisetzen für die Freiheit in Christus. Eine Frau, die diese Art von Liebe erfährt, soll darauf so reagieren, wie es die Gemeinde Christus gegenüber tut: sie soll ihren Ehemann ehren, ihn loben und ihm gehorchen.

Eine wahre christliche Ehe ist die Bedingung für eine solche Einheit; vor Gott, vor der Gesellschaft und der Gemeinde. Mehrere

Bestandteile kennzeichnen eine Ehe, die ein Bild sein möchte für Christus und seine Beziehung zu seiner Braut, der Gemeinde.

Treue

Treue in der Ehe verdeutlicht die Hingabe Jesu an die, die ihm ihr Leben anvertraut haben. Sie ist beständig, unzerstörbar, unauflöslich und spiegelt sich in folgenden Worten wider: "Ich will dich nicht versäumen noch verlassen" (Hebräer 13, 5). Die Ehe schöpft ihre Kraft aus dem vertrauensvollen Wissen, daß der Partner in körperlicher und seelischer Hinsicht auf andere Partner verzichtet. Die Beziehung gibt Sicherheit, weil sie bis zum Tod gültig ist.

Wie viele der Partner begehen Ehebruch und hoffen, daß ihr Geheimnis nie ans Tageslicht kommen wird? Wenn statistische Erhebungen zutreffen, die kürzlich von Oprah Winfrey veröffentlicht wurden, sind es fast siebzig Prozent! Und wie viele Ehepartner gehen zwar nie bis zum körperlichen Ehebruch, begehen aber seelischen Ehebruch in ihren Gedanken, indem sie sich an den Partner eines anderen Menschen anlehnen oder mit jemand anderem flirten? Gott weiß es, und irgendwie merkt es auch der eigene Partner. Vertrauen wird untergraben und damit auch die Ehe.

Sex

Ehe unterscheidet sich von allen anderen Beziehungen durch die sexuelle Verbindung. Die Heilige Schrift lehrt, daß jeder Ehepartner über den Körper des anderen verfügen darf.

Sex hat mehr als nur Fortpflanzung und Befriedigung zum Ziel: er verherrlicht auch Gott und verstärkt Liebe und Nähe der Partner. Sex bedeutet einer Frau nur wenig, wenn sie sich nicht zuerst geliebt fühlt. Handlungen (selbst im Ehebett), die das Gewissen von Mann und Frau belasten und Gott nicht verherrlichen, haben keinen Platz in der Ehe. Schützende Grenzen der Reinheit und des Wohlbefindens sollten das Bett einer Ehe umgeben, wenn sie Christus und die Gemeinde widerspiegeln soll.

Liebe

In Epheser 5, in den Versen 25 und 33, wird der Ehemann beauftragt, seine Frau so zu lieben, wie Christus die Gemeinde geliebt hat und so wie der Ehemann sich selbst liebt. Eine solche Liebe ist selbstlos und opferbereit; sie gibt so, wie Jesus sich selbst für die Gemeinde gegeben hat. Sie erhebt die Frau zu einem Stand des Respektes und der Anerkennung. Diese Liebe hat nichts mit autoritärer Macht und Kontrolle zu tun - das sind satanische Eigenschaften. Sie wird vielmehr von gegenseitiger Achtung bestimmt.

Die emotionalen und körperlichen Bedürfnisse jeder Frau sind einzigartig. Ein fürsorglicher Ehemann, der immer Schwierigkeiten in seiner Ehe hatte, ging eine ganze Liste von Dingen durch, die er tat um seine Frau glücklich zu machen. Er konnte es nicht fassen, daß einfach nichts zu funktionieren schien. Aber in ihren Augen war seine Liebe nur oberflächliche Pflichtübung. Verzweifelt zog er alle Register, machte dabei aber einen entscheidenden Fehler: er versuchte nicht herauszufinden, was seiner Frau wirklich gefiel, was sie glücklich machen würde.

Versorgung

Ein Mann, der seiner Verantwortung als Haupt der Familie nachkommen will, muß ein Versorger sein. Wenn sich eine Frau verpflichtet hat, die Bedürfnisse ihres Mannes zu erfüllen, hat sie ein Recht darauf, daß ihre materiellen Bedürfnisse angemessen erfüllt werden. Gemäß der Bibel kann sie diese Fürsorge erwarten, denn der Mann, der "für die Seinen und besonders für die Hausgenossen nicht sorgt, [...hat] den Glauben verleugnet und ist schlimmer als ein Ungläubiger." (1. Timotheus 5, 8)

Wer wie Christus für seine Familie sorgen möchte, darf sie durch seine Einstellung nicht dazu verdammen, sich irgendwie durchschlagen zu müssen und von anderen abhängig zu sein, um überleben zu können. Das Vorbild eines Ehemannes sollte Jesus Christus sein, der uns Wohlergehen gönnt - für unseren Leib, unsere

Seele und unseren Geist. Ein guter Ehemann setzt das körperliche Wohlbefinden seiner Frau über sein eigenes.

Achtung

Das Eheversprechen beinhaltet die Zusage, daß ein Mann seine Gattin "lieben, ehren und beschützen" wird und die Bibel ordnet an, daß eine Frau ihren Ehemann respektieren soll.

Vor dem Sündenfall gab es keine Konflikte zwischen Mann und Frau. Erst als die Sünde in die Welt kam, schlich sich erniedrigender Mißbrauch in die Ehebeziehung ein. Als Adam versuchte, der Frau alle Schuld am Sündenfall zuzuschieben, begann die Respektlosigkeit - ein typisches Kennzeichen von Frauenfeindlichkeit. Im Gegensatz dazu erkennt eine Haltung der Achtung und Ehrerbietung die gleichwertige Stellung des Partners an. Lies dazu bitte die Aussage des Paulus in 1. Korinther 15, 22.

Petrus brachte christlichen Ehemännern bei, daß sie ihren Frauen "Ehre als [solchen], die auch Miterben der Gnade des Lebens sind" (1. Petrus 3, 7) erweisen sollten. In diesem Vers wird eine deutliche Abkehr von der Art und Weise deutlich, wie jüdische Männer ihre Frauen damals behandelten. Grundlage der Ehebeziehung waren bis zu diesem Zeitpunkt ja die von Männern beschlossenen Anordnungen im Talmud. Für die Rabbis, die sie verfasst hatten, waren Frauen lediglich ein Stück Eigentum des Mannes.

Paulus ermutigt christliche Männer jedoch, ihre Frauen mit der Liebe Christi zu lieben, da Gott "uns *mit*auferweckt [hat] und [hat] *mit*sitzen lassen in der Himmelswelt" (Epheser 2, 6; kursive Hervorhebung durch die Autorin). Es ist der Wunsch des Herrn, seinen Ehrenplatz mit seiner Braut, der Gemeinde, zu teilen.

Kommunikation

Wenn die Kommunikation abbricht, geht eine Ehe zugrunde. Während das Engagement immer einseitiger wird, verkümmert allmählich jeder Versuch, die Beziehung zu pflegen. Gedanken, Ideen und Liebeserklärungen werden nicht mehr mitgeteilt. Oft nimmt ein

Partner eine passiv-aggressive Rolle ein, verweigert das Gespräch und manipuliert den anderen durch sein Schweigen. Der andere Partner startet zahllose Versöhnungsversuche, willigt in alle Wünsche ein, gibt nach, vermittelt und trägt die Beziehung - ohne große Unterstützung des anderen.

Hingabe

Um eine Ehe erhalten zu können, muß es gegenseitige Hingabe und Verpflichtung aneinander geben. Schon von der Definition her sind an einer Ehe zwei Menschen beteiligt, nicht nur einer. Wenn ein Ehepartner nicht mehr länger verheiratet sein möchte, ist die Verpflichtung aufgelöst. Hingabe wird durch Taten bestätigt, eine tote Beziehung ist ohne Bewegung.

Wenn eine Frau das Opfer von Mißbrauch oder Gewalt wird, verschwinden Schritt für Schritt die Eigenschaften einer guten Ehe in dieser Beziehung. Schließlich existiert der Bund nicht länger. Zwei Menschen mögen noch von einem Stück Papier zusammengehalten werden und unter dem gleichen Dach leben, der wahre Zustand der Beziehung vor Gott gleicht jedoch einer seelischen, emotionalen, geistlichen und körperlichen Scheidung.

Wenn in einer Ehe die gerade beschriebenen Elemente verloren gehen, spiegelt sie immer weniger die Herrlichkeit Christi und der Gemeinde wider. Nach und nach wird sie zu einem Spielfeld Satans.

Dennoch ist die Ehe Gottes Erfindung und darf nicht der Manipulation und Verzerrung des Menschen unterworfen sein. Sie wurde eingerichtet, um Jesus Christus und seine Liebe für die Gemeinde darzustellen. Stattdessen wird häufig erschreckend deutlich, wie Satan mit seinen Opfern umgeht. Wenn Menschen die Heilige Schrift und ihre von Gott gesetzten Grenzen nicht beachten, kann die Frauenfeindlichkeit prächtig gedeihen.

Gott hat sogar Grenzen gesetzt, wie wir in seine Gegenwart treten können. Er sprach durch Jesaja: "Ich war zu erfragen für die, die nicht [nach mir] fragten; ich war zu finden für die, die mich nicht suchten. Ich sprach: Hier bin ich, hier bin ich! zu einer Nation, die meinen Namen nicht anrief. Ich habe den ganzen Tag meine Hände ausgebreitet zu einem widerspenstigen Volk, [zu solchen], die auf dem Weg, der nicht gut ist, ihren eigenen Gedanken nachlaufen" (Jesaja 65, 1-2).

Als Gott sich nach dem Volk Israel ausstreckte, war dies ein Beispiel für seinen sehnlichen Wunsch, allen Nationen sein Erbarmen zu erweisen. Doch immer wieder wurde er zurückgewiesen und mißbraucht. Statt sich ganzen Völkern hinzugeben, läßt Er sich jetzt nur noch von einzelnen Menschen finden. Er hat eine Schutzmauer der Heiligkeit und Gerechtigkeit um sich selbst herum errichtet, aber er hat eine Tür der Gnade offen gelassen. Diese Tür, der Herr Jesus Christus, ist der einzige Weg zu Gott, der als Vater und Freund allen Respekt und all unsere Bewunderung verdient.

Der Weg in die Freiheit

Überraschenderweise war es Bud, der Wendy unbeabsichtigt dabei half, sich auf die Grenzen in ihrem Leben zu besinnen. Wieder einmal beharrte er darauf, die Gemeinde zu wechseln. Wendy lernte in der neuen Gemeinde einen Pastor kennen, der sie mit der Wahrheit erreichen konnte. Trotz allem, was sie erlitten hatte, war ihr Herz noch immer offen für Gott. Schließlich wurde sie fähig zu glauben, daß ihr himmlischer Vater ganz anders als ihr leiblicher Vater war. Er wollte nicht, daß sie unter Gewalt und Mißbrauch litt. Begleitet von vielen seelsorgerlichen Gesprächen begann Wendy ihren Weg aus der Abhängigkeit, und fing an ihre Grenzen festzulegen.

Wendy entdeckte, daß eine christliche Ehe all die Elemente enthalten sollte, die wir oben gemeinsam betrachtet haben. Sie waren ihr rechtmäßiges geistliches Erbe in Christus, und so begann sie, darauf zu bestehen. Sie überließ Bud der Verantwortung Jesu und legte ihr früheres "Bedürfnis" ab, mit einem gewalttätigen Menschen verheiratet zu sein.

Sie erkannte, daß sie selbst eigentlich Buds ungebührliches, gewalttätiges Verhalten unterstützt hatte, weil sie ihm keine Grenzen gesetzt hatte. So begann Wendy, sich Buds Mißbrauch zu widersetzen. Sie machte erste kleine Schritte zur Selbständigkeit und ergriff gelegentlich die Initiative, tat dies aber mit einem neuen Verständnis der Liebe Jesu. Sie fing an, genau einzugrenzen, was sie hinnehmen würde und was nicht. Auf den Rat ihres Seelsorgers hin ließ sie Bud eine Tür der Gnade offen: sie würde bereit sein, weiter mit ihm zusammenzuleben, wenn er seelsorgerliche Hilfe in Anspruch nehmen und wirklich versuchen würde, sich zu ändern. Wenn nicht, konnte er sich ein anderes Opfer suchen.

Als er sie dazu bringen wollte, ihre gegenwärtige Gemeinde zu verlassen, sagte sie "Auf gar keinen Fall!" Als er immer wieder versuchte, sie von ihren neugewonnenen Freunden zu isolieren, gab sie nicht nach. Als er von ihr verlangte, perverse sexuelle Handlungen über sich ergehen zu lassen, wechselte sie das Schlafzimmer. Als er ausfällig wurde, sie wüst beschimpfte und sich weigerte, sich zu entschuldigen, warnte sie ihn. Als er sie weiterhin herumschubste und tyrannisierte, folgte sie schließlich dem Rat ihres Pastors und zog aus.

Es gab keinen Zweifel daran, daß Wendys Leben in Gefahr geriet. Nach einer Untersuchung des Justizministeriums der Vereinigten Staaten, die am 12. Dezember 1988 in der Wochenzeitung *Newsweek* vorgestellt wurde, beginnt die charakteristische Entwicklung häuslicher Gewalt mit weniger ernsten Handgreiflichkeiten. Menschen werden herumgestoßen, geschubst, am Hals, den Armen oder am Kopf gepackt. Später eskaliert die Gewalt in Schlägen, Tritten und brutaleren Formen grober Tätlichkeiten bis hin zum Gebrauch von Waffen. Bevor es der Frau bewußt wird, daß ihr Leben in der Schußlinie liegt, kann es schon zu spät sein. Übrigens kommt es in einer von vier Partnerschaften zu Gewalt in irgendeiner Form.

Wendy tat das einzig richtige, als sie Bud verließ. Erstaunlicherweise jedoch kritisierten sie einige ihrer Freunde und sagten ihr, eine christliche Frau müsse doch Mißhandlungen oder Erniedrigung aushalten und auf die Errettung ihres Ehemannes hoffen. Wir wollen uns zusammen näher ansehen, warum dies *keine* biblische Alternative ist.

Bei einem ungläubigen Partner bleiben?

Im ersten Brief an die Korinther im siebten Kapitel (Verse 10-16) fordert Paulus die Männer und Frauen auf, ihren Ehepartner nicht zu verlassen, wenn der Partner einwilligt, "[in Frieden] bei ihnen zu wohnen." Wir können daraus schließen, daß eine christliche Frau die Grenzen dessen, was sie in ihrem Leben zulassen will, selbst festlegen darf, wenn ihr Leben von Jesus bestimmt wird. Welchen Grund sollte ein ungläubiger Ehemann sonst haben, sie zu verlassen, wenn sein perverses Verhalten niemals von göttlichen Grenzen in Frage gestellt würde?

"Zum Frieden hat uns Gott doch berufen", schreibt Paulus (Vers 15). Ich leite daraus ab, daß dieser Friede wichtiger ist, als die Aufopferung in der diffusen, schwachen Hoffnung, der Partner werde Christus schon irgendwann annehmen.

Sicher haben wir alle schon die Berichte von Frauen gehört, die ein Leben voller Qualen erduldet haben und deren Ehemänner noch auf dem Totenbett ein Gebet zur Lebensübergabe gesprochen haben. Folgende Worte des Petrus haben für uns immer als Beweis herhalten müssen, daß es das Opfer dieser Frauen war, das ihre Männer rettete: "[Ebenso] ihr Frauen, ordnet euch den eigenen Männern unter, damit sie, wenn auch einige dem Wort nicht gehorchen, ohne Wort durch den Wandel der Frauen gewonnen werden, indem sie euren in Frucht reichen Wandel angeschaut haben." (1. Petrus 3, 1-2).

Bitte verstehe das richtig: Petrus ermahnte die christliche Ehefrau damit nicht, Mißbrauch stillschweigend zu ertragen, um ihren Ehemann zu retten. Vielmehr sollte sie sich bei der Errettung ihres Mannes allein auf die Kraft Gottes verlassen, nicht auf ihre eigene Nörgelei oder Anstrengung. Niemand weiß, ob der ungläubige Ehemann nicht vielleicht viel früher sein Bedürfnis nach Erlösung erkannt hätte, wenn ihm göttliche Grenzen in den Weg gestellt worden wären.

Jede Frau hat ein Recht darauf, in ihrem Haus zur Ruhe zu kommen, - nicht nur von den Attacken ihres Ehemannes, sondern auch von dem Gefühl, ihn moralisch unter Druck setzen zu müssen, damit er zu Christus findet. Wenn er überhaupt überzeugt werden kann, ist es nur im Stillen durch die Kraft des Heiligen Geistes möglich. Eine christliche Ehefrau muß ihr Anliegen vertrauensvoll dem Geist Gottes überlassen. Wenn ihr Ehemann sich bekehren soll, dann geschieht es durch seinen Glauben an das stellvertretende Opfer Jesu am Kreuz. Das Opfer seiner Frau rettet ihn nicht. Ansonsten könnte sie sich ja die Ehre dafür selbst zuschreiben.

Im biblischen Zusammenhang wird deutlich, daß Petrus nicht die widerspruchslose Hinnahme des Mißbrauches durch den Ehemann befürwortet. Das wird einige Verse später klar ersichtlich: "Ihr Männer ebenso, wohnt bei ihnen mit Einsicht als bei einem schwächeren Gefäß, als dem weiblichen, und gebt [ihnen] Ehre [...]" (Vers 7). Petrus warnte sogar die Männer, daß die Erhörung ihrer Gebete ausbliebe, wenn sie ihren Frauen nicht Verständnis und Achtung entgegenbrächten.

Mißbrauchte Ehefrauen finden weitere Hinweise für richtiges Verhalten im Beispiel unseres Herrn Jesus Christus. Sollen sie bei ihrem Mann bleiben und den Mißbrauch aushalten? Jesus legte sein Leben auf Golgatha freiwillig nieder, kein Mensch konnte es von ihm nehmen. Aber bei zwei Anlässen stellte Jesus die Theologie der Pharisäer so in Frage, daß sie Steine aufhoben, um ihn zu Tode zu steinigen. Jedes Mal sagt die Schrift, "Jesus verbarg sich" und "er entging ihrer Hand" (Johannes 8, 59; 10, 39). Er ließ es nicht zu, daß er unnötig mißhandelt wurde.

In einer anderen Situation sprach Jesus zu seinen Jüngern: "Das aber erkennt: Wenn der Hausherr gewußt hätte, in welcher Wache der Dieb komme, so hätte er wohl gewacht und nicht zugelassen, daß in sein Haus eingebrochen würde." (Matthäus 24, 43)

Wir leben in einer Zeit, in der wir auf die Wiederkunft Jesu zugehen. Wie er vorausgesagt hat, werden Gewalt und Gesetzlosigkeit zunehmen und die Liebe wird erkalten. Um uns in einer solchen Zeit richtig verhalten zu können, müssen wir Maßnahmen ergreifen, um unnötige Verfolgung oder sinnloses Leid zu vermeiden. Dies ist absolut vernünftig, und die meisten Frauen handeln automatisch so. Eine abhängige Frau hingegen hat niemals die Kontrolle darüber, wann und wie sie ihr Leben für die Sache Christi niederlegt. Sie legt ihr Leben in die Hände anderer, statt es ihrem Heiland anzuvertrauen.

Wenn du weißt, daß es nicht Gottes Zeit ist, dich intensiver Verfolgung auszusetzen, dann verhalte dich so wie Jesus: Verstecke dich! Fliehe vor der Hand deines Verfolgers. Vielleicht sind die sichersten Orte Häuser für mißbrauchte Frauen. Du kannst die Adressen dieser Frauenhäuser herausfinden, indem du bei der Polizei, bei Notrufnummern oder bei sozialen Einrichtungen anrufst. Du findest diese Nummern im Telefonbuch. Man kann anonym dort anrufen. Jedes Frauenhaus ist außerdem dazu verpflichtet, deine Privatsphäre zu schützen.

Frauenhäuser bieten Beratung und einen sicheren, geschützten Aufenthaltsort - gerade auch für deine Kinder. Du hast dann Zeit, deine Fassung wiederzugewinnen, dich neu zu orientieren und eine neue Wohnung zu finden. Sieh dir am besten die Frauenhäuser und sozialen Einrichtungen in deiner Nähe an, bevor du einen solchen Schritt unternimmst. Finde heraus, wie lange du dort bleiben kannst und wie lange es dauert, bis du die ersten Zahlungen einer zeitlich begrenzten staatlichen Unterstützung für Frauen in deiner Situation bekommst. (Vergewissere dich, daß deine Aufenthaltszeit im Frauenhaus nicht endet bevor der erste Scheck eintrifft!).

Überprüfe deine rechtlichen Möglichkeiten: Nimm Kontakt zu einem Anwalt auf, der deine Rechte in einer solchen Angelegenheit vertreten kann. Vermeide aber passive rechtliche Beratung, besonders wenn es um das Wohl deiner Kinder geht.

Was du auch tust, kehre nicht zurück, wenn du erst einmal deinem gewalttätigen Umfeld entkommen bist! Das tief eingeprägte Verhaltensmuster einer mißhandelten Frau veranlaßt sie meist dazu, reuevoll zu dem Menschen zurückzukehren, der sie mißbraucht hat. Sie verhält sich so, weil sie unfähig ist, sich seelisch auf ein Leben ohne Gewalt einzustellen und gleicht darin einem Alkoholiker, der wieder dem Trinken verfällt. Dein Ehemann muß bereit sein, ausgiebige und intensive professionelle Beratung zu suchen und über längere Zeit hinweg durchzuhalten. Fasse den Entschluß, fest auf deinem Grund zu stehen und die Einhaltung deiner Grenzen zu fordern, wenn er sich nicht wirklich verändert. Wenn du nämlich in die Mißhandlung zurückkehrst, werden sich alle Fortschritte, die du durch die Trennung gemacht hast, als nicht dauerhaft herausstellen. Dein Ehemann wird zu seinen alten Verhaltensgewohnheiten zurückkehren und wer weiß, ob du das nächste Mal wieder entkommen kannst?

Wenn tätliche Streitigkeiten zwischen Mann und Frau ausbrechen, führen sie manchmal (vielleicht sogar unbeabsichtigt) zum Tod eines Partners. Du mußt dir darüber im klaren sein, daß dann in vielen Staaten Frauen wegen Totschlages angeklagt und verurteilt werden können, wenn der Ehemann durch einen solchen Unfall umkommt. In der Sendung *20/20* des amerikanischen Fernsehsenders ABC interviewte kürzlich Lynn Sherr Frauen, die Opfer häuslicher Gewalt wurden und nun eine Haftstrafe von fünfzehn Jahren oder sogar lebenslängliche Haft in einem Gefängnis in Arizona verbüßten. Es sind Frauen, die wie deine Schwester oder Großmutter aussehen. Sie alle waren Opfer ständiger häuslicher Gewalt und zudem noch Opfer dieser Gesetzeslücke.

Die Frau eines Pastors in einer anderen Stadt erzählte mir, daß die Ältesten ihrer Gemeinde vor einigen Jahren eine Frau seelsorgerlich beraten hätten, die von ihrem Mann mißhandelt wurde. Sie rieten ihr, bei ihrem Mann zu bleiben und geduldig auf seine Errettung zu hoffen. Er brachte sie um. Diese Pastorenfrau gestand mir, sie hoffe von ganzem Herzen, daß die Angehörigen dieser Frau niemals herausfinden würden, welche Art von Beratung sie von diesen wohlmeinenden Brüdern erhalten habe!

Heute sind Wendy und Bud beide in Seelsorge. Es muß sich noch herausstellen, ob ihre Ehe wiederhergestellt werden kann. In der Zwischenzeit besucht Wendy eine Schule für Sekretärinnen und bereitet sich darauf vor, mit Gottes Hilfe auf eigenen Beinen zu stehen, falls sich Bud nicht ändern sollte. Wendy hat gelernt, daß geistlicher Kampf bedeutet, den verstohlenen Versuchen Satans, in ihren Garten einzudringen, zu widerstehen. Sie erlebt nun, wie er fliehen muß. Manchmal ist es nötig, den Mann gleich mitsamt dem Dämon hinauszuwerfen, wenn man die beiden nicht trennen kann.

Wenn Schutzmauern wirksam sind

Kann das Errichten von Schutzmauern jemals bewirken, daß eine Ehe zu neuem Leben erwacht? Als mein Mann und ich vor einigen Monaten zu Gast bei einer Radioshow waren, rief dort während der Sendung eine Frau an, die ich Sheila nennen will. Einige Wochen später brachte sie ihren Ehemann Jesse mit in die Beratung.

Jesses Leben ähnelt dem von Bud so sehr, daß er sein Bruder hätte sein können. In zwei Scheidungen hatte Jesse bereits erlebt, wie schmerzvoll es ist, im Stich gelassen zu werden. Diese Erfahrungen bereiteten sein frauenfeindliches Verhalten gegenüber Sheila vor. Nun standen sie kurz vor der Scheidung. Sowohl Sheila als auch Jesse saßen uns kalt und verbittert am Tisch gegenüber.

Bill und ich hörten Jesse zu. Er beschrieb, wie er seine Frau mißhandelt und beherrscht hatte. Er war felsenfest davon überzeugt, daß seine Ansichten biblisch waren. Seelsorge hingegen hielt er für unbiblisch. Aber Sheila wollte der Beratung eine letzte Chance geben. Ihre Gesichter spiegelten die gleiche Dunkelheit wider, an die ich mich auch bei Bud und Wendy Milford erinnerte. Bald sollte jedoch etwas Wunderbares im Leben von Jesse und Sheila geschehen.

Bill gab Jesse einige vernünftige Ratschläge und lieh ihm dann einen Satz christlicher Videos darüber, wie man eine liebevolle Beziehung aufbauen kann. Wir gaben Jesse ein Exemplar meines ersten Buches, *When Addiction Comes to Church.* Er erklärte sich widerwillig dazu bereit, es zu lesen. Nachdem die beiden unser Büro verlassen hatten, waren Bill und ich uns einig, daß nichts Geringeres als ein Wunder diese Ehe noch retten konnte.

Etwas mehr als drei Wochen später rief Sheila an, um einen neuen Beratungstermin zu vereinbaren. Wir saßen erstaunt da, als sie uns von den zurückliegenden drei Wochen berichtete. Als Jesse die Videos angesehen und das Buch gelesen hatte, begann sein Leugnen seines zwanghaften Verhaltens zu wanken. Sein Herz wurde allmählich weich. Jesse erkannte, daß ihn Verhaltensstörungen aus Angst vor dem Verlassen-Werden dazu gebracht hatten, Sheila in einem Käfig gefangen zu halten. Jetzt hatte er sich entschieden, sie freizulassen.

Er begann damit, daß er sich bei seiner Frau entschuldigte und versuchte, das Gespräch wieder neu zu suchen. Die Kommunikation zwischen ihnen hatte ja fast vollständig aufgehört. Sheila blieb zunächst argwöhnisch, faßte aber Mut, als Jesse in der Gemeinde bei einem Gebetsfrühstück für Männer aufstand und sein abhängiges Verhalten und seine falsche Behandlung ihr gegenüber bekannte. Er bat öffentlich um Vergebung und ermutigte die anderen Männer, vor allem die, die selbst mit Abhängigkeiten und Süchten kämpften, die Materialien zu studieren, die er erhalten hatte.

Das war erst der Anfang. Während der folgenden Wochen erkannte er, wie unfair er sich gegenüber seinem ehemaligen Seelsorger verhalten hatte. Dabei hatte dieser Mann verzweifelt versucht, ihm und Sheila zu helfen. Jesse rief ihn an und entschuldigte sich.

In den folgenden Monaten hatten Jesse und Sheila mehrmals Meinungsverschiedenheiten, die in Streitereien ausarteten. Aber Sheila erzählte Bill und mir erstaunt, daß Jesse jetzt öfters mitten im Streit plötzlich stockte und zugab, daß seine Reaktionen wieder einmal die Folge seiner alten Verhaltensweisen und seiner gestörten Kindheit waren. Er entschuldigte sich dafür, daß er sie verletzt und ihr nicht zugehört hatte. Und die Schwierigkeiten klärten sich von selbst, ohne verbale oder körperliche Attacken.

Jesse und Sheila brauchen noch immer Seelsorge, aber ihre verhärteten Herzen sind weich geworden. Ihr äußeres Erscheinungsbild strahlt. Jesse sagte Bill und mir: "Der Herr hat mich davon befreit, Gott spielen zu müssen. Ich erkenne jetzt, daß all das, was Sheila für den Herrn tut... - nun irgendwie ist es genau so als ob ich es täte. Ich brauche nicht mehr mit ihr im Wettstreit zu sein. Sie ist doch ein Teil von mir!"

War dieser Erfolg nur das Ergebnis professioneller Beratung? Ich bezweifle das. Wir haben anderen Menschen genau die gleichen Ratschläge gegeben, ohne daß sie darauf reagierten. Der große Unterschied besteht darin, daß Jesse bereit war, die Wahrheit zu hören und sich selbst zu demütigen und zu verändern. Es gibt noch immer viele Probleme, denen sich Sheila und er stellen müssen, aber diese Prüfungen werden mit größter Wahrscheinlichkeit wie Dominosteine umfallen. An die Stelle von rebellischem Widerstand oder Verweigerung sind in ihrem Leben Belehrbarkeit und Demut getreten.

Wir fragen uns wirklich, was passiert wäre, wenn Sheila und Wendy keine Grenzen gesetzt und auf deren Einhaltung bestanden hätten. Viel zu viele christliche Frauen tun das niemals. Was hält sie in ihrer Opferrolle?

Um diese Frage zu klären, wollen wir als nächstes die bindende Macht der Selbstsabotage näher betrachten.

Kapitel 6

Unterordnung oder Selbstsabotage?

Wenn von einer Christin ständig verlangt wird, auf ein oder mehrere Elemente einer christlichen Ehe zu verzichten, dauert es nicht lange bis sie sich ausgenutzt fühlt. Ihre Grenzen werden verletzt, was auf lange Sicht dann zu irgendeiner Form von Zorn führt.

Jennifer ist sich bis zum heutigen Tage nicht sicher, warum ihre Gefühle erstarren, sobald ihr Vater oder ein anderer Mann ein Zimmer betritt, in dem sie sich alleine aufhält. Sie hat keine bewußten Erinnerungen an sexuelle Belästigung, zeigt aber seelische Wunden, die normalerweise Anzeichen dafür sind. Diese Wunden führten jedenfalls dazu, daß sich in ihrem Leben ein primärer Streßfaktor entwickelte, der den Ausgangspunkt ihres geistlichen Mißbrauches bildete.

Jennifer erlebte in ihrer Schulzeit einige Enttäuschungen in Liebesbeziehungen. Während ihrer Zeit auf dem College zerbrach dann eine Verlobung. Als sie schließlich Anfang zwanzig war, suchte sie einen Seelsorger auf. Obwohl sie intelligent und attraktiv war, hatte sie ein sehr geringes Selbstwertgefühl. Sie arbeitete in ihrer Anstellung bei der Regierung sehr effektiv und kompetent. Dennoch befielen sie stets quälende Selbstzweifel, wenn sie größere Entscheidungen in ihrem Leben zu treffen hatte.

Als sie schließlich bereits auf die dreißig zuging, lernte Jennifer in einem Gebetstreffen Bob kennen. Bob hatte erst kürzlich zum Glauben gefunden und war schon Ältester in ihrer Gemeinde. Er war der eifrigste und intelligenteste Mann, den sie je getroffen hatte. Obwohl es viele andere ledige Frauen in ihrer Gemeinde gab, die Jennifer für wesentlich attraktiver hielt, begann Bob Interesse an ihr zu zeigen.

Nachdem sie einige Wochen lang zusammen ausgegangen waren, fragte Bob, ob sie seine Frau werden wolle. "Der Herr hat mir gezeigt, daß ich dich bitten soll, mich zu heiraten", sagte er. Jennifer war höchst erstaunt, daß ein so geistlicher Mensch wie Bob sie auserwählt hatte und stimmte glücklich zu. Aber kaum lag die

Hochzeit einige Tage zurück, war Jennifer zornig auf ihren Ehemann. Bob war zärtlich, aber er hatte einige Erwartungen, mit denen sie es schwer fand, zurechtzukommen.

Zum einen hielt Bob nichts von Empfängnisverhütung. Er sah das als unbiblisch an und glaubte, daß ein christliches Ehepaar so viele Kinder wie nur möglich haben sollte. "Seid fruchtbar und vermehrt euch" war der Vers, den er oft zitierte. Jennifer wollte aber gerne ihre Anstellung behalten und warten, bis ihre Ehe sich gefestigt hatte. Bob bestand trotzdem darauf, daß sie *jetzt* eine Familie gründen sollten.

Jennifer fühlte sich auch unwohl mit Bobs Wünschen, wie sie aussehen sollte. Er schien davon überzeugt zu sein, daß sich eine christliche Frau so kleiden sollte, daß Männer sie in keinerlei Weise anziehend finden könnten. Er bestand energisch darauf, daß Jennifer - wie er es nannte - "schlichtere" Kleider wählte. Dabei hatte sie stets geschmackvolle Kleidung getragen. Er wollte keine intensiven, leuchtenden Farben, keine Kosmetika oder Parfüm, nicht einmal Deodorant.

Bob glaubte außerdem, daß Frauen nach der Schrift lange Haare tragen sollten, weil es ihre schützende Bedeckung sei. Jennifer war inzwischen voller Selbstzweifel, fügte sich aber, weil sie sich der Autorität ihres Ehemannes unterordnen wollte. Es dauerte nicht lange, bis sie ihr Aussehen, ihr ganzes Erscheinungsbild haßte. Aber schließlich durfte ein Ehemann "über den Leib der Frau verfügen", so stand es doch in der Bibel.

Bob war in einer Alkoholikerfamilie aufgewachsen, in der man kaum Zeit für ihn gehabt hatte. So war er schon früh gezwungen zu lernen, für seine eigenen seelischen Bedürfnisse zu sorgen. Er war deshalb in hohem Maße selbstgenügsam und unabhängig geworden. Diese Tatsache störte Jennifer vielleicht mehr als alles andere. Bob behauptete zwar, daß er sie brauchte, für sie waren es aber nur Lippenbekenntnisse. Sein Verhalten bezeugte nur allzu deutlich das Gegenteil: "Ich komme ohne dich gut zurecht".

Bobs Mangel an guten elterlichen Vorbildern ließ ihn darüber im unklaren, wie Familienleben eigentlich aussehen sollte. Wie viele andere erwachsene Kinder von Alkoholikern bemühte er sich herauszufinden, was "normal" war. Auf der Suche nach der

Normalität hoffte Bob, das fehlende Rollenvorbild in der Heiligen Schrift zu finden.

Blind für den erstaunlichen Freiraum zur eigenen Entscheidung, den uns die Bibel in vielen Fragen läßt, wies Bob Jennifer zurecht und stellte ihre Geistlichkeit in Frage, wann immer sie nicht mit ihm übereinstimmte.

Jennifer fühlte sich schuldig, wenn sie ihm widersprach. "Immerhin", dachte sie oft, "muß Bob ja wissen, was richtig ist; er ist doch Ältester in unserer Gemeinde." Sie ordnete sich ihm in allem unter.

Sechs Jahre später schrieen und spielten fünf kleine Kinder zu Jennifers Füßen. Bob bemerkte nicht, welchen großen Streß die Kinder für seine Frau bedeuteten und glaubte, daß Gott ihr die Gnade geben würde, fröhlich und zufrieden in ihrem Zuhause zu sein. Es war ja die Berufung einer Frau, Kinder zu bekommen. Er war stolz auf seine fünf Kinder, hatte aber kaum eine Vorstellung davon, wie er sie erziehen und lenken sollte.

Bobs Stellung in der Gemeinde fügte noch zusätzlichen Druck hinzu. Oft blieb Jennifer mit den Kindern allein, während Bob unterwegs war. Als Ältester bemühte er sich äußerst aktiv und engagiert, den Bedürfnissen der Gemeinde zu dienen. Aufgrund ihrer Selbstzweifel fand Jennifer es schwierig herauszufinden, welche Grenzen sie ihren Kindern setzen sollte. Was durfte sie erlauben und wann mußte sie streng durchgreifen? Wenn Bob und Jennifer zusammen daheim waren, kümmerte Bob sich gewöhnlich nicht um die Kinder. Er zog sich zurück, schloß die Tür hinter all dem Lärm und packte nur dann mit an, wenn Jennifer am Ende war. Die Kinder spürten die Uneinigkeit ihrer Eltern in Erziehungsfragen und manipulierten das häusliche Geschehen mit dem taktischen Geschick einer Einheit guttrainierter Elitesoldaten.

Jennifer fühlte sich oft zu Hause angebunden. Es war schwer, einen Babysitter für fünf schwierige Kinder zu finden. Statt dem sehnsüchtig erhofften kuscheligen Rückzugsort, der es hätte sein sollen, bot ihr Heim nur Chaos. Als Jennifer Anfang dreißig war, fühlte sie sich wie eine "Gebärmaschine". Wenn sie doch einmal ausgehen konnte, hatte sie kaum Freiheiten, weil das Konto nur auf

Bobs Namen lief. Sie scheute sich, ihre Gefühle Bob mitzuteilen, weil sie seine geistliche Zurechtweisung fürchtete.

Jennifer fühlte sich besonders schuldig, wenn sie oder eines der Kinder einen Arzt brauchten. Bob gab ihr immer das Gefühl, als läge das an ihrem mangelnden Glauben. Außerdem wollte er kein Geld für Arztbesuche verschwenden, das besser in der Mission verwendet werden konnte. Sie hatten außerdem keine Versicherung, weil es in ihrer Gemeinde als Glaubensschwäche angesehen wurde. Andere Gemeindeglieder brachen gelegentlich auch zusammen und suchten medizinische Behandlung. Sie schämten sich dann, daß ihr Glaube so schwach war.

Aus all diesen Gründen ignorierte Jennifer, die unter wachsender körperlicher Belastung stand, lange Zeit viele besorgniserregende Symptome. Als jedoch Blutungen einsetzten, mußte sie es schließlich Bob sagen. Gebet konnte die Blutungen nicht stoppen. Endlich stimmte Bob widerwillig zu, daß sie einen Arzt aufsuchte. Er selbst konnte sich nicht dazu aufraffen, sie zu begleiten. Jennifer erfuhr, daß ihr eine sofortige Totaloperation bevorstand - ein nicht versicherter chirurgischer Eingriff, der viele tausend Mark kosten würde. Zudem, bestand die Möglichkeit, daß Krebs diagnostiziert werden würde. All das durchlebte Jennifer ohne die seelische Unterstützung ihres Mannes.

Mit den Jahren lebten sie sich immer mehr auseinander. Selten endeten Gespräche ohne daß einer von ihnen die Beherrschung verlor. Jennifer empfand oft großen Zorn, aber da von ihr geistliches Verhalten erwartet wurde, konnte sie ihrer Wut nie freien Lauf lassen. Sie fraß alles in sich hinein und stapelte ihren Zorn wie in einem Regal, bis eines Tages alle Fächer bis zum Überquellen vollgestopft waren. Das war der Zeitpunkt, an dem Jennifer die Fähigkeit entwickelte, die einzige Waffe einzusetzen, die ihr noch verblieben war.

Die Waffe der Selbstsabotage

Wenn eine Frau wie Jennifer kein anderes Ventil für ihren Zorn hat, wendet sie sich vermutlich der einzigen Waffe zu, die sie noch in ihrem Arsenal hat: der Selbstsabotage.

Sogar Bob konnte sehen, daß Jennifers stressiges, arbeitsreiches Leben seinen (körperlichen) Tribut foderte. Es schien ihm jedoch, als sei seine Frau seit ihrem Glaubenseinbruch durch die Totaloperation übertrieben ängstlich. Dabei hatte sich doch herausgestellt, daß es keine Krebserkrankung gewesen war! Jeder kleine Schnupfen machte sie nun unruhig und besorgt. Sie war immer krank. Besonders wenn er unterwegs war, um anderen Menschen zu dienen, unterbrachen ihn ständig ihre Anrufe. Mit weinerlicher Stimme jammerte sie dann voller Selbstmitleid: "Meine Rückenschmerzen bringen mich noch um. Wie lange wirst du denn noch weg sein? Die Kinder kriege ich wieder mal überhaupt nicht ins Bett..."

Manchmal lag Jennifer auch mehrere Tage lang im Bett. Ihre älteste Tochter, die acht Jahre alt war, mußte Kleider für die jüngeren Geschwister heraussuchen, ihnen das Frühstück machen und das Pausebrot vorbereiten. Manchmal war Bob gezwungen, Aktivitäten in der Gemeinde zu verschieben und Treffen abzusagen, weil er sich um seine Frau kümmern mußte. Er wollte Jennifer nicht zum Arzt bringen - das würde ja ein Eingeständnis geistlichen Versagens sein. Also mußte sich Bob oft im Büro der Gemeinde entschuldigen und nach Ausreden suchen.

Von ihrem Standpunkt aus genoß Jennifer die Aufmerksamkeit, die ihr zuteil wurde, wenn sie krank war. Genaugenommen waren Krankheiten ihre Hauptquelle für Beachtung und sie war fest entschlossen, sich diese Möglichkeit von niemandem nehmen zu lassen. Viele Leute hatten den Eindruck, daß sie sich in ihre Krankheiten absichtlich übertrieben hineinsteigerte, aber irgendwie spielten sie trotzdem alle mit.

Wenn Jennifer nicht krank war, fand sie oft andere Wege, um die Aufmerksamkeit auf sich zu ziehen. Sie hatte niemals den Führerschein gemacht. Nun weigerte sie sich störrisch, ihn nachzuholen. Sie bat ihre Bekannten, sie zu Verabredungen zu fahren oder zum Einkaufen mitzunehmen. Nach und nach hatten alle ihre Freundinnen ihre Abhängigkeit satt. Jennifer aber hielt diese Taktik für ihre Nabelschnur zur Welt draußen.

Bob fand Jennifers Anhänglichkeit, die ihm zunächst geschmeichelt hatte, zunehmend ermüdend. Er hatte genug von ihrem Gejammere und ihrer Passivität und wurde immer häufiger zornig. Wenn er dann die Beherrschung verlor, brüllte er los, aber Jennifer wurde davon anscheinend nur noch kraftloser. Wenn Bob jetzt andere "geistliche" Menschen traf, deutete er oft an, daß seine Frau Gebet brauchte. Es war seine Art, andere wissen zu lassen, wie sehr er unter der Last einer geistlich schwachen Frau litt.

Als Jennifer Anfang vierzig war, wurden ihre Kinder allmählich unabhängig. Jennifer selbst war dagegen so abhängig von anderen geworden, daß sie ohne diese Abhängigkeit nicht mehr leben konnte. Sie verachtete andere Menschen und haßte sich selbst. Sie kritisierte andere Frauen, die stärker waren und sträubte sich gegen deren Versuche, sie aus ihrem Schneckenhaus zu locken. Schon seit langem war Jennifer in ihrem Schneckenhaus-Dasein gefangen, verloren im Teufelskreis der Selbstsabotage, der sie von ihrer Umwelt isolierte.

Was ist Selbstsabotage?

Eine Frau betreibt Selbstsabotage, wenn sie sich selbst verletzt, um sich dadurch an Mitmenschen zu rächen, denen sie ungern ihren Zorn zeigen möchte. Selbstsabotage kann beispielsweise mit der Unfähigkeit einer Frau beginnen, an sich selbst und an ihren Wert in Gott zu glauben. Sie kann auch die Form annehmen, daß eine Frau sich einfach weigert, sich für ihre eigenen Anliegen und Interessen einzusetzen. Wenn die Situation eskaliert, kann Selbstsabotage zu gravierenden, passiv-aggressiven Verhaltensweisen führen. Die Äußerungsformen dieser, die Empfindungen zerstörenden Waffe reichen von schweigendem Rückzug über Schmollen bis hin zu Handlungen, die das Element der Selbstzerstörung beinhalten: das Kündigen einer Anstellung, Mager-oder Fettsucht, das Ausschlagen von Chancen oder guten Angeboten, sogar verbaler Mißbrauch.

Eine Frau, die sich scheut ihren Ärger zu zeigen, ist nicht die einzige, die die Strategie der Selbstsabotage anwendet. Sie wird genauso von einer Frau benutzt, deren wiederholte Zornausbrüche ihren Mann nicht im Geringsten verändern, manchmal nicht einmal sein Gehör finden. Es ist oft die Waffe von Frauen, die von jemandem schikaniert werden, der aggressiver ist als sie selbst. Auch auf passiv-aggressives Verhalten anderer Menschen reagieren manche Frauen mit selbstzerstörerischen Maßnahmen.

Selbstsabotage ist im Grunde ein Ersatz für Einfluß. Es ist die Entschlossenheit, im Leben etwas zu sagen zu haben, auch wenn die einzige Möglichkeit dazu darin besteht, andere zu manipulieren.

Wenn ein Mann eine Frau heiratet, sollte er ihr Achtung erweisen, indem er ihr das Recht gibt, sein Leben zu beeinflussen. Er muß natürlich die Verantwortung für getroffene Entscheidungen übernehmen, weil er die letztlich gültige Autorität im Haus hat. (Du kannst gleich noch mehr darüber lesen). Aber er ist dumm, wenn er keine Frau wählt, deren Einfluß er respektiert.

Eine der Wurzeln der Selbstzerstörung ist also ein *mangelndes Verständnis des Unterschiedes zwischen Autorität und Einfluß.* Isaaks Frau Rebekka lebte zu einer Zeit, in der Männer uneingeschränkte Autorität über ihre Frauen hatten. Daher glaubte sie, aggressive Manipulation einsetzen zu müssen, um ihrem Lieblingssohn Jakob zu dem Segen zu verhelfen, der rechtmäßig eigentlich Esau zustand.

Im Gegensatz dazu steht das Verhalten der Königin Ester, die durch ihren gottgefälligen Einfluß ihr Volk rettete. Dieser Einfluß kam nur unter dem Einsatz ihres Lebens zustande. Es ist interessant, daß Ahasveros (der König der Meder und Perser) zuließ, daß Ester ihn beeinflußte. Hätte er es nicht getan, wäre er von dem hinterhältigen und heimtückischen Haman manipuliert worden. So hätte er an den Juden in seinem Königreich einen furchtbaren Völkermord verübt.

Eine Frau, die sich der Selbstsabotage verschrieben hat, ist (anders als Ester) nicht mehr bereit, in einer Beziehung etwas zu riskieren. Sie hat diese Bereitschaft verloren. Vielleicht ist daran die Erniedrigung durch verbalen Mißbrauch schuld oder ihre Weigerung, den gegenwärtigen Frieden aufs Spiel zu setzen, und sei er noch so oberflächlich. Es kann auch daran liegen, daß der Schrecken des körperlichen Mißbrauches sie noch immer verfolgt. Um jedoch aus der Passivität ausbrechen zu können, muß eine Frau bereit sein, etwas zu wagen. Möglicherweise muß sie sogar den Bruch der Beziehung riskieren, damit sich göttliche Veränderungen ereignen können.

Frauen wie Ester werden nachempfinden können, was auf dem Spiel steht und das Risiko auf sich nehmen. Wenn eine Frau nämlich an ihrer Ehe wirklich Freude haben möchte, braucht sie unbedingt das Recht, Einfluß zu nehmen. Vielleicht muß sie es sich erkämpfen.

Eine andere Wurzel der Selbstzerstörung ist das *Gefühl der Aufopferung dadurch, daß man sich von Gott in die Beziehung hineingedrängt fühlt.* Jennifer heiratete Bob auf der Grundlage eines angeblichen "Eindruckes". Bob sagte ja, er habe ein "Wort von Gott" erhalten. Von einer seelsorgerlichen Perspektive aus muß ich sagen, daß (nach unserer Erfahrung) jede Ehe, die auf dieser Grundlage begonnen wurde, mit Konflikten belastet ist. Beide Seiten versuchen ihr ganzes Leben lang, ihre Gefühle und ihr von Gott gegebenes Entscheidungsrecht in Einklang zu bringen, während ihnen der sogenannte "Wille Gottes" im Namen von Gehorsam oder Geistlichkeit aufgeladen wird.

Gott bietet jedem Menschen seine Führung in der Partnerwahl an, aber die letztendliche Verantwortung für die Entscheidung liegt beim Einzelnen. Es ist wichtig, daß wir uns gegenseitig freisetzen, damit wir uns von dem zusätzlichen Druck des "Willens Gottes" lösen können.

Der Teufelskreis der Selbstsabotage

Der Teufelskreis der Selbstsabotage beginnt mit Verletzlichkeit. Sie entsteht, wenn ein primärer Streßfaktor vorhanden ist. Jennifers frühere Verletzungen machten sie unsicher und dadurch anfällig für geistlichen Mißbrauch. Zorn staute sich in ihr an. Schließlich begann sie, ihren Ehemann und ihre Rolle zu Hause - die kaum mehr als die eines älteren Kindes war - zu hassen. Als ihr Zorn nicht beseitigt oder geklärt wurde, begann Jennifer, ihr Elend Bob heimzuzahlen, indem sie sich selbst noch mehr zerstörte, was wiederum erneut ihre Selbstverachtung verstärkte.

Die eigentliche Selbstsabotage folgte bald von selbst: Jennifer sonderte sich unbewußt aber bereitwillig von allem ab, was ihr Erfolgserlebnisse vermittelt oder ihre Selbstachtung gestärkt hätte. In ihrer Selbstvernichtung legte sie es nicht nur darauf an, ihr eigenes Leben zu zerstören, weil sie sich inzwischen selbst haßte. Sie versuchte nun auch, Bob zu manipulieren, der sich jetzt als das arme

Opfer sah. Sein Zorn bewirkte weiteren Mißbrauch und setzte den teuflischen Kreislauf fort.

Da Bob und Jennifer die Rolle des Manipulierenden bzw. des Opfers schon seit so langer Zeit abwechselnd spielen, ist es schwer zu bestimmen, wer eigentlich die Schuld an dieser funktionsgestörten Familienkonstellation trägt. Ihre Freunde sind ratlos. Wie könnten sie echte, dauerhafte Hilfe anbieten? Der Herr gebraucht Bob weiterhin, Jennifer jedoch fühlt sich ohne Nutzen für Gott. Ihre Kinder sind alle aus der Abhängigkeit zu ihr herausgewachsen und brauchen sie nicht mehr. Als Erwachsene versuchen sie, in der Realität zurechtzukommen - einer Welt in der Jennifer schon seit Jahren nicht mehr lebt.

Am meisten fühlt sie sich natürlich unbrauchbar für ihren Mann. Sie verbringt den größten Teil ihrer Zeit damit, sich zu wünschen irgendwoanders zu sein. Gedanken an Selbstmord, der endgültigen Form der Selbstsabotage, sind ihr mehr als einmal in den Sinn gekommen. In ihrer Vorstellung malt sie sich den Tod als den einzigen Weg aus ihrem Elend aus. Die Schande der Scheidung wäre zu groß...

Jennifer hat Bob angefleht, mit ihr zusammen einen Seelsorger oder Eheberater aufzusuchen. Bob lehnt dies jedoch ab und hält es für ungeistlich. Sein geistlicher Erfolg dient ihm als Beweis dafür, daß Gott seine Lebensweise bestätigt und segnet. Er ist nur bereit, das Problem vor die Männer in ihrer Gemeinde zu bringen. Denn er weiß, daß sie Jennifer ermahnen werden, die biblischen Anweisungen zu beachten und sich unterzuordnen.

Inzwischen läßt er auch gegenüber den Kindern Bemerkungen über Jennifers Mangel an Geistlichkeit fallen.

Die Mädchen sind zornig auf ihre Mutter, weil sie ihrem Mann nicht die Stirn bietet. Die Jungen entwickeln zunehmend negative Einstellungen gegenüber Frauen. Schließlich werden sie an den Punkt kommen, wo sie dieselben gestörten Verhaltensmuster in ihren eigenen Familien wiederholen werden.

Die Leugnung durchbrechen

Am Anfang seiner Ehe verursachte Bobs Unwissenheit und Unerfahrenheit im Umgang mit Frauen, daß er einige gravierende Fehler in seiner Beziehung zu Jennifer machte. Seine enge, starre Auslegung der Heiligen Schrift verschlimmerte das noch. Er verlangte von Jennifer, sich seinen gesetzlichen Ansprüchen von Heiligkeit zu unterwerfen. Dadurch nahm er ihr das Recht, selbständig auf ihr Gewissen und die Stimme Gottes zu hören. Er wies sie ständig zurecht und erinnerte sie daran, wie sie sich als Christin zu fühlen hatte. So lernte sie, ihren Ärger in sich hineinzufressen. Er zwang ihr einen Lebensstil auf, der ihr die Freiheit raubte. Sie durfte nicht mehr selbst entscheiden.

Ohne es zu merken, nahm Bob seiner Frau einen ganz wichtigen Bestandteil einer guten Ehe: die Möglichkeit, als gleichberechtigter Partner behandelt und geachtet zu werden. Er bildete sich ein, ein vorbildlicher Christ zu sein. Schließlich hatte er ja alles getan, was seiner Meinung nach Erfolg bringen konnte. Weil er aber tief im Innersten davon überzeugt war, daß Jennifer ihm nicht ebenbürtig war, hatte er sich niemals Gedanken um ihre Gefühle gemacht. Obwohl er das energisch abstreitet, sprechen seine Taten doch eine deutlich andere Sprache - sein Verhalten gegenüber Frauen ist abwertend und herablassend. Seine Aufmerksamkeit für Jennifer und ihr Zuhause zielt darauf, sein eigenes Gewissen zu beruhigen, statt Kommunikation und innige Vertrautheit zu seiner Frau aufzubauen. Denn Intimität würde es möglicherweise nötig machen, Gefühle zuzulassen und mitzuteilen. Genau davor hat Bob aber Angst.

Jeder süchtige Mensch muß sich seinen Zustand eingestehen und sein Leugnen aufgeben, um den zerstörerischen Kreislauf der Abhängigkeit zu durchbrechen. Ebenso ist es für Bob erforderlich, sich nichts mehr vorzumachen. Er darf nicht mehr abstreiten, daß es da tatsächlich ein Problem in seinem Leben gibt. Erst dann kann er sich mit der Bibel genauer auseinandersetzen - und zwar aus einer Perspektive, aus der er sie bisher nicht betrachten konnte oder wollte. Das ist der einzig mögliche Weg, wie Veränderung stattfinden kann.

Die Alternative:
Unterordnung, wie Gott sie eigentlich eingesetzt hat

Ich habe bereits 1. Petrus 3, 7 zitiert, wo Petrus erklärt, wie man mit christlichen Ehefrauen umgehen sollte: "Wohnt bei ihnen [=eueren Frauen] mit Einsicht als bei einem schwächeren Gefäß, als dem weiblichen,..."

Jahrhundertelang wurde dieser Vers von Christen fehlinterpretiert. Man deutete ihn irrtümlich so, als seien Frauen minderwertig. In Wirklichkeit will Petrus aber genau das Gegenteil sagen. Behandelt euere Frauen - sagt er - nicht wie einen Plastikbecher, sondern wie eine zerbrechliche, filigrane Kristallvase. Eine solch kostbare Vase bekommt einen Ehrenplatz eingeräumt. Sie wird ausgestellt, so daß alle ihre Eleganz bewundern können. Sie muß sorgsam und mit Behutsamkeit behandelt werden.

Viele Männer behandeln ihre Frauen kaum besser als eine billige Plastiktasse von minderwertiger Qualität! Statt ihre Frau zu achten, setzen sie sie herab. Sie gehen mit ihrer Partnerin um, wie mit einem gewöhnlichen, unbedeutenden Alltagsgegenstand, den man benutzt und dann achtlos wegwirft oder wegräumt und vergißt, bis sein Dienst das nächste Mal in Anspruch genommen wird.

Eine Frau, die ihren Wert mit dem eines Plastikbechers vergleicht, unterstützt ihren Mann noch in seinem herablassenden Verhalten, weil sie es ja schließlich nicht anders zu verdienen glaubt. Sicher erwartet Gott von ihr, daß sie sich einer solchen Behandlung demütig fügt. Dennoch sehnt sich etwas in ihr die ganze Zeit nach einer Stellung der Achtung und des Respektes.

Viele christliche Männer behaupten, ihre Frauen zu lieben, machen sich aber nie die Mühe, sie zu verstehen. Sie akzeptieren die Gefühle ihrer Ehefrau nicht und gestehen ihr nicht das Recht zu, eine abweichende Meinung zu haben - die dem Willen Gottes durchaus näher sein mag als ihre eigene! So viele christliche Ehemänner isolieren sich selbst, weil sie nicht offen für die Perspektive, den Ratschlag oder die Weisheit ihrer Frau sind! Wie viele von ihnen mögen wohl den Heiligen Geist in ihren Frauen dämpfen, weil sie das geistliche Wohlergehen ihrer Ehefrauen nicht zu einem ihrer wichtigsten Anliegen machen?

Ehemänner können viel vom Wesen Gottes lernen. Niemals nutzt Gott die Verletzlichkeit oder Schwäche eines Menschen aus, nicht einmal um ihn erlösen zu können. Gott drängt sich niemandem auf. Statt dessen respektiert er zurückhaltend den freien Willen, den er in seine menschlichen Geschöpfe hineingelegt hat.

Eines der schönsten Beispiele für die Zurückhaltung Gottes erkennt man in seinem Umgang mit Maria, der Mutter Jesu. Bevor er die Jungfräulichkeit Marias benutzte, sandte er seinen höchsten Engel, um "ihre Erlaubnis zu erbitten". Er offenbarte ihr seinen Plan, den er vor jedem anderen menschlichen Wesen auf der Erde verborgen hielt. Er suchte ihre Bereitschaft, seinen Willen anzunehmen. Das ist das Geheimnis Gottes, freudige Diener zu haben: wir können uns entscheiden, *nicht* mitzumachen. Erst diese eine Wahlmöglichkeit gibt uns die Freiheit, zuzustimmen. Maria antwortete Gabriel: "Siehe, [ich bin] die Magd des Herrn, es geschehe mir nach deinem Wort" (Lukas 1, 38). Es bereitete ihr tiefe Freude, mit Gott in dem Geschehen zusammenzuarbeiten, das den größten Segen für die Welt bringen sollte.

Auch unser Wohlergehen liegt Jesus mehr als alles andere am Herzen. Dafür starb er, stand von den Toten auf und sitzt nun zur rechten Hand des Vaters. Er möchte auch seine Braut, die Gemeinde zu sich ziehen und erhöhen. Zusammen mit ihm soll sie im Himmel auf dem Thron sitzen. Unsere Reaktion auf seinen sehnlichen Wunsch, uns zu ehren, ist unsere Hingabe. Genau darin besteht auch das Geheimnis einer Frau, die sich unterordnet.

Das Geheimnis der Unterordnung

Wir verehren und beten den Einen an, der sein Leben gab, damit wir mit ihm leben und seinen Ehrenplatz teilen können. Wenn ein christlicher Mann seine Frau so behandelt wie Christus die Gemeinde, wird er in ihr keine widerwillige oder haßerfüllte Sklavin, sondern eine zuvorkommende Partnerin finden.

Für den Begriff *Unterordnung* verwendet Paulus das griechiche Wort *hupotasso*, das wörtlich mit "sich gut einfügen", "harmonieren mit" übersetzt werden kann. Ein harmonisches Zusammenleben setzt

Übereinstimmung voraus. Und wo es diese Einigkeit gibt, besteht eigentlich keine Notwendigkeit für Unterordnung.

Wenn du den Partner für dein Leben suchst, ist es von größter Bedeutung, daß du einen Menschen wählst, mit dem du in fast allen wichtigen Fragen einer Meinung bist. Nur selten sollte eine Frau mit dem Dilemma konfrontiert werden, daß sie ihre Meinung dem Interesse ihres Mannes unterordnen muß, um sich "einzufügen". Wenn dieser Fall einmal eintritt, sollte eine Übereinkunft nicht erzwungen werden, bevor die Frau die Gelegenheit erhalten hat, ihre Überlegungen und Befürchtungen auszudrücken.

Das Prinzip der Unterordnung der Frau wurde nicht erfunden, um leicht täuschbare Frauen unter Kontrolle zu halten. Ebensowenig wurde es Eva von Gott als Strafe nach dem Sündenfall auferlegt. Es betrifft auch nicht automatisch jede Frau, egal ob sie ledig oder verheiratet ist. Unterordnung hat ihren Platz *nur* im Bereich der Ehe, in der irgendeiner die letztendlich gültige Entscheidung treffen muß, wenn es Meinungsverschiedenheiten gibt.

Als Gott zu Eva sagte, "Nach deinem Mann wird dein Verlangen sein, er aber wird über dich herrschen" (1. Mose 3, 16), gebrauchte er das Verb in der Zeitstufe der Zukunft, also "*wird* herrschen". Das bedeutet, daß hier eine Tatsache festgestellt wird. Es handelt sich nicht um einen Befehl, wie es bei "*soll* herrschen" der Fall wäre. So wird also deutlich, daß Gott lediglich voraussagte, daß die Frauen von ihren in Sünde gefallenen Männern beherrscht werden würden. Die Härte ihrer Herzen und ihre Furcht würde Männer veranlassen, Frauen zu kontrollieren.

Übrigens gibt die Septuaginta, die griechische Übersetzung des alten Testamentes, diesen Vers genauer wieder. Sie wurde zur Zeit des Paulus in den jüdischen Synagogen und den frühchristlichen Gemeinden verwendet, deren Mitglieder griechisch sprachen. Korrekter übersetzt lautet der Vers dann so: "Du drehst dich um zu deinem Ehemann und er wird dich dominieren". Adams Auftrag von Gott und sein eigener Wunsch, sich die Erde untertan zu machen, würden durch die Sünde verdorben und auch auf die Frau übertragen werden. Ihre natürliche körperliche Schwäche würde diese Tendenz noch verstärken.

In einer christlichen Ehe hat eine Frau ihre Stellung in Christus vor dem Sündenfall wiedererlangt: Gleichheit besteht somit nicht nur in der Position, sondern auch in der Verantwortung von Mann und Frau. Die Berufung einer Frau, eine Hilfe für ihren Mann zu sein, erfüllt sich, wenn er ihr Freiheit zugesteht. Ihr Leben darf nicht nur darauf beschränkt sein, Kinder zu bekommen. Sie soll und kann auch geistliche Frucht bringen, indem sie ihren Platz in Gottes Auftrag findet, sich zu mehren und die Erde dem Königreich Gottes untertan zu machen.

Unterordnung in der Ehe wurde eingerichtet, um die Frau freizusetzen, nicht um sie zu beherrschen oder zu unterwerfen. Die Grenzen ihrer Autorität und Verantwortung können so leichter definiert werden. Dieses biblische Prinzip war nicht dazu bestimmt, daß ein Mann oder eine Frau ihren tyrannischen Willen als den "Willen Gottes" rechtfertigen. "Ordnet euch einander unter in der Furcht Christi" (Epheser 5, 21) - das bedeutet, daß beide Seiten um den umfassenderen Willen Gottes bemüht sein müssen, statt ihre Kraft in einem Machtkampf zu vergeuden.

Das Prinzip der Unterordnung befähigt ein Ehepaar, in der Sackgasse einer Meinungsverschiedenheit trotzdem Entscheidungen treffen und vorwärtskommen zu können. Es ermöglicht, daß die Ehe von häufigem Stillstand verschont bleibt. Unterordnung befreit den Ehemann dazu, auch einmal im Unrecht sein zu dürfen. Er wird es dann schon selbst merken, wenn er auf Gottes größeren Willen stößt. Manchmal findet er schon nach wenigen Schritten in die falsche Richtung heraus, daß er sich getäuscht hat und bemüht sich darum, seinen Fehler zu beseitigen. Seine Frau ist während dieser Zeit herausgefordert, ihre Meinung der ihres Mannes unterzuordnen. Denn ansonsten würde er nie an den Punkt kommen, seinen Irrtum zuzugeben, weil der Konflikt zwischen beiden die Beziehung blockieren würde.

Zwei Beispiele, in denen Gott die Meinung einer Frau über die ihres Mannes stellte und segnete, ragen im Alten Testament heraus. Das eine ist die Geschichte einer intelligenten, hübschen Frau namens Abigail. Sie erwies dem König David und seinen Männern Gastfreundschaft, nachdem ihr Ehemann Nabal diese harsch abgewiesen hatte (1. Samuel 25). Durch ihr mutiges Verhalten rettete sie alle männlichen Bewohner ihres Hauses vor der Ermordung.

"...gepriesen sei deine Klugheit", sagte David, "Und gepriesen seist du...". (Vers 33)

Das zweite Beispiel betrifft die Lebensgeschichte von Abraham und Sara. Als Abraham zögerte, Ismael und Hagar fortzuschicken, wie Sara es verlangte, sprach Gott aus dem Himmel zu ihm. Abraham sollte auf seine Frau hören. Sie hatte recht. Ihre Meinung stimmte mit dem Willen Gottes zu einem Zeitpunkt überein, als Abraham blind für die Wahrheit war. Saras Worte gegenüber Abraham - "Stoße die Magd und ihren Sohn hinaus, denn der Sohn der Magd soll nicht mit dem Sohn der Freien erben." (Galater 4, 30, vgl. dazu 1. Mose 21, 10 und 12) - wurden im Neuen Testament das Bild für die beiden Bündnisse, das des Gesetzes und das der Verheißung des Heiligen Geistes.

Es war nicht leicht zu lernen, in Einklang mit Gott und der eigenen Frau zu leben, schon gar nicht für einen Patriarchen wie Abraham!

Es ist aber für jeden Ehemann und jede Ehefrau möglich, diese Harmonie einzuüben, wenn beide sich Gott unterordnen. Zwei fügsame, kompromißbereite Menschen werden es leicht finden, miteinander gut auszukommen. Eine Freundschaft hingegen, die bereits in der Kennenlernphase mit Konflikten beladen ist, deutet klar darauf hin, daß die Beziehung keine harmonische Ehe ergeben wird.

Eine Frau, die meint, sie müsse ihr Selbstwertgefühl, ihre Berufung von Gott oder ihre festen Überzeugungen auf dem Altar einer Beziehung opfern, wird niemals wirklich glücklich werden oder Bestätigung in ihrer Persönlichkeit erfahren. Paulus rief die Ehemänner und Ehefrauen zum Frieden auf (1. Korinther 7, 15), aber nicht zu einem Frieden um jeden Preis. So kostbar der Bund der Ehe in Gottes Augen auch sein mag, die Herrschaft Jesu Christi übersteigt seine Bedeutung bei weitem. Von niemandem darf verlangt werden, jemand zu werden, der er nicht ist - aus welchem Grund auch immer.

Kann der furchtbare Kreislauf durchbrochen werden?

Kann eine Frau wie Jennifer lernen, nach so vielen zerstörerischen Jahren in echter Unterordnung zu leben? Sie muß das Land zurückerobern, das sie verloren hat, wenn sie den Kreislauf der

Selbstsabotage durchbrechen will. Jennifers Verluste setzten ein, als sie ihrem Mann erlaubte, ihr durch seine gesetzlichen Anordnungen das Recht zu nehmen, auf ihr eigenes Gewissen zu hören. Um diesen Boden wiederzugewinnen, muß sie *beginnen, vor Gott nach ihrem Gewissen zu handeln.*

Das Gewissen wurde jedem menschlichen Geschöpf von Gott mitgegeben. Es war urprünglich darauf angelegt, immer dann zu reagieren, wenn der Mensch Gottes Grenzen überschreitet und Sünde begeht. Es wird aber auch durch die Erziehung der Eltern programmiert, oder durch den Mangel an vernünftiger Unterweisung. Es reagiert auf die Tradition, mit der ein Mensch aufgewachsen ist oder die ihn beeinflußte. Religiöse Traditionen (Gesetze von Menschen, nicht von Gott) haben die Macht, das Gewissen zu kontrollieren und manchmal auch zu mißbrauchen. Der Heilige Geist beschränkt sich im Gegensatz dazu auf das Recht, das Gewissen nicht nur für die Buchstaben des Gesetzes zu sensibilisieren, sondern vor allem für seinen Geist.

Viele Christen aus kaputten Familien lernen durch falsche Strenge in ihrer Erziehung, die von Gott gegebenen Anstöße und Eindrücke zu ignorieren. Sie finden es sicherer, an dem festzuhalten, was vom Gesetz her richtig erscheint. Ein in richtiger Weise aktiviertes Gewissen meldet sich aber nicht aus einer engen Strenge oder unbegründeten Ängsten heraus, sondern aus Weisheit. Das Gewissen eines Christen hat die Macht, ihn zu der Persönlichkeit zu erneuern, als die Gott der Vater ihn sieht und geschaffen hat. Das geschieht, wenn sein Gewissen vom Heiligen Geist angerührt wird.

Aus diesem Grund müssen wir das Gewissen anderer Menschen respektieren und ihnen erlauben, ihr Leben so vor Gott zu führen, wie sie es für richtig halten. Wer das Gewissen anderer Menschen verletzt, stört die Entwicklung ihrer Fähigkeit, selbst von Gott zu hören. Solche Menschen lernen es dann nicht, Gottes Willen für ihr eigenes Leben herauszufinden. Wenn sie aber die Freiheit haben, nach ihrem eigenen Gewissen zu entscheiden, können sie allmählich geistlich wachsen und reif werden. Denke an ein Küken: es wird dadurch kräftig, daß es sich seinen Weg aus dem Ei freipicken muß. So lernt auch ein junger Christ, außerhalb der einschränkenden Grenzen seiner Unmündigkeit zu leben, wenn er in seinen Gewissensentscheidungen frei ist.

Jennifer verlor auch dadurch Land, daß sie den Kreislauf der Selbstsabotage unterstützte, indem sie Bob über ihre persönlichen Grenzen verfügen ließ. Im letzten Kapitel haben wir festgestellt, daß jeder Krieg, sei er geistlich oder politisch, über Grenzen hinweg ausgefochten wird. Jennifer gestattete Bob, die Grenzen ihres Lebens neu zu definieren und dabei einzuschränken: Sie sollte sofort bereit sein, eine Familie zu gründen, den Gedanken an Geburtenkontrolle aufgeben, ihre Anstellung kündigen, zu Hause bleiben.

Jedem Christen stehen gerechte, faire Grenzen zu. Daher ist der erste Schritt für eine Frau, die den Kreislauf der Selbstsabotage durchbrechen will, *mit Gottes Hilfe herauszufinden, welche schützenden Grenzen ihr Leben haben soll und sie dann zu verteidigen.*

Für eine jüngere Frau, die im Kreislauf der Selbstzerstörung gefangen ist, ist beispielsweise Geburtenkontrolle keine Alternative, sondern eine absolute Notwendigkeit. Sie muß eine Schwangerschaft verhüten, wenn sie Schutzmauern um ihr seelisches Wohlbefinden errichten will - und um das ihrer Kinder, die sie vielleicht schon hat. Wenn eine Mutter voller Groll im Teufelskreis der Selbstsabotage gefangen ist, neigt sie außerdem häufig dazu, ihre Kinder zu mißhandeln.

Ich möchte hier gleich hinzufügen, daß die Entscheidung einer Frau bereits vor der Empfängnis feststehen muß, nicht erst danach. Eine Frau, deren "Köcher gefüllt" ist und die - bildlich gesprochen - in ihrem Garten mehr Olivenbäume stehen hat, als sie erfolgreich versorgen und zurechtschneiden kann, hat die volle Berechtigung, zeitweise oder langfristig eine Verhütungsmethode in Erwägung zu ziehen. Wenn dem Ehemann etwas an seiner Beziehung zu ihr liegt, wird er zustimmen. Wenn er sich weigert, oder seine Frau nur als Mutter seiner Kinder schätzt, wird er mit großer Wahrscheinlichkeit eine Frau bekommen, die als letzten Ausweg sogar zur Selbstzerstörung bereit ist.

Sobald Kinder geboren werden, müssen ihre Eltern dringend lernen, sie zu lieben und zu disziplinieren. Sonst ist zu Hause kein wirklicher Frieden erreichbar. Es gibt eine Fülle von guten christlichen Büchern, die Müttern helfen, ihren Kindern Grenzen zu setzen und auf deren Einhaltung zu bestehen. So können Eltern ihre Sprößlinge zu Reife und Mündigkeit erziehen.

Cathys Lebensgeschichte

Nachdem ich auf einem Seminar über Grenzen im Leben einer Christin gesprochen hatte, stand eine Frau namens Cathy auf, um ihre Lebensgeschichte zu erzählen. Der positive Ausgang ihrer Geschichte verdeutlicht, wie wichtig das Prinzip des Grenzen-Setzens angesichts eines willensstarken, ungläubigen Ehemannes ist.

Cathy war vor einiger Zeit Christin geworden und wandelte sich nun langsam zu einer Frau, die ihrem Ehemann Richard gar nicht mehr gefiel. Sie verlor immer mehr das Interesse an oberflächlicher, frivoler Unterhaltung, die sie zuvor gemeinsam genossen hatten. Sie konnte auch nicht mehr jedes Wochenende mit ihm ausgehen, weil sie nun in die Gemeinde gehen und am Gottesdienst teilnehmen wollte.

Richard verbot Cathy deshalb, die Gemeinde zu besuchen. Er hoffte, ihr neugewonnener Glaube würde schnell schwinden und sterben, wenn sie von der Gemeinschaft mit gleichgesinnten Menschen ferngehalten würde. Anscheinend war er auch bereit, seine Anordung mit gemeinen, diktatorischen Maßnahmen durchzusetzen.

Cathy liebte ihren Ehemann, aber sie liebte Gott noch mehr. Ihr Gewissen gestattete es ihr nicht, die Besuche in der Gemeinde aufzugeben. Daher machte sie ihrem Ehemann klar, daß sie - obwohl sie ihn sehr liebte - fest entschlossen war, den Gottesdienst weiterhin zu besuchen und in ihrem geistlichen Leben zu wachsen.

Durch diese Reaktion setzte sie eine klare Grenze in ihrem Leben, um die Beziehung mit Gott zu erhalten - die wichtigste Beziehung, die ein Mensch haben kann. Sie hielt an dem Bibelvers fest: "..., indem wir unser Zusammenkommen nicht versäumen, so wie es bei einigen Sitte ist, sondern [einander] ermuntern, und [das] um so mehr, je mehr ihr den Tag herannahen seht." (Hebräer 10, 25).

Cathys Ehemann war darüber natürlich keineswegs glücklich. Aber weil sie diese Schutzmauern errichtete und darauf bestand (sogar auf das Risiko hin, ihren Mann zu verlieren), fand er schließlich zum Glauben. Innerhalb weniger Monate beschloß er, mit in die Gemeinde zu gehen um herauszufinden, "worum es da eigentlich geht". Er erkannte seine Sündhaftigkeit und nahm Jesus Christus als seinen Herrn an.

Was bei Cathys Mann geschah, passiert nicht immer. Nicht jeder Ehemann findet durch die Entschiedenheit seiner Frau, Grenzen zu setzen, zum Glauben. Manchmal ist es vielmehr so, daß die Entscheidung der Frau bedeutet, die Zuneigung ihres Mannes zu verlieren. In diesen Fällen sagt das Wort Gottes - so hart es auch klingen mag: "Wenn aber der Ungläubige sich scheidet, so scheide er sich" (1. Korinther 7, 15).

In den meisten Fällen geht die Entwicklung jedoch dahin, daß Männer ihre Ehefrauen gerade wegen ihrer Willensstärke und ihren festen Überzeugungen respektieren. "Eine Frau, die einen ungläubigen Mann hat" rät der Apostel Paulus, "und er willigt ein, bei ihr zu wohnen [was einschließt, daß sie innerhalb von Gott gesetzter Grenzen leben], entlasse den Mann nicht." (1. Korinther 7, 13). Es ist ein Risiko, wenn man beginnt Grenzen zu setzen. Wenn du es eingehen willst, mußt du bereit dazu sein, daß der Teil von dir stirbt, der lieber passiv bleiben möchte.

Jennifer hat noch nicht genug Willensstärke, um klar Position zu beziehen und ihre Grenzen zu definieren. Sie lebt in Passivität und hält ihre Selbstsabotage für eine, Gott wohlgefällige Unterordnung. Frauen in ihrer Situation sind so in die Irre geführt worden, daß sie jeden Zentimeter Boden an Satan abgetreten haben. Er arbeitet gegen sie und benutzt dabei die bedeutungsvollste, engste Beziehung in ihrem Leben. Er raubt ihnen ihre Selbstachtung und ihr Recht, Gottes Stimme zu hören. Er lähmt sie mit zerstörerischer Passivität.

Eine gesunde christliche Frau hingegen lernt, ihre Grenzen zu ziehen. Sie kann dann mit ihrem Partner zusammen in wahrer Unterordnung leben und Frieden in ihren Beziehungen finden. Sie lebt mit der ständigen Freude, von ihrem Ehemann und ihren Kindern als die wunderbare, herausragende Frau geliebt und respektiert zu werden, als die Gott sie geschaffen hat.

Du wirst nun das Leben einer Frau kennenlernen, deren innere Schmerzen von einer anderen Art der Beziehung zwischen Mann und Frau verursacht werden. Ihre Ehe steht im krassen Gegensatz zur Beziehung von Bob und Jennifer. Du wirst sehen, wie diese Frau durch ihre Schwierigkeiten hindurch das Geheimnis echter, inniger Vertrautheit mit ihrem Ehemann fand.

Kapitel 7

Das Geheimnis inniger Vertrautheit

Eine Frau hofft, durch ihre Heirat eine gewisse Ruhe in den Armen ihres Mannes zu finden. Von Geburt an trägt sie in sich ein Bedürfnis nach Zugehörigkeit, das sie mit allen menschlichen Wesen teilt. Dieses Bedürfnis äußert sich in der Sehnsucht nach Liebe, Annahme und Fürsorge. Wenn der Partner diese Bedürfnisse erfüllen kann, findet sie zu einer Ruhe, die sehr der Sabbatruhe ähnelt, die ein gläubiger Mensch in den Armen unseres himmlischen Vaters findet.

Die Suche einer Frau nach dem richtigen Partner hängt oft in hohem Maß von der Beziehung zu ihrem irdischen, leiblichen Vater ab. Es ist eine allgemein bekannte Redensart, daß eine Frau gewöhnlich einen Mann heiratet, der ihrem Vater ähnlich ist. Es kann auch sein, daß sie bei ihrem künftigen Mann genau die Eigenschaften sucht, die sie bei ihrem Vater schmerzlich vermißt hatte.

Als Eileen Eddie traf und später heiratete, wünschte sie sich, daß alle diese Bedürfnisse erfüllt werden würden.

Eileen und Eddie

Sie lernten sich an der Universität kennen, wo sie beide Jura studierten. Sie schienen geradezu füreinander gemacht zu sein.

Eileen hatte ihre Koffer gepackt und sich auf der Universität eingeschrieben, um die Schande ihrer Alkoholikerfamilie weit hinter sich zu lassen. Sie erhielt ein Stipendium, das sie sich hart erkämpft hatte. Ohne größere Probleme hatte sie die Schule hinter sich gebracht. An der Universität sah sie sich jedoch plötzlich von lauter ehrgeizigen, unsensiblen Männern umgeben. Diese Männer genossen die Herausforderung, eine Diskussion gegen eine weibliche Anwältin gewinnen zu können, etwas mehr als sie es hätten tun sollen.

Eileens Mutter bereute, ihren Vater geheiratet zu haben und nörgelte ständig an ihm herum. Manchmal warnte sie Eileen, daß ihr genau das gleiche passieren würde, wenn sie nicht aufpaßte. "Heirate nie den Erstbesten, der daherkommt", riet ihr die Mutter. "Geh sicher, daß du eine berufliche Karriere als Rückhalt hast - etwas worauf du dich verlassen kannst, wenn du dann tatsächlich heiratest. Du weißt nie, was passiert ..."

Eileen war fest entschlossen, nicht wie ihre Mutter zu enden. Sie wollte auch kein Leben wie die Freundinnen aus ihrer Schulzeit führen, die bereits mit neunzehn Jahren Hausfrauen waren. Intelligenz und treibender Ehrgeiz beflügelten Eileen. Sie wollte es in ihrem Leben zu etwas bringen. Sie machte ihr Examen "cum laude" und fand in einer Firma in der Nähe des Universitätsgeländes eine gute Anstellung.

Eddis Vergangenheit war ganz anders. Seine Mutter war sehr schüchtern. Sein Vater, ein harter und aggressiver Mann, wurde als Handelskaufmann häufig von seiner Stammfirma versetzt. Eddie wuchs ohne Wurzeln auf. Sein Leben war geprägt von der Angst, Freundschaften zu schließen, die er aufgrund der unberechenbaren Entscheidungen der Firma seines Vaters gleich wieder verlieren würde. Nie wieder wollte Eddie das Opfer eines Unternehmens werden. Er begann sein Jurastudium in der Hoffnung, für den Rest seines Lebens sein eigener Chef bleiben zu können.

Eddie war anders als die hart arbeitenden, immer unter Druck stehenden Anwälte, die Eileen inzwischen verabscheute. Er war ein stiller, höflicher Mann. Sie schätzte seinen Charme und seine Gelassenheit. Eileen redete gerne und war ziemlich spontan. Eddie hingegen blieb eher reserviert und stürzte sich nur widerwillig in unbekannte Herausforderungen. Eileen fand, daß er ein guter, ergänzender Ausgleich für sie war: seine Vorsicht würde katastrophale Konflikte mit anderen vermeiden. Er wiederum gestand ihr, wie sehr er ihre Fähigkeit schätzte, das Eis im Umgang mit unbekannten Menschen zu brechen. Wenn Eileen erst einmal ein Gepräch angefangen hatte, konnte Eddie sich beteiligen und eine geistreiche, schlagfertige Bemerkung beisteuern. Eileen sah in ihm die guten Eigenschaften, die ihr Vater auch besessen hatte, bevor ihn seine Alkoholsucht zerstörte. Eddie liebte sie und wollte mit keiner anderen Frau ausgehen.

Eileens Fähigkeit, schnell neue Freundschaften zu schließen, hatte ihr geholfen, einige Menschen schon nach kurzer Zeit zu Christus zu führen. Kaum hatte sie Eddie kennengelernt, begann sie, ihn mit in den Gottesdienst zu nehmen. Dort nahm auch er den Herrn an. Nachdem sie sechzehn Monate befreundet waren, wurden Eddie und Eileen kirchlich getraut.

Als Eddie kurz darauf sein Studium abschloß, versuchte Eileen, die Anwälte ihrer Kanzlei dazu zu bewegen, auch für ihn eine Stelle zu finden. Dies wurde abgelehnt. So entschieden sich Eddie und Eileen, ihre eigene Kanzlei zu gründen. Beide hofften, so ihre Talente auf dem Gebiet der Rechtsprechung zu vereinen.

Eileen und Eddie machten alles zusammmen, von der Büroarbeit bis zum Federballspielen. Eddie war zufrieden und fand Eileen aufregend. Er selbst hatte nie so viel Spontaneität besessen. Es erweiterte seinen Horizont in geistlicher, zwischenmenschlicher und gesellschaftlicher Hinsicht, im gleichen Haus mit Eileen zu wohnen. Sie stritten sich kaum. Wenn sie es aber doch taten, brachte Eddie Eileen fast zur Weißglut. Er legte sich dann gewöhnlich auf die Couch, breitete die Zeitung vor sich aus, schaltete den Fernseher an und machte ihr die Tür vor der Nase zu.

In der Gemeinde hatten Eddie und Eileen viele Freunde. Immer jedoch war es Eileen, die die Mühe auf sich nahm, Freundschaften und Beziehungen zu pflegen. Eddie hatte keine eigenen Freunde und verließ sich ganz auf sie. Auch in anderen Bereichen stützte er sich auf seine Frau. Tatsächlich schien es Eileen, als sei Eddie stets dann wie gelähmt, wenn Entscheidungen getroffen und ausgeführt werden mußten. Wenn er schließlich doch etwas unternahm, dann höchstens im Schneckentempo. So übernahm sie es mehr und mehr, wichtige Entschlüsse zu fassen.

Für Eddie waren die Gefühle anderer Menschen sehr wichtig. Er haßte Auseinandersetzungen und vermied Konfrontationen oder Gespräche, in denen möglicherweise Konflikte auftauchen konnten. In der Kanzlei war er zufrieden, wenn er Nachforschungen machen und andere Aufgaben erledigen konnte, die nur wenig Kontakt mit Menschen erforderten. Wenn er tatsächlich mit anderen verhandelte oder stritt, tat er es gewöhnlich in Härtefällen für Menschen, die Hilfe brauchten. Eddie hielt stets aufmunternde Worte oder ein Schulterklopfen bereit, um ängstliche Menschen zu beruhigen. Er bewahrte einen kühlen Kopf und konnte so die beste

Verhandlungsstrategie herausfinden. Auf der anderen Seite war die Durchführung für ihn ein Problem.

Es dauerte nicht lange, bis die Geschäftsfreunde von Eileen und Eddie sie als Paar mit der Kombination "aggressiv-weiblich" und "passiv-männlich" ansahen. In der Gemeinde glaubte man, Eileen würde sich ihrem Ehemann nicht bereitwillig unterordnen. Eddie hielt man für einen Mann, der "aus der göttlichen Ordnung herausgefallen" war und es zuließ, daß seine Frau ihn lenkte.

Oberflächliche christliche Beobachter hatten den Eindruck, Eileen müsse einfach in den Hintergrund treten, einige Male tief durchatmen und dann Eddie die Initiative übernehmen lassen. Aber immer wenn Eileen das am Arbeitsplatz versuchte, geriet die Kanzlei ins Schwimmen. Eddies Familienname hätte "Zögerer" sein können. Finanzielle Angelegenheiten verschob er auf die letzte Minute. Er bereitete Plädoyers in der Nacht vor, bevor der Gerichtstermin angesetzt war. Manchmal verlor er Fälle wegen seiner unzureichenden Ermittlungen.

In regelmäßigen Abständen diskutierten die beiden über das Problem. Eileen überließ dann gewöhnlich ihrem Mann die Sache, bis sie merkte, daß die Kanzlei darunter litt. Wenn sie es nicht länger aushalten konnte, flehte sie Eddie unter Tränen an, sich mehr anzustrengen. Eddie protestierte nie und versprach, es zu versuchen. Aber bereits nach wenigen Tagen verfiel er wieder in seine alten Gewohnheiten.

Wenn Anrufe von Rechnungsstellen oder Klienten kamen, deren Ansprüche nicht beglichen waren, nahm Eileen Eddie in Schutz. Sie erzählte, wie furchtbar beschäftigt ihr Mann war. Dabei wußte sie, daß es viele Zeiten am Tag gab, an denen er sich eigentlich um diese Aufgaben hätte kümmern können. Es war als ob sie zusammen eine Staffel laufen würden: jedes Mal, wenn Eddie den Stab übernehmen sollte, ließ er ihn fallen.

Einige Jahre vergingen. Eileen legte weiterhin treu das Problem, das sie mit Eddies Unentschlossenheit hatte, in die Hände des Herrn. Sie bat ihn um Weisheit und erinnerte sich selbst daran, daß Gott sie zusammengestellt und ihnen wunderbare Kinder geschenkt hatte. Ihr Pastor riet ihr, einige Schritte zurückzutreten und Eddie die Führung zu überlassen. Eileen liebte den Herrn und wollte nichts tun, was ihrem Mann schaden könnte. So versuchte sie, sich an Eddies Tempo anzupassen. Sie versagten jedoch beide unweigerlich und fielen in alte, gewohnte Verhaltensmuster zurück. Es erschien Eileen immer mehr so, als würde Eddie ihren finanziellen Erfolg sabotieren. Ihre Mutter wies nur allzu bereitwillig ständig von neuem darauf hin. Sicherlich erwartete der Herr mehr von einem christlichen Unternehmen!

Allmählich stellte Eileen fest, daß sie Eddie nicht verändern konnte. Sie beschloß, in der Kanzlei an ihm vorbeizuarbeiten. Schließlich hing das Leben, das Einkommen und die Zukunft ihrer Klienten davon ab, wie ihr Fall vor Gericht ausging. Sie konnte sie und die Firma nicht im Stich lassen, während sie ständig darauf wartete, daß Eddie eine Akte zusammenstellte. So zog sie sich aus allen Fällen zurück, die Eddie übernommen hatte und baute sich ihren eigenen Klientenstamm auf. Sie stellte sich nun selbst eine Liste von Gerichtsterminen zusammen.

In dieser ganzen Zeit staute sich aber immer mehr Groll in ihr an. Sie war frustriert und zornig auf Eddie. Irgendwie fühlte sie sich auch von Gott betrogen, der ihr offensichtlich nicht gezeigt hatte, was sie tun sollte. Langsam begann sie unter der Last der Schande zu zerbrechen, angeblich eine dominante Ehefrau zu sein. Sie glaubte, das Unternehmen zusammenhalten zu müssen. Alles hing anscheinend von ihr ab. Sie verabscheute es, an Eddie herumzunörgeln — Nörgelei war die eine Eigenschaft die sie an ihrer Mutter am meisten gehaßte hatte. Aber je älter sie wurde, um so mehr wurde Eileen bewußt, daß sie sich genau wie ihre Mutter anhörte.

Wenn ich nur nicht den Erstbesten geheiratet hätte, der daherkam, dachte Eileen, während sich ein Keil immer tiefer zwischen sie und ihren Mann drängte.

Wenn das Bedürfnis einer Frau nach Zugehörigkeit unerfüllt bleibt

Eileen hatte es früh gelernt unabhängig zu sein, weil sie beobachtete, wie die Passivität ihres Vaters in ihrer Mutter große seelische Konflikte hervorrief. Auch ihr Vater hatte immer alles auf die lange

Bank geschoben, von Reparaturen im Haus bis hin zum Bezahlen von Rechnungen. Anders als Eddie - der ein liebevoller, verspielter Vater war - hatte Eileens Papa nie mit ihr und ihren Geschwistern gespielt. Ihre fürsorglichen Instinkte hatten sich dadurch weiter entwickelt, daß sie sich meistens um ihre Brüder und Schwestern kümmern mußte. Zudem hatten die abfälligen Bemerkungen ihrer Mutter sie zu der Ansicht kommen lassen, daß Männer gern alles ihren Frauen überließen.

So hatte Eileen die "Heldenrolle" in ihrem gestörten Elternhaus übernommen - fest entschlossen, das Beste aus ihrer Situation zu machen. So schnell wie möglich wollte sie der Falle entkommen, die ihr Elternhaus geworden war. Nie wieder wollte sie davon abhängig sein. Sie hatte die perfektionistische Veranlagung, stets alles gut erledigen zu wollen. Oft setzte sie sich unrealistische Ziele. Diese Eigenschaften mögen bewundernswert sein. Wenn sie sich aber aus Wunden entwickeln, die man in der Kindheit erlitten hat, können sie einen enormen Druck ausüben.

Eileen fühlte sich unbewußt zu Männern hingezogen, die die gleichen positiven Eigenschaften wie ihr Vater hatten. Jeder dieser Charakterzüge hatte jedoch (so wie das immer der Fall ist), seine Kehrseite. In der romantischen Anfangsphase ihrer Beziehung hofften Eileen und Eddie ein gesundes, glückliches Familienleben führen zu können, das keiner von beiden in seiner Kindheit gekannt hatte.

Aber auch Eddie war ein Perfektionist - auf andere Weise. Sein Perfektionismus war ebenfalls das Ergebnis seiner Erziehung. Er hatte sich verzweifelt nach der Anerkennung seines Vaters gesehnt. Aber der war meistens viel zu beschäftigt um Eddies Leistungen zu bemerken oder ihn für seine Stärken zu loben. So bekam Eddie große Angst vor Versagen und nahm unbewußt in seinem Verhalten Vermeidungsgewohnheiten an, wann immer ein Versagen auch nur im entferntesten möglich schien.

Sowohl Eileen als auch Eddie hatten sich vorgenommen, in ihrer eigenen Ehe nicht die Fehler ihrer Eltern zu wiederholen. Aber selbst ohne den zerstörerischen Faktor Alkohol setzten sich bei ihnen nach fünfzehn Jahren Ehe ganz ähnliche Verhaltensmustern fest wie bei ihren Eltern.

Waren sie von Anfang an nicht füreinander bestimmt gewesen?

Der Schmerz, anders zu sein

Die natürliche Kombination der Temperamente von Eileen und Eddie fordert eine kritische Bewertung sowohl durch die Gesellschaft als auch durch die Gemeinde geradezu heraus. Traditionelle Ansichten über die Rolle der Frau haben - selbst in unserer modernen Gesellschaft - den Frauen Grenzen vorgeschrieben, die sehr einengend werden können.

Unglücklicherweise halten viele eine stille, passive Frau für die einzige Frau, die in die traditionelle biblische Schablone einer Ehefrau gezwängt werden kann. Der "sanfte und stille Geist", den Petrus (1. Petrus 3,4) beschreibt, beschwört vor unserem inneren Auge Vorstellungen herauf, die wir oft als angeblich biblische Norm akzeptieren. Wenn eine Frau fähig ist, wie Eileen "ihren Mann zu stehen" und sogar in bislang reinen Männerdomänen Herausragendes zu leisten, wird sie oft als bedrohlicher Eindringling betrachtet.

In Wirklichkeit ist Eileen dem biblischen Rollenvorbild näher als eine passiv-aggressive Frau, die ihre Rebellion hinter einer Fassade der Schwäche versteckt. Die Differenzen zwischen Eileen und Eddie stellen sich als das Ergebnis unterschiedlicher Charakterzüge heraus, die Gott geschenkt hat. Sie sind nicht in erster Linie erworbenes Verhalten. Durch ihre gestörte Kindheit konnten sich lediglich die Stärken und Schwächen ihrer eigenen Temperamente übertrieben deutlich entwickeln.

Alle Frauen und Männer haben ihren Platz in dieser Welt, so verschieden sie auch sein mögen. Eine genauere Betrachtung der unterschiedlichen menschlichen Persönlichkeiten offenbart, daß ein sehr großer Teil der Bevölkerung Eileen und Eddie ähnelt: Der "entspannt-gleichmütige" Ehemann und die "temperamentvoll-ungestüme" Ehefrau sind sehr häufig anzutreffen.

In seinem Buch *Your Temperament: Discover Its Potential*, definiert Tim LaHaye Temperament als "Kombination angeborener Eigenschaften, die unser Verhalten beeinflussen". Jedes der insgesamt vier Grundtemperamente besitzt sowohl positive als auch negative Eigenschaften. Der Sanguiniker ist extrovertiert, jovial, setzt aber häufig andere unter Druck. Der Phlegmatiker ist entspannt, besonnen, aber zögernd. Das melancholische Temperament ist von Empfindsamkeit und Fürsorglichkeit gekennzeichnet, kann aber auch im negativen Sinne allzu analytisches Denken beinhalten. Der Choleriker ist zielorientiert, trifft schnell und überzeugt Entscheidungen, läßt sich aber leicht unter Druck bringen[5].

Das Temperament jedes Menschen ist eine Mischung aus allen vier Temperamenten, wobei zwei vorherrschend sind. In seiner Untersuchung von einigen hundert Paaren fand LaHaye heraus, daß weniger als vier Prozent der Ehepartner das gleiche Temperament hatten. Die phlegmatisch-melancholischen Menschen fühlten sich fast immer zu den sanguinisch-cholerischen hingezogen. (Eileen ist sanguinisch-cholerisch und Eddie ist phlegmatisch-melancholisch. Ihre Eheprobleme sind typisch für diese Temperamentskombination).

LaHaye fährt weiter fort, daß "die meisten Menschen sich über diesen äußerst wirksamen Einfluß auf ihr Verhalten nicht im klaren sind. Folglich haben sie Schwierigkeiten mit dieser inneren Veranlagung. Häufig versuchen sie, jemand zu werden, der sie nie sein sollten, statt mit dieser inneren Triebkraft zusammenzuarbeiten. Das schränkt sie nicht nur in ihrer Persönlichkeit ein, sondern beeinflußt ihre Familie und zerstört die zwischenmenschlichen Beziehungen."

Man muß aber nicht nur das Temperament in Betracht ziehen. Ein intensiveres Studium der Bibel (und der darin beschriebenen Personen und Prinzipien) zeigt, daß nicht alle gottesfürchtigen Frauen, von denen sie erzählt, scheue Mauerblümchen waren, die still in der Ecke standen! Die Prophetin Deborah läßt sich auf keinerlei Weise in eine Schablone dessen zwängen, was wir heute in unseren Gemeinden oft für gottgefällig halten. Während sie das Wort Gottes verkündete, zog sie an der Spitze des Volkes Israels in den

---

5 Tim LaHaye, *Your Temperament: Discover its Potential* (Wheaton, Ill.: Tyndale House Publishers, Inc., 1984), p.18.

Kampf. Armeen suchten ihren Rat und der General Barak führte ihre Anweisungen aus.

Oder denke an die Frau, die in Sprüche 31 beschrieben ist! Ihr Organisationstalent stand den Fähigkeiten der besten Manager unserer heutigen Geschäftswelt in nichts nach! Sie erwarb Grundstücke und führte ihre Mitarbeiter, während sie gleichzeitig auch mit eher traditionellen Haushaltstätigkeiten beschäftigt war, die man manchmal etwas herablassend für "Frauensache" hält. Frauen wie Sara, Lea, Rahel und zahllose andere ließen sich oft verleiten, manipulative Taktiken anzuwenden, weil sie daheim daran gehindert wurden, aktiv Entscheidungen zu treffen. Wir haben das an früherer Stelle ja bereits festgestellt.

Sind Eileens Eigenschaften das Produkt eines sündigen Lebens oder geschlechtlicher Verwirrung? Ironischerweise machen gerade die Eigenschaften eine Frau für Männer wie Eddie attraktiv, die viele Christen an ihr als ungeistlich ablehnen. Soll sie also ihre natürlichen Talente unterdrücken, ihre geistlichen Gaben dämpfen? Ist ihre Alternative, von anderen immer als Frau angesehen zu werden, die "aus der Ordnung Gottes gefallen" ist?

Die biblische Ermahnung an die Ehefrauen "ordnet euch eueren [eigenen] Männern unter" (Epheser 5:22) bietet uns eigentlich eine wunderbare Freiheit in unserer Ehebeziehung an. Wenn wir gleich die Bedeutung wahrer Vertrautheit für eine Ehe betrachten, wirst du feststellen, daß Unterordnung nicht bedeutet, daß du deine Persönlichkeit ändern mußt um in die Schablonen anderer Christen zu passen. Wenn du dich in das Leben deines Mannes unter- bzw. einordnest, kannst du lernen, mit deinen Stärken seine Schwächen auszugleichen — und umgekehrt. Wenn dein Ehemann dich als Partnerin ausgewählt hat, wäre es dann nicht viel mehr "gegen Gottes Ordnungen", wenn du dich verändern wolltest, nur um den Vorstellungen anderer von einer christlichen Frau zu entsprechen?

Bedenke auch, daß Eileen nicht die einzige war, die in ihrer Ehe wegen ihrer natürlichen Veranlagungen kritisiert wurde. Auch Eddie erntete kaum Anerkennung. Wie ihm ergeht es heute vielen anderen stillen, empfindsamen Männern in einer Welt, in der Aggression und Machogehabe hoch im Kurs stehen. Das Auftreten eines chauvinistischen Mannes ist in keinerlei Weise mit der Frucht des Heiligen Geistes in Einklang zu bringen. Dennoch werden sogar christliche Gemeinden oft von Männern geleitet, die es für ein Zeichen von Stärke halten, ohne Frauen zurechtzukommen - außer zur Befriedigung sexueller Bedürfnisse, bei der Fortpflanzung und bei "weniger wichtigen" Pflichten, also beispielsweise Haushaltstätigkeiten. Indem sie die Frauen aus den Besprechungszimmern und von der Kanzel verbannen, gefährden sie die eigentliche Bestimmung, zu der die Frau geschaffen wurde - nämlich um dem Mann eine Hilfe zu sein.

Eddy freute sich von ganzem Herzen über Eileens beruflichen Erfolg und lobte sie häufig, privat und öffentlich. Aber es störte ihn sehr, daß die anderen ihn in die Schublade des Schwächlings stecken wollten. Eileen wußte besser als jeder andere, daß ihr Mann wirklich stark war, nur eben in weniger offensichtlichen Bereichen. Er hatte zum Beispiel feste Überzeugungen und trat trotz des Einflusses anderer Menschen für sie ein.

An sich waren Eileen und Eddie so passend füreinander, wie es zwei Menschen nur sein konnten. Schuld an der immer breiter werdenden Kluft zwischen ihnen war ihre emotionale Reaktion auf die ungerechten Einschätzungen durch die anderen. Als sie dies allmählich erkannten, lernten sie, den Bruch zu kitten und eine Lösung für ihr Problem zu finden. All das begann mit einem tieferen Verständnis von Gottes Wort.

Eine Hilfe , die ihm entspricht

Als Gott den Mann schuf und ihm den Atem des Lebens einhauchte, befand sich die Frau noch in ihm. Gott beobachtete Adam eine Zeitlang und kam zu dem Schluß: "Es ist nicht gut, daß der Mensch allein sei; ich will ihm eine Hilfe schaffen, die ihm entspricht" (1. Mose 2:18). Als Gott erkannte, daß es für einen Mann nicht gut war, sich selbst genug zu sein, machte er sich daran, seine Schöpfung zu vollenden.

Nachdem er Adam in einen tiefen Schlaf hatte fallen lassen, öffnete Gott sein Fleisch (Vers 21) und entfernte eine von Adams Seiten. Das hebräische Wort tsela bedeutet nämlich wohl eher "Seite" als "Rippe". Tatsächlich wird tsela an keiner anderen Stelle in der Bibel mit "Rippe" übersetzt. In einem formgebenden Vorgang, der sicher mehr einer Zellteilung als einem operativen Eingriff glich, wurde die Frau aus dem Mann herausgenommen. Sie war nicht bloß "Gebein von seinem Gebein", als wäre sie nur aus einer Rippe gemacht, sondern auch "Fleisch von seinem Fleisch" (1.Mose 2,23).

Die Beziehung zwischen Mann und Frau kannte keinen Konflikt, keine Unstimmigkeiten oder Wettbewerbsdenken. Sie waren eins, jeder unvollständig ohne den anderen. Beide waren darauf bedacht, die Anweisungen Gottes auszuführen. Gott segnete sie und gab ihnen einen Auftrag: "Seid fruchtbar und vermehrt euch, und füllt die Erde, und macht sie [euch] untertan; und herrscht über die Fische des Meeres und über die Vögel des Himmels und über alle Tiere, die sich auf der Erde regen!" (1. Mose 1:28) Gott schuf auch den Garten und gab ihnen die Aufgabe, "ihn zu bebauen und zu bewahren" (2,15). Die Frau war dazu bestimmt, dem Mann bei der Ausführung seines Auftrages eine Hilfe zu sein.

Das Wort *Hilfe* lautet auf Hebräisch *ezer.* Man findet es in Versen wie Psalm 54,6 "[Siehe], Gott ist mir ein Helfer". Wir dürfen daher vermuten, daß die Frau keine minderwertigere Hilfe war, sondern von Gott geschaffen und dem Mann gleichgestellt war. Vor dem Sündenfall gab es kein Gefühl von Unterlegenheit oder Überlegenheit: die Frau war lediglich anders und trug von Natur aus Teile des Mannes in sich. Gott hatte ihn ja gebraucht, um sie zu erschaffen. Niemals wieder würde er ohne sie vollständig sein. Wenn man die Frau betrachtete, bedeutete das, all das zu sehen, was der Mann nicht war. Und auch die Frau sah all das, was sie nicht war, wenn sie den Mann ansah. Sie ergänzten sich, um die Aufträge des Herrn gut erfüllen zu können.

Ich glaube, die Bibel sagt aus diesem Grund, daß der Mann und seine Frau nackt waren, ohne sich dassen zu schämen. Den anderen zu erblicken gab ihnen ein Gefühl der Vollkommenheit. Ich bezweifle, daß sie sich jemals allein fühlten. Sie brauchten einander, weil es in Gottes Augen nicht gut war, allein zu sein. Sie arbeiteten gemeinsam und suchten zusammen die Gegenwart Gottes. Gott wollte sie zusammen sehen, wenn sie in der Kühle des Tages mit ihm Gemeinschaft hatten.

Die Beziehung von Mann und Frau vor dem Sündenfall ist das Bild wahrer Einheit. Erst als die Sünde die Schöpfung zerstörte, lesen wir plötzlich von Wettbewerb zwischen ihnen. Erst jetzt geschah es, daß sich ein Geschlecht über das andere erhob.

Diese Situation des dauernden Wettbewerbes veränderte sich für immer, als Jesus in den Himmel aufstieg und den Helfer, den Heiligen Geist sandte. Wenn nun der Geist Gottes Männer und Frauen erfüllt, können sie von neuem zusammen gesegnet und gesalbt werden, um die Ziele Gottes zu erreichen. Wenn ein Ehepaar ein neues Verständnis seiner Bedürfnisse bekommt und offen ist für die Hilfe, die Gott ihnen durch den Partner schickt, lösen sich Ehekonflikte schnell auf. Jeder Partner fühlt sich dann geachtet und respektiert.

Jedes Geschlecht hat also das Bedürfnis nach Zugehörigkeit und Nähe, das gestillt werden muß. Der Schlüssel, um diesen Nöten zu begegnen, ist gleichzeitig der Schlüssel zu inniger Vertrautheit. Man findet ihn, wenn man die innersten und verborgensten Bedürfnisse des anderen aufspürt und ihm hilft, diese Bedürfnisse zu befriedigen.

Wir wollen uns wieder der Geschichte von Eileen und Eddie zuwenden. Statt sich zu ergänzen, hatten sich Eileen und Eddie seelisch immer weiter voneinander entfernt. Sie wurden zwei getrennte, individualistische Teile, die voneinander unabhängig waren. Weil beide in ihrem Bedürfnis nach Zugehörigkeit keine Erfüllung fanden, wurde die Kluft zwischen ihnen immer breiter.

Eddies Zögern steigerte Eileens Verlangen nach Schutz vor Schaden und finanziellen Katastrophen enorm. Eileens Nörgelei offenbarte, daß sie versuchte, die Mängel auszugleichen, die sie bei ihm sah. Schließlich wurde sie abhängig von Eddies Schwächen, statt sie auszugleichen.

Als Eddies Antriebslosigkeit immer schlimmer wurde, begann er, Eileen innerlich aus seinem Leben auszuschließen. Wieder einmal war er anscheinend ein Versager! Man akzeptierte ihn einfach nicht so, wie er war. Nie fühlte er sich bedingungslos geliebt. Sein Schmerz wurde noch durch alle Erwartungen von außen gesteigert. Seine kritischen Beobachter verlangten von ihm, unabhängig von weiblicher Hilfe zu handeln, wie sie es vorgaben zu tun. Statt näher zusammenzurücken, wurden beide zunehmend zu unabhängigen Einzelgängern.

Glücklicherweise konnten Eddie und Eileen mit Gottes Hilfe schließlich das Wesen wahrer Vertrautheit verstehen und damit beginnen, den emotionalen Bruch zwischen ihnen zu schließen.

Der Schlüssel zu inniger Vertrautheit

Es begann an dem Tag, als Eileen vor Eddie seelisch zusammenbrach. Sie haßte es, ihm eine Szene zu machen, weil er sie dann gewöhnlich nur fassungslos anstarrte. Aber dieses Mal war es anders.

"Bitte, Eddie", schluchzte sie, "ich fühle mich so, als ob wir in zwei verschiedenen Welten leben würden. Wir leben uns immer mehr auseinander! Da ist etwas in dir, an das ich nicht herankommen kann. Ich fühle mich so beschämt."

All die Jahre der Furcht und des Schmerzes brachen so aus ihr heraus. Plötzlich bemerkte Eileen erstaunt, daß Eddie Tränen in die Augen traten.

"Es ist nicht so, daß es mich nicht kümmern würde", sagte er stockend und versuchte, seine Tränen zurückzuhalten. "Ich weiß, daß ich dich verletze. Aber ich verletze auch mich selbst. Jedes Mal, wenn ich weiß, daß ich eine bestimmte Sache tun sollte, scheint sich ein großer Berg vor mir aufzutürmen, den ich unmöglich bewältigen kann. Dinge, die jedem anderen so leicht fallen .... mir machen sie Angst."

Nun versuchte Eddie, seine tiefsten und innersten Schmerzen in Worte zu fassen. Eileen begann, tiefes Mitgefühl für ihn zu empfinden. Endlich vertraute er ihr die Ängste an, für die er sich am meisten schämte.

"Ich versuche eigentlich nicht wirklich, dich zu verletzen", fuhr er fort, unterbrochen von langen Pausen. "Aber jeden Tag stellt sich mir ein Berg in den Weg. Ich schäme mich dafür, daß ich so bin. Es ist, als wäre ich irgendwie behindert ..."

Eileen hörte ihm still zu. Es war ihr bewußt, daß eine Mauer zwischen ihnen zu bröckeln begann. Eddie erzählte weiter. Langsam spürte sie, wie sich ihre Einsamkeit auflöste. Sie war nicht länger aus seinen innersten Empfindungen ausgeschlossen. Auch der Groll und die Frustration, mit einem unsichtbaren Feind zu kämpfen, legten sich.

Sie setzte sich neben Eddie und gab zu, daß sie durch ihren Perfektionismus großen Druck auf ihn gelegt hatte. Dann nahm sie ihren Mann mehrere Minuten lang schweigend in die Arme. Plötzlich wurde ihr klar, wie sie Eddie am meisten helfen konnte. Denn jetzt bat er sie endlich, ihm zu helfen, wo seine natürlichen Stärken versagten.

Eileen brach das Schweigen. "Wir werden zusammen deinen Berg besteigen. Was auch immer vor uns liegen mag, wir werden es zusammen überwinden, einen Berg nach dem anderen."

Während sie miteinander sprachen, bekam Eileen auf einmal großes Verlangen danach, Eddie auch körperlich nah zu sein, intim zu werden. Nie hatte sie sich mehr geliebt gefühlt. Ihre Persönlichkeit als Frau, wie Gott sie geschaffen hatte, fand endlich auch auf einer geistlichen Ebene Bestätigung. Sie waren wirklich eins. Verschwunden war mit einem Mal der Wunsch, die eigenen Ziele auf Kosten seiner Pläne und Absichten erreichen zu wollen. Er brauchte sie - nicht länger in einer codependenten, sondern in einer interdependenten Weise.

Eileen und Eddie hatten ihr sexuelles Zusammensein trotz aller anderen Schwierigkeiten stets als sehr befriedigend erlebt. Nur ihre frühere Vertrautheit und Nähe war immer mehr verschwunden. Als Eddie nun seine geistlichen und seelischen Bedürfnisse so offen gestand, wußte Eileen, daß er ihr den höchsten Beweis seines Vertrauens geschenkt hatte. Er hatte sich in ihrer Gegenwart geistlich und seelisch "entblößt".

Ihr intimes sexuelles Beisammensein wurde das Zeichen einer Wende zu einer tieferen emotionalen Vertrautheit, als sie sie zuvor gekannt hatten. Ihr Verlangen nacheinander war von einem Bewußtsein der Nähe auch in geistlicher Hinsicht gekennzeichnet. Eileen und Eddie stellten fest, daß sie tatsächlich ein Fleisch waren. Gott hatte ihre Krise benutz und ihnen zum Besten dienen lassen.

So ist die erlösende Macht Jesu Christi in der innigsten Form menschlicher Beziehung am Wirken. Diese Erkenntnis läßt uns leichter verstehen, weshalb Lust und ihre enthemmten Entgleisungen - sexueller Mißbrauch, Untreue, Homosexualität,

Pornographie, vorehelicher Verkehr und Selbstbefriedigung - perverse Zerrbilder der höchsten Form menschlicher Intimität sind: der geistlichen Einheit, die stattfindet, wenn sich Mann und Frau körperlich vereinigen. Die verschiedenen Formen der Perversionen drücken aus: "Ich komme ohne dich zurecht." Deshalb beflecken sie das Ehebett und verschlimmern die Schande, statt sie zu beseitigen. Wenn sie an die Stelle der reinen Form der Intimität zwischen Mann und Frau treten, ist das ein deutliches Anzeichen, daß der betreffende Mensch Angst davor hat, sich selbst preiszugeben.

Kommunikationsprobleme stören die höchste Form sexueller Intimität. Sie kann nur dann entstehen, wenn man dem anderen gegenüber völlig offen und damit auch verletzlich ist. Wenn Eheleute dauernd überbeschäftigt sind oder Schwierigkeiten haben, miteinander zu reden, werden sie bald unweigerlich emotionale oder körperliche Zufriedenheit vermissen.

Die überwindende Macht der Selbstoffenbarung

Wer seine Einsamkeit überwinden will, findet einen Schlüssel dazu in aufrichtiger, inniger Vertrautheit. Das Geheimnis der Intimität in allen Beziehungen, nicht nur in der Ehe, liegt in der Kunst, sich selbst mitzuteilen. Als Folge des Sündenfalles entstand bei allen menschlichen Geschöpfen ein tiefes Gefühl der Verlassenheit. Menschen sehnen sich danach, tiefe Beziehungen zu anderen Menschen aufzubauen, die ihre Schwächen und Mißerfolge genauso zugeben können wie ihre Stärken.

Auch Scham trat erstmals durch den Sündenfall auf. Scham verhindert die ehrliche Selbstmitteilung. Wenn Menschen sich schämen oder fürchten, ziehen sie sich aus vertrauten Beziehungen zurück. Dieses Phänomen kann in jeder menschlichen Beziehung beobachtet werden - im Verhältnis zwischen Mann und Frau, Eltern und Kind, zwischen Freunden, in geschäftlichen Beziehungen und unter christlichen Geschwistern. Es kann sogar im Verhältnis eines Referenten zu seiner Zuhörerschaft auftreten. Ein Sprecher, der offen zugeben kann, wie er wirklich ist, ohne sich zu schämen, bewirkt eine Verbundenheit mit seinem Publikum. Seine Zuhörer fühlen sich ihm nahe und genießen es, ihm zuzuhören. Wenn ein Redner sich hingegen hinter einer Maske versteckt, enthält er sich selbst und anderen diese Atmosphäre der Nähe vor.

Obwohl die Ehe die intimste menschliche Beziehung ist, sind alleinstehende Menschen keineswegs zu einem Leben in Einsamkeit verdammt. Eine ledige Frau, die sich selbst seelisch und geistlich mitteilen und für andere öffnen kann, wird viele Freunde finden. Menschen sehnen sich auch auf anderen Ebenen als der ehelichen Intimität nach Freundschaft und Vertrautheit. Leider verhindert unsere gesellschaftliche Tendenz, Menschen nach Alter und Ehestand in Gruppen einzuteilen oft den gesunden, bereichernden Austausch zwischen diesen Gruppierungen.

Eine meiner besten Freundinnen in unserer Gemeinde ist Pam, eine alleinstehende Frau. Sie arbeitet als Kunstlehrerin an der Falk-Schule und an der Universität in Pittsburgh. Seit fast fünfzehn Jahren gehört sie zu unserer Gemeinde. In sozialer, geistlicher und seelischer Hinsicht ist sie schneller gewachsen als es die meisten Menschen je tun. Vielleicht weiß Pam selbst nicht, daß ihr Geheimnis in ihrer Fähigkeit liegt, ihre innersten Empfindungen und Gedanken denjenigen anzuvertrauen, denen sie vertraut.

Pam ist keine seelische Exhibitionistin. Diese Charkterschwäche tritt bei vielen Menschen auf, die unter Kodependenz leiden. Weil sie sich nach Freunden sehnen, legen sie unangemessene, sehr persönliche Details ihres Lebens bloß, um die Aufmerksamkeit von anderen auf sich zu ziehen. Es sind Menschen, die zwanghaft reden. Sie klagen über ihre Probleme, verstecken jedoch ihre wirklichen Bedürfnisse und benutzen äußerliche Konflikte als „Feigenblätter", um echte Selbstmitteilung auf einer tieferen Ebene zu vermeiden. Wenn solche Menschen ihre Freunde ständig als Seelsorger und Ratgeber ausnutzen, laugen sie die Beziehung eher aus, als selbst etwas dazu beizutragen.

Pams Freunde konnten es dieses Jahr gar nicht erwarten, eine Überraschungsparty für sie zu organisieren. Ehepaare und Singles stürzten sich gleichermaßen auf die Gelegenheit, sie damit zu ehren. Es ist einfach ein wohltuendes Vergnügen, in ihrer Nähe zu sein!

Die ehrliche Selbstoffenbarung macht eine Frau nicht nur für ihren Mann und ihre Freunde, sondern auch für Gott liebenswerter. Wenn wir uns ihm anvertrauen, gestehen wir ihm unser Bedürfnis nach seiner Gemeinschaft und seiner Macht ein. Wir offenbaren unsere tiefsten Gedanken und Gefühle Gott gegenüber. Er wiederum wird das immer dadurch belohnen, daß er sich selbst uns offenbart.

Jesus nannte die Bedingungen für Gottes Selbstoffenbarung: "Wer meine Gebote hat und sie hält, der ist es, der mich liebt; wer aber mich liebt, wird von meinem Vater geliebt werden; und ich werde ihn lieben und mich selbst ihm offenbaren"(Johannes 14, 21). Wenn wir uns Gott anvertrauen, wird sich unsere Beziehung zu Gott bald durch tiefe Intimität auszeichnen. Jemand hat einmal gesagt: "Ein Freund ist jemand, der alles über dich weiß und dich trotzdem ganz genauso liebt." Ob es sich um Freundschaft mit Gott handelt, mit einem Ehepartner oder mit anderen Menschen: Wenn du die Kunst erlernst, dich selbst mitzuteilen, hast du den Schlüssel zu intimer Freundschaft gefunden.

Eddie und Eileen: Jenseits der Krise

Die Anfangsphase jeder Beziehung ist gewöhnlich von romantischen Wunschvorstellungen geprägt, die den Blick für die Realität trüben. So entsteht die Hoffnungsphase unserer Hoffnungs-Enttäuschungs-Achterbahn. Krisen zerstören dann bald die Illusion; die Ernüchterung setzt ein. Sobald diese negativen Seiten ins Blickfeld rücken, müssen beide Partner bereit sein, sie zu akzeptieren. Wenn sie nicht fest entschlossen sind, sich beständig offen dem anderen mitzuteilen, wird die Beziehung an einem toten Punkt ankommen, stagnieren, vielleicht sogar zugrunde gehen. Dabei kann es sich um Beziehungen zwischen Ehegatten, Freunden, dem Pastor und seiner Gemeinde oder dem Chef und seinen Angestellten handeln.

Männer und Frauen, die aus gestörten oder kaputten Familien stammen, sind anfälliger dafür, in der Hoffnungsphase ihrer Beziehung negative Eigenschaften beim anderen zu ignorieren. Schließlich müssen sie aber entdecken, daß ihre unrealistischen Erwartungen nicht erfüllt werden (können). Die neue Bezieung wird aufgegeben oder abgebrochen, bevor sie überhaupt die Chance hatte, sich richtig zu entwickeln. Eine gesunde Beziehung wird unmöglich, bis irgendwann die Krise erreicht ist, wo die Seifenblase der Illusion zerplatzt. Der Mensch muß sich eingestehen, was er bisher nicht wahrhaben wollte. Die Beziehung durchwandert das Tal der

Enttäuschung. Die wichtigste Voraussetzung für eine gesunde, dauerhafte Beziehung besteht in der Fähigkeit zu erkennen, welche Erwartungen realistisch sind und ob der andere sie auch wirklich erfüllen kann.

Sobald Eileen und Eddie die Krise ihrer Beziehung hinter sich gelassen hatten, wuchs allmählich die Verbundenheit zwischen ihnen. Sie versprachen einander, die Schwächen des anderen zu tragen, auch wenn sie sie nicht entdeckt oder gründlich genug verstanden hatten, als sie heirateten.

Wenn man potentielle Schwierigkeiten bereits vor der Ehe erkennt, macht das einen großen Unterschied. Man erspart sich, ihre emotionalen Auswirkungen erst später in negativer Weise zu erleben. Viele Menschen unterschätzen diese seelischen Folgen und gehen allzu schnell eine Ehe ein. Unter Umständen verlassen sie den Partner, sobald eine Krise Enttäuschungen mit sich bringt und sie gezwungen sind, sich den negativen Eigenschaften des anderen zu stellen. Wenn Eileen und Eddie sich nicht aufgerafft und verpflichtet hätten, gegenseitig ihre Schwierigkeiten mitzutragen, wären sie den Weg vieler christlicher Ehepaare gegangen, für die Scheidung keine Alternative ist: Sie hätten weiterhin unter dem selben Dach zusammengelebt, wären aber getrennte Wege gegangen. Von der Freude einer wahren, intakten Ehe sind diese christlichen Paare meilenweit entfernt.

Nach einigen zögernden, unsicheren Versuchen entwickelten Eileen und Eddie Signale, um den anderen wissen zu lassen, wann Hilfe gebraucht wurde. Sie zogen auch praktische Konsequenzen. Beispielsweise nahmen sie sich Zeit für kurze Treffen während des Tages und beschlossen, unangenehme Konfrontationen gemeinsam zu bewältigen. Sie sind weiterhin verheiratet und gemeinsam als praktizierende Rechtsanwälte in ihrer Kanzlei tätig. Weil Eddie und Eileen einander angenommen haben und sich gegenseitig schätzen, entdecken sie jetzt, daß sie sich mehr lieben denn je.

Anders als Eileen haben die Frauen im nächsten Kapitel zugelassen, daß ihre seelischen Verletzungen an ihnen nagten und sich schließlich zu einem Abscheu Männern gegenüber entwickelten. Wir wollen zusammen die Ursache und die Folgen dieses Hasses auf Männer untersuchen.

Kapitel 8

Wenn eine Frau Männer haßt

Beantworte bitte wieder einige Fragen:

____ 1. Hat dich jemals ein Mann tief verletzt?

____ 2. Schätzte dein Vater dein Erscheinungsbild, deine Gefühle und Leistungen? Gab er dir Liebe und Anerkennung für das, was du warst und nicht nur für das, was du geleistet hast?

____ 3. Wurdest du jemals sexuell mißbraucht oder belästigt?

____ 4. "Erstarrst" du innerlich oder in deinen Gefühlen, wenn du mit einem Mann alleine bist?

____ 5. Fühlst du dich oft zornig über die Ungerechtigkeiten, die Frauen in unserer Gesellschaft erdulden müssen?

____ 6. Denkst du insgeheim, daß die meisten Männer versuchen, von Frauen zu bekommen, was sie nur können (oder sowieso immer nur "das eine" wollen)?

____ 7. Hat dich dein Vater verbal attackiert, beschimpft oder angeklagt?

____ 8. Hatte deine Mutter eine negative oder herablassende Meinung von Männern?

____ 9. Behandelte dein Vater deine Mutter mit Respekt?

____ 10. Hast du ein starkes Bedürfnis nach Bestätigung von Männern?

____ 11. Genießt du es insgeheim, mit Männern zu flirten?

____ 12. Gefällt es dir, in Positionen zu sein, in denen du Macht über Männer hast?

____ 13. Machst du häufig Männer auf dich aufmerksam, gibst ihnen dann aber einen Korb, wenn sie an einer tieferen Beziehung interessiert sind?

____ 14. Wirst du leicht eifersüchtig oder bist du besitzergreifend in Bezug auf Frauen, weil du deine Freundin für dich alleine haben möchtest?

_____ 15. Hast du dich jemals sexuell zu einer anderen Frau hingezogen gefühlt?

_____ 16. Hast du negative Vorurteile gegenüber Männern?

Ja-Antworten auf alle Fragen außer Nr. 2 und Nr. 9 und Nein-Antworten auf diese beiden, sind ein deutliches Anzeichen dafür, daß du im Begriff bist, eine Aversion gegenüber Männern aufzubauen. Es besteht die Gefahr, daß deine ehrliche Besorgnis über die Misere der Frauen in eine generelle Verachtung gegenüber Männern ausartet.

Wenn die Bedürfnisse einer Frau nach Zugehörigkeit in ihren wichtigsten Beziehungen zu Männern unerfüllt bleiben, erwacht ihr natürlicher Selbsterhaltungstrieb. Um sich selbst zu schützen, beschließt sie in ihrem Herzen, ohne die Männer auszukommen. Für eine alleinstehende Frau ist es gut und richtig, in ihrem Lebensstil ungebunden, von Gott aber abhängig zu sein. Wenn sie jedoch die gegenseitige Abhängigkeit von Mann und Frau verachtet, wird ihre Einstellung gefährlich und ungesund.

Leighs Kindheit bot ein perfektes Szenario für die Entstehung dieser abfälligen Haltung.

Rache an den Männern

Solange Leigh sich erinnern kann, ließ ihr Vater sie, die jüngste von drei Töchtern, deutlich spüren, daß er lieber einen Sohn gehabt hätte. Sie hätte ein Junge werden sollen, der seinen Namen weitertragen konnte. Leigh wuchs in einem verzweifelten Kampf um seine Wertschätzung auf, die sie nur dann erhielt, wenn sie sportliche Höchstleistungen erbrachte. Sie spielte Softball, was ihren Vater glücklich und stolz machte. Wenn Mädchen damals in der Juniormannschaft zugelassen gewesen wären, hätte Leigh sicher einen Stammplatz im Team gehabt. Aber es dauerte nicht lange und sie war überall als Wildfang oder burschikoses, jungenhaftes Mädchen bekannt. Als sie älter wurde, verabscheute sie zunehmend typisch feminine Gegenstände und weigerte sich, Kleider, Make-up oder Schmuck zu tragen. Es umgab sie eine sehr maskuline Atmosphäre. Sie stellte ein männliches Gehabe zur Schau und schüchterte häufig andere Mädchen ein, mit denen sie kaum etwas anfangen konnte.

Dann fesselte in der High School Tom, ein Mitglied des Football-Teams, Leighs Aufmerksamkeit. Bis zu dieser Zeit hatte sie ihre jungenhafte Rolle schon so lange gespielt, daß die Jungs sie wie ein Mitglied ihrer Männerclique behandelten. Tom sah niemals überhaupt auch nur in ihre Richtung. Es war schwierig und peinlich für Leigh, aus dem gewohnten Schema auszubrechen und aus der Rolle herauszutreten, die sie schon so lange gespielt hatte. Sie hatte große Angst, sich vor den anderen Mädchen lächerlich zu machen und verspottet zu werden. Erst nach ihrem Schulabschluß wagte sie zögernd die ersten Schritte in Richtung eines weiblicheren Erscheinungsbildes.

Leigh und ihre Mutter hatten sich nie sehr nahe gestanden. Die Mutter hatte nicht gewußt, wie sie mit ihrer jungenhaften Tochter ins Gespräch kommen konnte. Sie hatte sich auch abgelehnt gefühlt, weil Leigh anscheinend ihre ganzen Bemühungen darauf konzentrierte, ihren Vater zufriedenzustellen und ihm zu gefallen. Als er starb, blieb seine Frau mit einer Tochter zurück, die sie kaum kannte. Ihre Versuche, sich zu unterhalten waren peinlich und unbeholfen. So war es eine willkommene Erleichterung, als Leigh aufgrund ihrer Leistungen im Basketballspiel ein Stipendium für das College erhielt.

Aber es stellte sich heraus, daß Leigh im College kaum glücklicher war als in der Schule. Es dauerte nicht lange, bis ein Junge aus ihrem Spanischkurs Interesse an ihr zeigte. Eines führte zum anderen und bevor das erste Semester vorbei war, war Leigh Sean völlig verfallen. Er war der erste Mann, der sie in ihrer Weiblichkeit und ihrem Frausein bestätigte. Sie ging häufig mit ihm ins Bett. Aber Seans wahre Gefühle für Leigh waren nicht mehr als ein vorübergehendes, flüchtiges Interesse. Bereits im Jahr darauf, traf sich Sean mit einer anderen Frau. Leigh fühlte sich betrogen und ihr Zorn auf Sean verwandelte sich in Haß.

Genau zu dieser Zeit trat Reed in ihr Leben. Er kam gerade rechtzeitig, um die Scherben aufzusammeln und ihre Hoffnungen neu zu entfachen. Innerhalb weniger Tage verliebte Leigh sich Hals über Kopf. In ihren Träumen malte sie sich aus, daß er der Ritter sei, der ihre Selbstachtung retten würde. Ihre Beziehung zu Reed entwickelte sich in rasantem Tempo und erreichte rasch einen Höhepunkt. Bereits nach der zweiten Verabredung schliefen sie miteinander, und innerhalb von drei Wochen schien Reed dann jegliches Interesse verloren zu haben. Zerstörte Illusion, keine Telefonanrufe mehr, im Unterricht ging man sich aus dem Weg.

Im verzweifelten Bemühen, ihre zerschlagenen Gefühle zu retten, suchte Leigh Zuflucht in der Literatur. Selten war sie außerhalb der Bibliothek anzutreffen. Sie war fest entschlossen, sich vor weiteren Verletzungen zu schützen. Leigh schwor sich selbst, zu beweisen, daß sie es in einer Männerwelt zu etwas bringen und sich durchsetzen konnte. Unbewußt traf sie die Entscheidung, es den Männern irgendwann heimzuzahlen. Ihr äußeres Erscheinungsbild kehrte zu dem jungenhaften Stil zurück, den sie sich in der High School zugelegt hatte. Auch in ihren Gefühlen und Empfindungen verhärtete sie sich.

Als Leigh ihr dreißigstes Lebensjahr erreicht hatte, war sie eine erfolgreiche Börsenmaklerin. Ihr äußerst ehrgeiziges Wesen trieb sie zu hervorragenden Leistungen an. Sie war risikofreudig und wurde gewöhnlich mit Erfolg belohnt. Trotz eines mürrischen, recht herrischen Zuges in ihrem Charakter, war ihre Art genau das, was im Management gebraucht wurde und verhalf ihr schnell zum Aufstieg. Durch ihr abweisendes Wesen verlor sie zwar viele Kunden, hielt sich aber auch andere Börsenmakler vom Leib. Insgeheim genoß Leigh ihre Triumphe in einer Männerwelt, die sie anscheinend endlich doch erobert hatte.

Inzwischen sprach Leighs Kusine mit ihr immer wieder über den Glauben. Eines Tages verirrte Leigh sich doch einmal in einen Gottesdienst, in der Hoffnung, ihr schlechtes Gewissen wegen unsauberer Geschäfte beruhigen zu können. Die Predigt des Evangelisten, der eingeladen war, beeindruckte sie sehr und so wurde Leigh in das Reich Gottes hineingeschwemmt.

Leighs Leben als Christin war nicht leicht. Mit der Zeit stauten sich Gewissensbisse an, weil ihre geschäftlichen Entscheidungen mit christlichen Wertmaßstäben in Konflikt gerieten. Sie fürchtete aber finanzielle Einbußen, ein Versagen, das Verletzlichkeit in einer Welt bedeutet hätte, in der finanzielle Sicherheit ihr letzter Zufluchtsort war. Sicherlich würde Gott sie verstehen. Leigh wurde eine Expertin darin, sich über die Warnsignale ihres Gewissen hinwegzusetzen.

In der Gemeinde gewann sie schnell die Aufmerksamkeit des Pastors, dessen Frau und anderer Leiter. Ihr Geschäftssinn, ihre beruflichen Erfahrungen und ihre offensichtlichen Fähigkeiten wurden überall geschätzt. Man übertrug ihr die Verantwortung für viele Projekte. Leigh konnte jedoch die scheinbar willensschwachen Männer und Frauen um sie herum nicht ertragen; alle außer Patricia, eine alleinerziehende Mutter, die Leighs Stärke nach der eigenen chaotischen und schmerzhaften Scheidung sehr ansprechend fand.

Auch Leigh fühlte sich in ihrer Einsamkeit sehr zu der hilfebedürftigen Patricia hingezogen. Sie besuchte sie ständig und begann, eifersüchtig zu werden, wenn andere in ihre Beziehung "eindringen" wollten. Leigh gab viel Geld für Patricia aus, schenkte ihr Elektrogeräte und Möbel, machte teure Geburtstagsgeschenke, bezahlte den Urlaub und sogar die Rechnungen des Rechtsanwaltes. Gleichzeitig aber kettete sie Patricia an sich. Leigh wollte die ausschließliche Aufmerksamkeit ihrer Freundin, um die Isolation abzumildern, die sie im Umgang mit Männern empfand. Jeder, der eine Bedrohung hätte darstellen können, wurde durch subtile Manipulation abgeschreckt und vertrieben, bis Patricia schließlich Leighs alleiniges Eigentum war.

Die Leute in der Gemeinde hielten die beiden für unzertrennliche Freundinnen, merkten jedoch nicht, daß es im Leben von Patricia und Leigh seelische Wunden gab, die noch nicht verheilt waren. Diese inneren Verletzungen trieben die beiden auf einen dunklen Weg, der sie allmählich in die Perversion führte. Jede der beiden Frauen suchte in der anderen die Zuneigung und Bestätigung, die sie von Männern nicht erhalten hatte. So erweiterte sich ihre Freundschaft nach einiger Zeit auch auf den sexuellen Bereich. Sie verbargen ihr Geheimnis vor den anderen Menschen in der Gemeinde, "weil die es ja sowieso nicht verstehen würden". Leigh empfand keinerlei Reue, ihr Gewissen hatte sich schon seit langem von ihrem Geist gelöst.

Wenn nicht Patricia schließlich emotional zusammengebrochen wäre, wären beide Frauen vielleicht heute noch in ihrer Dunkelheit gefangen, in einem Leben, das ohne jedes Bedürfnis nach Männern zu sein schien.

Der Weg in die Perversion

Patricia wachte eines Tages auf und erkannte, daß sie eine Lesbierin geworden war. Sie hatte sich oft gefragt, wie so etwas zwischen Frauen geschehen konnte. Lesbische Sexualität hatte sie immer zutiefst abstoßend gefunden. Im Gegensatz zu Leigh war Patricia sehr feinfühlig und spürte Sünde in ihrem Leben sehr deutlich, weil sie in einem christlichen Elternhaus aufgewachsen war. Dennoch enthielt ihre Lebensgeschichte viele giftige Elemente: Ablehnung durch den Vater, eine übervorsichtige Mutter, die sie zu sehr behüten wollte, Enttäuschungen durch Männer und einen schwachen, passiven Willen, der sich nach einem emotionalen Zusammenbruch bereitwillig jeder Fremdbestimmung fügte.

Leighs Annäherungsversuche waren hinter einer Maske der Großzügigkeit und Besorgnis um Patricias Wohlergehen verborgen. Patricia hätte den Verlust der Sicherheit und Freundschaft, die sie bei Leigh fand, nicht ertragen. Deshalb hatte sie alle Warnsignale ignoriert und Leighs besitzergreifendes Verhalten, ihre gefürchteten, unbeherrschten Gefühlsausbrüche verdrängt. Patricia war eine leichte Beute, sie ließ sich bereitwillig kontrollieren. Leigh reizte Patricias Verletzlichkeit wie eine Löwin, die ihr Opfer isoliert und in die Enge treibt, bevor sie es erlegt.

Für Patricia schien Leigh in geistlichen Dingen stärker zu sein. So suchte sie in allen Angelegenheiten ihren Rat. Leigh machte ständig die Männer schlecht, indem sie sie kategorisch als Feinde abqualifizierte, die es ja sowieso nur auf ihre Vernichtung angelegt hätten. Allmählich wuchs auch bei Patricia das Mißtrauen gegenüber Männern, bis sie sich schließlich sogar von ihrem Pastor entfremdete, den sie stets bewundert hatte.

Es ist sehr einfach, Schuldgefühle wegzudiskutieren und wegzuerklären, wenn man auf jemanden zornig ist. Schrittweise riß der Zorn auf Männer bei Leigh und Patricia auch die letzte Hemmschwelle zur Sünde nieder. Warum eigentlich nicht? Sicherlich würde Gott verstehen, daß sexuelle Bedürfnisse nicht einfach so von selbst verschwinden. Da war es doch gerechtfertigt und immerhin sicher, sexuelle Befriedigung zusammen mit einer anderen Frau zu erlangen. Vielleicht war sie ja sogar mit dieser Veranlagung geboren worden? Langsam wurden ihre Gedanken von diesen scheinbar einleuchtenden und logischen Antworten durchdrungen. Alle Einwände gegen ein körperliches Verhältnis, die ihr nachgiebig werdendes Gewissen noch hätten stützen können, wurden langsam immer schwächer. So fesselte sie der körperliche Kontakt in Verbindung mit ihrem Bedürfnis nach Wertschätzung und Annahme immer mehr an Leighs kontrollierenden, manipulierenden Einfluß.

Dämonische Mächte finden Einfallstore in den seelischen Verletzungen eines Menschen. Raffiniert getarnt, passen sie sich genau der jeweiligen Situation an. So lenken sie den Betroffenen dahin, wohin sie es wollen. Patricia war durch ihre emotionalen Verletzungen zum Opfer geworden. Fügsam erduldete sie ihre Situation, ohne selbst zu bemerken, welcher Verführung sie erlegen war.

Patricias Erfahrungen geben uns eine klassische Lektion in der Kunst der Verführung, jener Macht, die über einen geschwächten Menschen kommt, ihn in die Irre führt und veranlaßt, sein Gewissen und jegliche Vernunft im Interesse der eigenen Befriedigung abzuschalten. Verführung ereignet sich in der einen oder anderen Form ständig in dem Bereich der Sünden, die man für weniger gravierend oder ernst halten könnte. Sehr oft wird sie von geschickter Täuschung begleitet, die das Opfer daran hindert, überhaupt zu erkennen, daß es verführt wird. Es dauert nicht lange und es ist zu spät: der Wille wird zu schwach, um sich weiteren Versuchen der Beeinflussung entgegenzustemmen. Das Ende dieser Verführung ist Sünde gegen Gott, gegen andere Menschen und gegen sich selbst. Die Anziehungskraft der Sünde erhält ihre treibende Kraft so lange aus Schuldgefühlen, bis eines Tages das Gewissen auf Sünde überhaupt nicht mehr reagiert.

Feminismus und die Gemeinde

Was hat die Geschichte von Patricia und Leigh in einem christlichen Buch über die Wiederherstellung der verletzten Frau zu suchen? Der Grund dafür liegt in der deutlichen Zunahme lesbischer und homosexueller Beziehungen in evangelikalen und charismatischen Kreisen. Pastoren und christliche Leiter haben mir immer wieder mitgeteilt, daß es weitverbreitet und schon fast "normal" ist, mit Frauen konfrontiert zu sein, die zu diesem Lebensstil verleitet worden sind. Was einst als undenkbar galt, wird heute allmählich toleriert und sogar akzeptiert. Wenn die Sache ans Licht kommt, erweist es sich meist als schwierig, mit der Situation in einer freisetzenden Art und Weise umzugehen und den Beteiligten die Erfahrung der Heilung zu ermöglichen.

Wenn Frauen in ihrem Leben stets von Männern ausgenutzt worden sind, kann sich der Groll und die Verachtung diesen Männern gegenüber im Extrem zu einer kategorischen Verachtung der Männer im allgemeinen ausweiten und steigern. So werden Frauen dann auch anfällig für Verführung in sexueller oder anderer Form. Manchmal sitzt ihr Groll auf die Männer so tief, daß sie ihn gar nicht erkennen oder sich eingestehen. Trotzdem hat seine unentdeckte Gegenwart einen genauso starken Einfluß. Oft führt es dazu, daß Frauen sich den Zielen und Programmen radikaler gesellschaftlicher Gruppen anschließen.

Eine christliche Frau kann es sich nicht leisten, sich vorbehaltlos dem radikalen Feminismus anzuschließen, einer Bewegung, die als Gegenschlag oder Antwort auf einen besonders großen Mißstand in unserer Gesellschaft entstanden ist: die Diskriminierung der Frau. Zwar trifft es durchaus zu, daß radikale Interessengruppen in einer Gesellschaft soziale Mißstände ausgleichen können. Oft bringen diese Kräfte Dinge, die aus dem Gleichgewicht geraten sind, wieder zurück ins rechte Lot. Eine radikale Stimme kann durch Überbetonung genug Druck ausüben, um eine Gesellschaft wieder zurück in den Zustand sozialer Gerechtigkeit zu ziehen.

Das bedeutet jedoch nicht, daß der Extremismus eine Antwort oder gar Lösung wäre. Eine Christin hat nicht den Auftrag, gegen Fleisch und Blut zu kämpfen. Meine Ansichten decken sich in einigen Fragen und Problembereichen durchaus mit den Zielen des Feminismus. Ich begrüße auch viele Veränderungen in der Gesellschaft, die als Ergebnis eines neuen, geänderten öffentlichen Bewußtseins für den Notstand der Frauen zustande gekommen sind. Dennoch bin ich ein Gegner der Ansicht, daß die meisten Männer generell frauenfeindlich eingestellt seien oder daß ein Geschlecht über das andere erhoben werden sollte. Radikale Feministinnen können, wie jede andere Bewegung, sehr schnell ihre Motivation und Triebkraft aus Zorn und Haß beziehen. Auf diese Weise kann aber letztendlich Gerechtigkeit in Gottes Dimension nicht erreicht werden.

Gott hat vielmehr uns Christinnen zu einer Stellung der Ruhe in unserem Kampf mit dem Bösen berufen. Unsere Aufgabe ist es, Land in Besitz zu nehmen, indem wir entschieden und bestimmt, aber in keiner Weise aggressiv die Gebiete in Anspruch nehmen, die Christus bereits für uns gewonnen hat. Jesus ist es, der für uns Frauen kämpft, der uns den Weg freimacht zu dem Platz, an dem er uns haben möchte, wo auch immer das sein mag. Mein eigener Weg in die Stellung einer weiblichen Co-Pastorin und Dienerin in unserer Gemeinde wurde nicht durch die feministische Bewegung geebnet, sondern durch Jesus Christus, als er meinen Feind auf Golgatha besiegte. Er ist es, der uns jedes Recht oder jede Befähigung gibt, eine solche Rolle auszufüllen. Weil er für mich da ist, brauche ich keine Haltung des Hasses auf andere Männer mehr einzunehmen oder irgendeine andere fleischliche Waffe zu benutzen, um einen Sieg zu erringen - sei es für mich selbst oder für andere Frauen. Jesus Christus ist unser Befreier, nicht die Frauenbewegung!

Ebensowenig ist meiner Meinung nach jedoch die Gemeinde Opfer eines radikalen feministischen Einflusses in unserer Gesellschaft. Vielmehr durchläuft die Gemeinde einen Veränderungsprozeß, der durch den Heiligen Geist eingeleitet worden ist, um die Vorbehalte und Vorurteile zu beseitigen, die Frauen in der Kirche seit Jahrhunderten gebunden und stark eingeschränkt haben.

Der Teufel ist sehr darum bemüht, dieses Werk des Heiligen Geistes durch einen Gegenangriff zu verhindern. Auf der einen Seite versucht er daher, einen Extremismus anzufachen, der zu einem generellen Haß auf Männer führt. Andererseits arbeitet er daran, ernsthafte Christen so zu täuschen, daß sie jegliche Betonung der Rechte von Frauen für satanisch halten.

Ich habe bereits erwähnt, daß Christen es sich nicht leisten können, den radikalen Feminismus zu unterstützen oder gar zu ihrer Sache zu machen. Aber genauso wenig dürfen wir die Förderung unserer Frauen vernachlässigen. Wir können nicht voller Abscheu auf das Programm der feministischen Bewegung blicken, das Männerhaß, lesbische Liebe und Abtreibung umfaßt, und ängstlich vor dringend notwendigen Veränderungen zurückschrecken. Das ist ja genau Satans Trick, mit dem er die Gemeinde verführt, nämlich nur noch um sich selbst zu kreisen. Unsere Waffe gegen diese Täuschung ist nicht aus Fleisch und Blut, sondern vielmehr die Offenbarung Jesu Christi im Wort Gottes.

Der Heilige Geist ist heute in der Gemeinde am Wirken, um Frauen in Aktion zu rufen (wir werden uns dem in einem späteren Kapitel noch genauer zuwenden), um seine Kraft in ihnen freizusetzen, damit sie so letztendlich Jesus Christus verherrlichen. Unser Sieg als der Leib Christi wird dann erreicht werden, wenn alle Hindernisse für die Verherrlichung des Namens Jesu beseitigt worden sind.

Isebels am Werk

Paulus schreibt in seinem Brief an Timotheus, daß sich in den letzten Tagen viele Menschen vom Glauben abwenden würden - sie würden das Opfer von Mächten werden, die sie in Versuchung führen. Es läßt sich darüber streiten, ob wir nun heute in den letzten Tagen leben oder nicht. Je nachdem, welcher Gemeinde man angehört, werden unterschiedliche Standpunkte vertreten. Eines aber ist sicher: Heute sind wir dem Ende näher als wir es gestern waren. Ob wir nun sterben oder das Ende der Zeiten erleben werden, in jedem Fall kommen wir täglich unseren eigenen "letzten Tagen" näher.

Im Buch der Offenbarung des Johannes warnt Jesus die Gemeinde in Thyatira: "Aber ich habe gegen dich, daß du das Weib Isebel gewähren läßt, die sich eine Prophetin nennt und meine Knechte lehrt und verführt, Unzucht zu treiben und Götzenopfer zu essen." (Offenbarung 2, 20). Möglicherweise handelte es sich hier um eine damals tatsächlich lebende Frau, die der Gemeinde in Thyatira zusetzte. Vielleicht verwendete Johannes diesen Namen aber auch nur als symbolische Bezeichnung für einen verführerischen Einfluß, mit dem er auf die herrschsüchtige Königin Isebel im Alten Testament Bezug nimmt, die den Propheten Elia haßte. Sei es, wie es mag: Personen wie Isebel (Männer genauso wie Frauen) sind jedenfalls überall dort anzutreffen, wo Menschen einen verdrängten Groll gegenüber dem einen oder dem anderen Geschlecht im Herzen tragen, wo sie unter Verletzungen leiden, die nicht geheilt sind und wo sie aus diesen Gründen ein übermäßiges Bedürfnis danach haben, andere zu kontrollieren.

Die Isebel im Alten Testament wuchs als Tochter des Königs der Sidonier auf. Als sie älter wurde, lernte sie, Baal gegenüber ehrfüchtig zu sein. Oft wurde sie Zeugin ritueller Handlungen, die die Anbetung dieses heidnischen Gottes begleiteten: die Opferung von Kindern, perverse sexuelle Ausschweifungen. Eine Familie, die sich dem Glauben an Baal verschrieben hatte, kannte keine moralischen oder ethischen Grenzen. Wer weiß, welche schweren Störungen oder Mißstände in Isebels Zuhause ihre Schwierigkeiten und ihr Leid verursachten? Vielleicht wurde das Mädchen selbst sexuell mißbraucht und von der bangen Frage gequält, ob wohl auch sie eines Tages auf dem schwelenden, blutverschmierten Altar Baals enden würde. Ohne Zweifel machte seelischer Mißbrauch diese junge Frau innerlich hart und trieb sie zu unstillbarem Machthunger und zu einer Herrschaft, die so übel war, daß einer der größten Propheten des Alten Testamentes berufen werden mußte, um sich ihr entgegenzustellen.

Der Vorhang der Schrift vor dem Leben Isebels öffnet sich erst, als sie Braut des Königs Ahab wurde. Sein feiges, charakterloses Wesen wurde das Ziel ihrer Listen und Manipulationen. Als Ahab einmal schmollte, ließ Isebel kurzerhand den Eigentümer des Weinbergs, den ihr Mann haben wollte, kaltblütig umbringen. Sie überrumpelte den willensschwachen Ahab und ließ bald überall in Israel Altäre für Baal errichten. Systematisch ermordete sie die Priester und Propheten Gottes. Als Elia auf dem Berg Karmel schließlich von Gott bestätigt wurde und die Baalspriester mit der vollen Zustimmung des Volkes tötete, verhärtete sich Isebels Herz so sehr, daß sie Elia mit noch grimmigerem Rachedurst nachstellte. Über ihren Einfluß lesen wir in 1. Könige 21, 25: "Es hat in der Tat keinen wie Ahab gegeben, der sich so verkauft hätte, um zu tun, was in den Augen des Herrn böse ist. Ihn hatte seine Frau Isebel verführt." Isebel hatte die Macht, ihren Mann dazu zu bringen, alles zu tun, was sie wollte. Sogar seine eigene Beziehung zu Gott zu gefährden und einen Mord zu begehen.

Wie konnte sie das erreichen? Wie täuschte Leigh Patricia? Möglich wurde es durch die folgenden drei Schritte auf dem Weg in die Täuschung.

Drei Schritte auf dem Weg in die Täuschung

Der erste Schritt ist getan, wenn das *Gewissen mürbe gemacht* wird. Wie bei Isebel im Buch der Offenbarung, die Gottes Volk dazu verleitete, ihr Gewissen zu übertreten und Fleisch zu essen, das den Götzen geweiht war. Ebenso veranlaßt heute mancher Lehrer die Gläubigen, ihr mahnendes Gewissen zu ignorieren und gleicht darin der Isebel. Wenn man die Warnsignale seines Gewissens ständig überhört, wird es schließlich sogar aufhören, sich bei gravierenderen Formen der Sünde zu melden. Schließlich können die schlimmsten Taten ohne die leisesten Gewissensbisse begangen werden.

Genau auf diese Weise töteten auch die Pharisäer Jesus. Sie hatten ihr Gewissen durch ihre frömmelnde Religiosität so gründlich wegerklärt, daß sie einen unschuldigen Mann umbringen konnten.

Der zweite Schritt zur Täuschung besteht darin, eine *Grundlage für unmoralisches Verhalten* zu schaffen.

In Patricias Fall war es so, daß Patricia Leigh für geistlicher hielt, weil sie stärker war. Leigh kannte die Bibel gut genug, um gefährlich zu sein. Sie war schnell dabei, andere zu kritisieren, weil sie selbst ja die größere Erkenntnis hatte. Durch geistlichen Mißbrauch schüchterte sie Patricia ein. Und Patricia war in ihrem Wesen so unsicher, daß sie es nicht bemerkte.

Der dritte und letzte Schritt ist dann die *Isolation*.

Genau wie Isebel verführte auch Leigh diejenigen, die verletzlich waren. Sie blockierte oder zerstörte alle Beziehungen, die eine Bedrohung für ihre exklusive, alleinige Kontrolle über Patricia hätten darstellen können. Das Gefühl der Isolation und Einsamkeit, das Patricia tief in sich trug - eine Folge der Scheidung, die sie nicht gewollt hatte - verringerte ihre Möglichkeiten, sich selbst zu schützen. Es machte sie gleichzeitig in emotionaler und finanzieller Hinsicht anfällig für den Einfluß eines willensstärkeren Menschen. Nachdem Patricia erst unter der Entfremdung von ihrem Mann gelitten hatte, wurde sie nun durch die tatkräftige Unterstützung von Leigh und dem Feind aus der Gemeinschaft mit Gott herausgerissen.

Immer ist eine Isolation von der Gemeinschaft mit Gott und von der Hauptrichtung des Leibes Christi der Auftakt zur Täuschung, *dem Eindringen eines negativen, kontrollierenden Einflusses in das*

Leben eines Gläubigen. Sekten beispielsweise isolieren ihre Opfer. Viele gutgläubige Christen, denen plötzlich entstehende Konflikte in der Gemeinde alle Illusionen rauben, verlassen ihre geistliche Heimat und kehren niemals zurück. Dabei öffnen sie sich auch für Lauheit.

Andere empfindsame, sensible Christen, die eine tiefere Erfahrung mit dem Herrn suchen, erleben große Einsamkeit, weil sie der Feind durch verschiedene Formen geistlichen Stolzes täuscht, so daß sie sich von den anderen Christen absondern. Einige glauben dann sogar, daß der Herr sie für eine spezielle Offenbarung zur Seite nimmt. Während solcher Zeiten der Isolation sorgt Satan dafür, daß auf jeden Fall ein anderes "Haupt" als Jesus Christus zwischen den Gläubigen und Gott tritt.

Unweigerlich wird eine willensstarke Person wie Leigh ihr Opfer vom Einfluß anderer geistlicher Menschen fernhalten, also zum Beispiel vom Pastor oder von Gemeindeleitern. Wenn Leighs Meinung sich von der des Pastors unterschied, schenkte Patricia stets Leigh Glauben. Nicht mit ihr übereinzustimmen bedeutete in Leighs Augen, sie zu verraten. Die Isolation ist der Feind der Wiederherstellung. Das Bleiben in Christus ist das Geheimnis geistlicher Fruchtbarkeit. Patricias Trennung vom Wirken des Heiligen Geistes in ihrem Leben eröffnete daher die Möglichkeit für Verführung und Täuschung.

Tatsächliche Handlungen, die unmoralisch waren, folgten ganz zwangsläufig nach. Leigh führte Patricia systematisch in die fügsame Unterordnung. Das soll nun keineswegs heißen, daß Patricia an ihrer Lage keine Schuld trug. Sie wollte sich selbst nicht eingestehen, was da passierte, sie leistete keinen Widerstand und sie verkroch sich in einen Kokon der Verdrängung.

In aussichtsloser Abhängigkeit an Leigh gefesselt zu sein, war jedoch nicht das Leben, das Patricia führen wollte. Als sie schließlich aufwachte und ihr die Augen darüber aufgingen, was sie zugelassen hatte, war sie von der Erkenntnis ihrer Schuld überwältigt. Patricia wußte, daß sie schnell handeln mußte, wenn sie nicht endgültig der Versuchung erliegen wollte. Sie wäre dann zu schwach gewesen, um noch dagegen anzukämpfen.

Heilung erfahren

Als Patricia zusammenbrach und ihrem Pastor ihr entsetzliches Geheimnis anvertraute, war dies die beschämendste Erfahrung ihres Lebens. Glücklicherweise wußte ihr Pastor, daß er ihr zwar in geistlicher Hinsicht helfen konnte. Es war aber darüberhinaus die Hilfe ausgebildeter, professioneller christlicher Berater nötig, um Patricia zu helfen, ihre seelische und emotionale Gesundheit wiederzugewinnen.

Er erkannte sofort, daß Patricia einem verführerischen geistlichen Einfluß zum Opfer gefallen war, der dämonischen Ursprungs war. Er unternahm die notwendigen Schritte, um Patricia zu helfen, diesem Einfluß zu entfliehen; ohne jedoch zu wissen, was sie ursprünglich überhaupt anfällig für diese geistlichen Angriffe gemacht hatte. Ein Pastor braucht möglicherweise Jahre, um Dinge zu erkennen, die ein professioneller christlicher Therapeut oder Berater oft in wenigen Minuten feststellen und analysieren kann. (Bill und ich sind für den Reichtum an Hilfe dankbar, den der Herr in unserer Gegend durch erfahrene christliche Seelsorger mit soliden biblischen Grundlagen geschenkt hat.)

Wenn auch die Konzentration des Pastors auf das geistliche Leben selbstverständlich absolut richtig und notwendig ist, so glaube ich doch, daß der Herr seine Gemeinde für die Tatsache sensibel machen will, daß seelische Verletzungen unter Umständen den Heiligen Geist dämpfen können und einige Formen geistlicher Hilfe deshalb nur begrenzt oder vorübergehend wirksam werden. Wenn ein Mensch unter emotionalem Schaden leidet, wird er immer weniger dazu fähig, an geistlichen Wahrheiten festzuhalten. Jesus lehrte uns daher auch, daß die Dämonen rastlos durch dürre, trockene Gebiete streifen. Sie suchen Ruhe, finden sie aber nicht. So kehren sie zurück zu ihrer ursprünglichen Behausung, die nun zwar sauber und gereinigt ist, aber noch immer weit offen steht (vgl. Matthäus 12, 43-45).

Der Prophet Jeremia prophezeite für den Herrn: "Denn ich will dir Genesung bringen und dich von deinen Wunden heilen [...]" (Jeremia 30, 17). Jesus beschrieb sich selbst als den guten Hirten, der die Seelen erquickt und wiederherstellt. Bereits am Anfang seines Dienstes kündigte er an, daß er (neben anderen Dingen) gekommen war, um die zu heilen, deren Herzen gebrochen waren. Immer wenn das gebrochene Herz eines Menschen und seine sselischen Verletzungen geheilt werden, kann er endlich die geistlichen Wahrheiten wieder neu begreifen, in Anspruch nehmen und daran festhalten. Bis die Heilung stattfindet, investiert ein Pastor vielleicht pausenlos seine ganze Kraft und Unterstützung in diese Person, muß aber dennoch feststellen, daß der Weinschlauch, in den er ständig hineingießt, undicht ist und tropft. Das Problem liegt also nicht bei dem, der die Botschaft vermittelt, sondern beim Gefäß.

Patricias Pastor setzte großes Vertrauen in den Dienst der professionellen christlichen Therapeuten, an die er Patricia verwiesen hatte. Er wußte, daß sie seinen eigenen Dienst unterstützen würden und Patricia gleichzeitig zum nächsten Schritt in ihrem Heilungsprozeß führen konnten. (Anmerkung der Autorin: Im Falle lesbischer oder homosexueller Beziehungen werden mit großer Wahrscheinlichkeit nur christliche Psychologen oder Psychotherapeuten hilfreich sein, da diese Störungen aus dem *Diagnostischen und Statistischen Handbuch der psychologischen Störungen*[7] gestrichen wurden. Säkulare Berater richten sich gewöhnlich nach diesem Handbuch.)

Seelische Bindungen lösen

Die Therapie begann für Patricia damit, daß alle Bindungen an Leigh durchtrennt wurden. Patricia war es gar nicht bewußt gewesen, wie abhängig sie bis zu diesem Zeitpunkt geworden war. Sie fühlte sich, als müßte sie noch einmal eine Scheidung durchmachen - dieses Mal dazu noch ohne das Mitgefühl oder die Sympathie ihrer Freunde. Patricia war klug genug, ihrem Pastor die Konfrontation mit Leigh zu überlassen. Er bat Leigh, eine andere Gemeinde zu besuchen und legte ihr dringend nahe, dort bei einem Pastor und einem christlichen Psychotherapeuten Hilfe zu suchen. Diese Maßnahme erleichterte es Patricia, langsam Distanz zu Leigh zu gewinnen. Auch Leigh bekam so die Möglichkeit, Heilung zu finden.

Patricias Seelsorger rieten ihr, wieder in Offenheit und Aufrichtigkeit in die Welt um sie herum einzutreten. Sie sollte damit beginnen,

---

7 Diagnostic and Statistic Manual III of Psychological Disorders

indem sie verschiedene Gottesdienste der Gemeinde besuchte. Orte und Aktivitäten, die sie mit Leigh verbunden hatte, waren tabu, damit Patricia Abstand zu den sentimentalen Erinnerungen an die Vergangenheit gewinnen konnte.

Wenn ein Mensch sich in einem geistlich oder seelisch geschwächten Zustand befindet oder wenn es keine Aussicht darauf gibt, daß die damit in Zusammenhang stehenden Konflikte gelöst werden können, dann ist es notwendig, daß der Betroffene dem Isebel-ähnlichen Einfluß entflieht und ihn künftig meidet. König David mußte Sauls Palast schnellstens verlassen. Elia mußte nach seinem Sieg auf dem Berg Karmel vor Isebel fliehen. Auch Jesu Eltern zogen auf der Flucht vor König Herodes mit ihm nach Ägypten. Jesus wich den Fallen aus, in die die Pharisäer ihn locken wollten. Er entzog sich ihnen und verschwand in der Menschenmenge. Paulus floh vor den Leuten, die es darauf abgesehen hatten, ihn umzubringen. Er ermutigte auch Timotheus, den "Lüsten der Jugend" zu entfliehen.

Oft kann der kontrollierende, dominante Einfluß eines Menschen mit manipulativen Fähigkeiten geistliches Leben und die Berufung völlig zerstören. Für den Heilungsprozeß ist es daher absolut notwendig, sich vom Einfluß dieser Menschen zu lösen und aus ihrem Machtbereich zu gelangen. Der erste Schritt zu unserem Sieg besteht darin, uns selbst demütig die eigene Schwachheit einzugestehen, wenn wir mit ihr konfrontiert werden. Aber der Teufel liebt es, den Stolz seiner Opfer auszunutzen, um sie in den offenen Konflikt zu treiben und in Auseinandersetzungen hineinzuzerren. Denn so kann er auch dem Leib Christi weiteren Schaden zufügen.

Erst als Leighs kontrollierender Einfluß aus Patricias Leben entfernt war, konnten die Therapeuten langsam damit beginnen, ihre seelischen Wunden nochmals zu öffnen und dem heilenden Licht der Gnade Gottes auszusetzen. Nach und nach wurden ihre Beziehungen zu Männern eine nach der anderen noch einmal hervorgeholt und ausgebreitet. Patricia bekam die Bestätigung, daß ihr Schmerz berechtigt war. Dieser Prozeß nahm fast zwei Jahre in Anspruch, aber schließlich waren alle schmerzhaften Beziehungen nochmals gemeinsam besprochen und verarbeitet. Patricia kam an den Punkt, wo sie nicht nur mit dem Kopf, sondern von ganzem

Herzen vergeben konnte - ihrem Ex-Mann, dem Vater, ihrer Mutter und schließlich auch Leigh. Genau wie jedoch ein Alkoholiker nie wieder auch nur einen einzigen Tropfen anrühren darf, so darf sich auch Patricia auf kein einziges Gespräch mit Leigh mehr einlassen.

Leigh hielt die Therapie nicht durch. Nicht einmal in der Gemeinde blieb sie auf Dauer. Sie begann, ihren Pastor zu hassen, der ja eine weitere männliche Autoritätsfigur war. Schließlich ging sie weg. Da sie noch immer den seelischen Ballast ihrer Vergangenheit mit sich herumschleppt, hat dieser ihr geistliches Leben inzwischen beinahe völlig erdrückt. Sie ist zunehmend hart gegen Gott und verbittert gegenüber der Gemeinde geworden. Sie glaubt, daß man sie "bloßgestellt" hat. Diejenigen, die sie kennen, fragen sich, ob sie überhaupt jemals eine echte Bekehrungserfahrung gemacht hat. Aber das weiß allein Leigh. Bevor sie jedoch nicht bereit dazu wird, sich auf den Wiederherstellungsprozeß einzulassen, wird sie sich mit Sicherheit weitere Opfer suchen und sie durch ihr dominantes Wesen unterdrücken. Zu tief verwurzelt ist die Bitterkeit in ihrem Herzen, als daß sie anders handeln könnte.

Patricia hingegen macht weiterhin Fortschritte in ihrem Heilungsprozeß. Sie ist darin ein Zeugnis für die Gnade des Gottes, der den Sünder trotz aller Schande und Schuld liebt, und der bereitwillig darauf wartet, Erneuerung schenken zu können. Es mag noch Jahre dauern, bis Patricia sich frei genug fühlt, sich auf eine engere Beziehung zu einem Mann oder einer Frau einzulassen, aber in der Gruppe ihrer christlichen Freunde fühlt sie sich schon recht wohl und entspannt. Aus den Worten des Paulus, die er damals an homosexuelle Menschen richtete, schöpft sie Trost und neue Hoffnung: "Und das sind manche von euch gewesen; aber ihr seid abgewaschen, aber ihr seid geheiligt, aber ihr seid gerechtfertigt worden durch den Namen des Herrn Jesus und durch den Geist unseres Gottes. " (1. Korinther 6, 11).

Furcht, die Wurzel der Sünde

Leighs Verhalten während ihrer Versuche, Patricia in ihren Bann zu ziehen, spiegelt die Perversion der Fähigkeit einer Frau wider, auf andere Menschen Einfluß auszuüben. Natürlich ist die Verführungskunst nicht allein auf Frauen beschränkt. Auch Männer können diese Macht besitzen, andere zur Sünde zu verleiten und das Leben eines Mannes oder einer Frau zu beherrschen. Ebenso wenig ist auch Homosexualität die einzige Erscheinungsform der Verführung. Misogynie, die Frauenfeindlichkeit, ist eine weitere extreme Form. Das gilt auch für jegliche Form von Mißbrauch, wobei sich die dominante Person zwischen sein Opfer und Gott drängt.

Manipulierende Menschen wie Leigh (oder Menschen, die Mißbrauch betreiben) beherrschen andere aus der Angst heraus, selbst verlassen zu werden. Israels König Saul, der sein Amt wegen seines Ungehorsams Gott gegenüber verlor, wurde von Furcht und Unsicherheit überwältigt. Dies trieb ihn dazu, jeden in seinem Umfeld kontrollieren und manipulieren zu wollen. Auch wenn der Mensch von Natur aus sündig ist, liegt doch die Hauptursache für Sünde, die er begeht, gewöhnlich in irgendeiner Form von Furcht. Fast jede Sünde hat ihren Ursprung in der Furcht, möglicherweise eine verfügbare, handfeste Sicherheit zu verlieren. Das könnte ja dann zur Folge haben, daß man verlassen und allein wäre. Sogar Geldgier und Geiz wurzeln in der Angst, daß man nicht genug haben könnte, wenn man es tatsächlich einmal brauchen sollte.

Die Furcht vor Verlassenheit ist die Wurzel von Sünde in Menschen wie Leigh, deren emotionale Verletzungen sie schon früh im Leben mit einer tiefen Sehnsucht nach Bestätigung und zärtlicher Zuneigung erfüllten. Leighs Enttäuschungen durch die Beziehung zu ihrem Vater und die frustrierenden Männerbekanntschaften im College führten dazu, daß sie ihren persönlichen Zorn verdrängte und auf Männer im allgemeinen verlagerte. Sie bekam Angst davor, daß man ihr wehtun könnte und schwor, sich selbst nie wieder verletzbar für einen Mann zu machen. Ihre geschäftliche Tätigkeit war ein Spiegel ihres Vorsatzes, auf ihren männlichen Opfern herumzutrampeln. Es war der unbewußte Versuch, es ihnen so heimzuzahlen.

Leighs Furcht vor Männern führte dazu, daß ihre Fähigkeit zu lieben tiefgreifend und gravierend gestört wurde. Die Macht des Evangeliums erweist sich jedoch in der Tatsache, daß die vollkommene Liebe Gottes unsere Furcht vertreibt. Wenn sich eine verletzte Frau für die Liebe Gottes öffnet, die ihr durch andere Menschen begegnen kann, und wenn andere Menschen dazu fähig sind, diese Liebe weiterzugeben, dann findet stets Wiederherstellung statt.

Bisher haben wir mitverfolgt und analysiert, wie sich die verführerische Macht Satans in das Leben anderer Menschen einschleicht, um eine Frau zu verletzen und zu zerstören. Nun wollen wir gemeinsam betrachten, welche verheerenden Auswirkungen die *eigenen* ungeheilten Verletzungen einer Frau auf ihr Leben und auf ihre Familie haben können.

Kapitel 9

Die inneren Verletzungen einer Frau: Der Countdown für ihre Zerstörung läuft

Versuche, auf die folgenden Fragen eine ehrliche Antwort zu geben:

____ 1. Neige ich dazu, auf Männer hereinzufallen, die nicht gut für mich sind?

____ 2. Bin ich jemals von einem Mann gegen meinen Willen sexuell belästigt worden?

____ 3. Habe ich Sex als Mittel benutzt, um das Interesse eines Mannes zu erlangen?

____ 4. Habe ich den Eindruck, daß ich diejenige in der Beziehung bin, die immer nur gibt und investiert?

____ 5. Brauche ich die Bestätigung anderer, um mich selbst schätzen und annehmen zu können?

____ 6. Litt ich als Kind oder Teenager unter sexueller, physischer, verbaler oder seelischer Gewalt oder tue ich es heute noch?

____ 7. Weiß ich genau, daß ich eine Beziehung abbrechen sollte, schaffe es aber anscheinend einfach nicht?

____ 8. Wenn ich mich von einem Mann trenne, der nicht gut für mich ist, fühle ich mich dann deswegen schuldig oder habe Mitleid mit ihm?

____ 9. Habe ich schreckliche Angst vor dem Alleinsein?

____ 10. Suche ich unbewußt ständig nach Bestätigung durch Männer?

____ 11. Mag ich mein äußeres Erscheinungsbild und meine Persönlichkeit? Kann ich zu mir selbst "Ja" sagen?

____ 12. Habe ich Angst, daß ich nie wieder einen anderen Partner finden werde, wenn ich meine gegenwärtige Beziehung beenden sollte?

____ 13. Gehe ich immer wieder zu ihm zurück, egal wie er mich behandelt, um weiter so mit mir umspringen zu lassen?

____ 14. Litt meine Mutter in ihrer Ehe unter der Gewalttätigkeit meines Vaters?

____ 15. Springe ich dauernd von einem Interesse oder Hobby, das mich für einige Zeit völlig in Beschlag nimmt, zum nächsten?

____ 16. Tendiere ich dazu, häufig nur die ersten Kapitel mehrerer Bücher anzulesen, statt ein Buch zu Ende zu lesen, bevor ich das nächste beginne?

____ 17. Gibt es im Rückblick auf meine Vergangenheit eine Spur zerbrochener oder gescheiterter Beziehungen, die sich durch mein Leben zieht?

____ 18. Brauche ich in meinem Leben ständig Abenteuer, Spannung und Nervenkitzel oder Unterhaltung, um mich erfüllt zu fühlen?

____ 19. Versagte mein Vater darin, mich in meiner Weiblichkeit zu bestätigen oder mein Bedürfnis nach männlicher Anerkennung zu stillen?

____ 20. Haben mich diejenigen, nach deren Zuneigung ich mich sehnte, immer wieder ausgenutzt und übervorteilt?

____ 21. Hatte ich jemals eine Affäre mit einem anderen Mann, obwohl ich mit einem freundlichen, zuvorkommenden Ehemann verheiratet bin?

____ 22. Male ich mir in meiner Phantasie ab und zu sexuelle Abenteuer mit einem anderen Mann aus?

Wenn du einige dieser Fragen mit "Ja" beantwortet hast, kann das ein Hinweis darauf sein, daß du unter den Symptomen zwanghaften Verhaltens leidest, die sich durch Abhängigkeit in Beziehungen äußern.

Shelleys Geheimnis

Shelley rief mich von einer öffentlichen Telefonzelle aus an, um einen Beratungstermin zu vereinbaren. Sie versuchte, ihre tiefe

Unsicherheit hinter einem betont selbstsicheren Auftreten zu verbergen. Doch schon in unserem kurzen Gespräch kam diese Unsicherheit an die Oberfläche. Das Treffen mit mir mußte geheim bleiben, weil sie die Frau eines Ältesten in der Gemeinde einer anderen Stadt war. Ich hatte dort auf einem Seminar für Frauen gesprochen. Als sie zu unserem Treffen erschien, war es sofort klar, daß sie mich zunächst auf die Probe stellen und "abchecken" wollte.

"Seit dreizehn Jahren bin ich nun Christ", bemerkte sie mit einem ironischen Unterton, "und niemals habe ich jemanden predigen hören, daß wir anderen eine Chance geben sollten!" Als sie dann ihre Geschichte kurz erzählte, wußte ich, daß Gottes Gnade nötig sein würde, um ihr die "Chance" zu geben, die sie selbst so dringend brauchte.

Shelley hatte ein heimliches Verhältnis. Sie lebte in Ehebruch gegenüber ihrem treuen Mann, mit dem sie bereits seit fünfzehn Jahren verheiratet war. Weil sie hoffte, daß niemand hinter ihr Geheimnis kommen würde (am allerwenigsten ihr Pastor oder ihre christlichen Freunde), suchte Shelley nun einen geschützten Rahmen in sicherer Atmosphäre, um sich ihre Geschichte von der Seele zu reden.

Sie war eine talentierte Sängerin im Chor ihrer Gemeinde. Nach Monaten harter Arbeit für die Osterkantate hatte sie sich plötzlich enttäuscht, lustlos und irgendwie schwerfällig gefühlt. Da schlug ihr eine Frau aus der Gemeinde vor, dem halbprofessionellen Chor unten in der Stadt beizutreten. Shelley stimmte zu. Sie hoffte, daß der musikalische Schliff, den sie dadurch bekommen würde, auch den musikalischen Dienst in der Gemeinde verbessern und bereichern könnte.

Damals begannen die Schwierigkeiten. Zum ersten Mal seit Jahren war Shelley in völlig neue Kreise hineingeworfen und begegnete Menschen, die so ganz anders waren als ihre Freunde in der Gemeinde. Das waren Profis, Leute, deren Interessen sie in intellektueller und kreativer Hinsicht anregend und belebend fand, etwas, wonach sich ihre Seele ausgehungert gesehnt hatte, seit sie nach ihrer Bekehrung alle "fleischlichen" Interessen, Freizeitbeschäftigungen und Hobbies für den Herrn aufgegeben hatte. Ihr Ehemann Bert hatte ihr Verhalten schon immer etwas übertrieben und extrem gefunden. So war er glücklich, daß Shelley nun wieder fröhlich zu sein schien. Er ermutigte sie, alles zu tun was sie konnte, um ihre Talente weiter zu entfalten und zu entwickeln.

Shelley stürzte sich in die Arbeit im Chor. Sie ging völlig darin auf, so wie sie es bei allen Dingen tat, mit denen sie sich beschäftigte. Für das erste Konzert wurde sie ausgewählt, die Altstimme in einem Soloquartett zu übernehmen. Auch Lou sollte eine Stimme als Solist singen. Er war Professor am örtlichen College. In Gesprächen erzählte er häufig von seiner unglücklichen Ehe. Shelley konnte sich nicht vorstellen, was seine Frau an ihm auszusetzen hatte. Er war charmant und gutaussehend, Unterhaltungen mit ihm waren sehr anregend und faszinierend. Vielleicht, so dachte Shelley, könnte sie ihn ja für den Herrn gewinnen und zum Glauben führen.

Einige Male blieb Shelley vor dem ersten Konzert nach den Proben noch länger, um sich mit Lou zu unterhalten, einmal sogar bis spät in die Nacht. Zuerst waren sie noch in Gesellschaft anderer Chormitglieder. Aber die anderen gingen nach und nach, bis Lou und Shelley allein zurückblieben. Ihre Gespräche wurden sehr persönlich.

Nach diesem ersten Konzert spürte Shelley die gleiche Leere in sich, die sie nach der Osterkantate in der Gemeinde empfunden hatte. Nun stellte sie auch fest, daß sie nicht aufhören konnte, an Lou zu denken. Sie vermißte die Gespräche mit ihm und die Gefühle, die er in ihr auslöste. Sie war sehr froh, als die Proben nach drei langen Wochen endlich wieder begannen. Diesmal wurde sie ausgewählt, zusammen mit Lou an einem anderen Stück zu arbeiten, einem Duett.

Als das nächste Konzert bevorstand, war ihre Beziehung schon sehr intensiv geworden. Die Offenheit ihrer Gespräche, wenn sie einander spät nachts ihre geheimen Gedanken und Gefühle anvertrauten, hatte ein Band der Intimität zwischen ihnen geknüpft. Obwohl Shelley ihren Ehemann liebte, hatte Lou ihr neue Horizonte eröffnet. Sie begannen, sich nach den Proben leidenschaftlich im Auto auf dem dunklen Parkplatz zu küssen. Dann lud er sie irgendwann in ein Motel ein. Shelley lehnte mehrere Male ab, aber ihre Hemmungen schwanden zusehends, obwohl gleichzeitig ihre Schuldgefühle wuchsen. Es dauerte nicht lange, bis sie schließlich zustimmte, mit ihm zu gehen.

Es war schwierig, am Sonntagmorgen zusammen mit ihren Kindern im Gottesdienst zu sitzen, wenn sie in der Nacht zuvor mit Lou intim geworden war. Es war kaum möglich, diese beiden Erfahrungen unter einen Hut zu bringen und gleichzeitig ihre Gefühle vor Bert zu verbergen. Shelley kam hilfesuchend zu mir, als sie erkannte, daß sie sich schon viel zu tief in die ganze Sache verstrickt hatte.

Sehr schnell wurde jedoch offensichtlich, was ihrer Vorstellung von Hilfe entsprach, nämlich, ein ganzes Leben, das von zwanghaftem Verhalten geprägt war, mit einer einzigen Sitzung in den Griff zu bekommen und in Ordnung zu bringen. Schon immer hatte sie ihre ganze Lebensweise an intensivem, aber kurzzeitigem Engagement ausgerichtet, ohne sich jemals längerfristig festzulegen. Als sie mir knapp ihre Lebensgeschichte erzählte, war klar zu erkennen, wie sie in die Falle des Ehebruches hineingeraten war.

Shelleys Vater war Alkoholiker gewesen. Ihre Mutter leugnete seine Alkoholsucht jedoch bis zu seinem Todestag. Was in Shelleys Leben fehlte, war seine Bestätigung und Anerkennung. Nicht ein einziges Mal hatte er ihr seine Wertschätzung ausgedrückt, weil sie eben sie selbst war. Selten lobte er sie für etwas anderes als für hervorragende Leistungen. Shelley war so ausgehungert nach männlicher Annahme, daß sie völlig verrückt nach Jungs war, als sie die High School besuchte. Sie hatte nichts anderes im Kopf. Bei ihrer ersten Verabredung ging sie zu einem Country-Western-Tanzabend. Er endete für sie betrunken auf dem Rücksitz des Autos eines Jungen mit ersten, heftigen sexuellen Erfahrungen. In der Schule sprach es sich schnell herum, daß Shelley leicht zu haben war. Bald hatte sie sich mit vielen Jungen eingelassen, für die sie eine leichte Eroberung war.

Nach zwei Jahren auf dem Junior College heiratete Shelley Bert. Weitere zwei Jahre später fanden beide auf einem christlichen Konzert gemeinsam zum Glauben an Jesus. Sie stürzten sich sofort mit dem gleichen zwanghaften Eifer in die Gemeindearbeit, mit dem sich Shelley allen Dingen widmete, von denen sie begeistert war. Innerhalb von vier Jahren wurde Bert Ältester in ihrer Gemeinde. Als Konflikte auftauchten, wechselten sie in eine andere Gemeinde. Schon nach kurzer Zeit war Shelley im Chor engagiert und Bert gehörte zum Team der Ältesten. Die nächsten drei Jahre waren mit

Bibelkursen, Frauentreffen, Gottesdiensten und der Arbeit in einer christlichen Schule ausgefüllt, was Shelleys ganze Aufmerksamkeit in Anspruch nahm.

Bert und Shelley liebten einander und erfreuten sich an einer seelisch und körperlich erfüllten Partnerschaft. Deshalb konnte es sich Shelley auch überhaupt nicht erklären, weshalb sie es zugelassen hatte, daß sie so tief gefallen war. Sie war fest entschlossen, sich aus ihrer vertrackten Situation selbst wieder zu befreien. So zog sie sich für eine Zeit der persönlichen Stille zurück und nahm dazu ihre Bibel und einige christliche Bücher mit, auf deren Seiten sie Hilfe und Erleichterung zu finden hoffte. Aber sie konnte Lou nicht aus ihren Gedanken vertreiben. Seine Anziehungskraft war so stark, daß sie an wenig anderes denken konnte als daran, wann sie sich das nächste Mal treffen würden.

Was konnte sie jetzt noch tun? Lou wollte mehr, aber Shelley spürte, daß Bert langsam argwöhnisch wurde. Er begann den Verdacht zu schöpfen, daß ihr Interesse am Chor mehr als nur musikalischer Natur war, zumal sie nach jeder Probe erst nach Mitternacht heimkam.

Warum konnte sie nicht von Lou loskommen?

Wenn eine christliche Frau unter zwanghaftem Verhalten leidet

Eine Persönlichkeit, die von Zwängen und Abhängigkeiten geprägt ist, beginnt sich bereits in der Kindheit zu entwickeln. Vielleicht ist es die Kombination temperamentsbedingter und umweltbedingter Faktoren, die dazu führt, daß der zwanghaft veranlagte Mensch Erfüllung und Befriedigung in äußerlichen Reizen sucht. Ob es sich nun um das Hochgefühl während des Kaufrausches oder den "Kick" bei einer Anhängigkeit von chemischen Substanzen handelt, immer lebt der Betroffene von einem Höhepunkt zum nächsten. Er entwickelt wenn überhaupt nur eine schwach ausgeprägte Fähigkeit oder Strategie, um in den Tälern dazwischen zurechtkommen zu können. Wenn diese Person nicht ständig von außen angeregt und im Hochgefühl gehalten wird, fühlt sie sich bald von einer dumpfen Leere überwältigt.

Zwanghaft veranlagte Christen sind da nicht anders. Gewöhnlich setzen sie geistliche Hochgefühle und Erfahrungen an die Stelle der Höhepunkte, die andere durch weltliche Genüsse und Aktivitäten erreichen. So wird häufig die Tatsache kaschiert, daß die Wurzel des zwanghaften Verhaltens niemals aufgedeckt, geschweige denn beseitigt worden ist.

Wenn jemand Christ wird, erwacht der Heilige Geist in Körper und Seele, die vorher durch Selbstzerstörung und "fleischliches" Begehren gebunden waren, zu neuem Leben. Manchmal übertreibt der junge Christ jedoch, in der besten Absicht, dem Herrn seinen Willen zu lassen. Alle Aktivitäten, die nicht "geistlich sind" werden radikal abgebrochen. Die Seele beginnt zu hungern und sich nach Anregung zu sehnen. In Verbindung mit der bereits zwanghaft veranlagten Persönlichkeit führt dies dazu, daß sich die Person immer tiefer in Schwierigkeiten verwickelt.

Im Lebenshintergrund von Frauen, die unter Zwängen leiden, finden sich gewöhnlich (unabhängig von der Einstellung zum Glauben) stets einige charakteristische Faktoren: sexuelle Übergriffe oder Mißbrauch, geringes Selbstwertgefühl, ein Hunger nach Annahme und Bestätigung durch Männer und gleichzeitig (wenn möglich) das Bedürfnis, sie zu kontrollieren.

Menschen im Leben dieser Frauen - vor allem in ihrem gestörten Elternhaus - waren oft völlig mit ihrer Karriere oder ihren Lebensproblemen beschäftigt. Diese Probleme vereinnahmten sie völlig und hinderten sie daran, den Frauen die dringend benötigte seelische Unterstützung zu geben. Manchmal kann es auch so sein, daß eine Frau den emotionalen Beistand, der ihr von ihrer Familie angeboten wurde, stets schroff zurückgewiesen hat. In jedem Fall besteht das vorrangige Ziel in ihrem Leben darin, die schmerzhafte innere Leere mit äußerlichen Reizen und Anregungen zu füllen oder zu überdecken. Dabei dauert aber die Suche nach Erfüllung das ganze Leben lang an.

Auf eine Frau, die von Zwängen getrieben wird, warten wahrscheinlich an jeder Ecke Enttäuschungen, - vor allem in Beziehungen. Kein menschliches Wesen kann nämlich dauerhaft die Leere in ihr füllen. So wechselt sie von einer Beziehung in die nächste, stets auf der Suche nach der vollkommenen Antwort auf ihre seelischen Bedürfnisse. Sie hinterläßt eine Spur gebrochener

Herzen und gescheiterter Freundschaften; Menschen, die sie fallen ließ, weil sie sie langweilten oder darin versagten, ihre Ansprüche und Bedürfnisse zu erfüllen.

Sie versucht, die eigene Persönlichkeit durch die Wünsche und Erwartungen ihrer Mitmenschen an sie zu definieren. Daher kennt sich eine Frau, die unter Zwängen leidet, oft selbst nicht. Überängstlich ist sie darum bemüht, auch ja die Zustimmung oder Bestätigung anderer Menschen zu bekommen. So paßt sie sich andauernd an die Ansprüche anderer an und versucht, die Zeiten zu überleben, in denen sie auf ihre eigenen Wünsche verzichten muß. Immerhin kann sie sich dadurch ja die Annahme erkämpfen, die sie so sehr braucht und sucht. Es ist schwer, dann einem Mann wie Lou zu widerstehen, der im Hintergrund in Lauerstellung bereitsteht und ihr anbietet, sie wirklich zu akzeptieren.

Wenn im Leben dieser Frau sexuelle Hemmungen schon früh niedergerissen wurden, wird sie bald sexuelle Freizügigkeit für ein gutes Mittel halten, sich in Hochstimmung zu versetzen. Statt Sex als die reinste und intensivste Form der intimen Nähe zweier Menschen zu sehen, betrachtet sie ihn nur als Mittel zum Zweck - für den Nervenkitzel der Eroberung oder als geschickt eingesetzte Waffe, um ihre Ziele zu erreichen.

Es ist schwer für eine zwanghaft abhängige Frau, ihr ganzes Leben lang in einer monogamen Beziehung auszuhalten. Ihre lebhafte Phantasie verleitet ihre Augen und ihr Herz dazu, suchend umherzustreifen, und oft liegen in ihrer Vergangenheit die Trümmer und Scherben von Scheidungen herum.

Immer wenn sich Shelley gelangweilt oder sonst irgendwie unerfüllt fühlte, begann sie, verschiedene Phasen des Suchtkreislaufes zu durchlaufen - nachdenkliches Innehalten, Obsession, exzessives Ausleben der Sehnsüchte. Wenn sie zurück in die Gemeinde ging nachdem sie eine heiße Nacht mit Lou im Hotel verbracht hatte, trat sie in die nächste Phase des Kreislaufes ein: ein schlechtes Gewissen und ein Gefühl der Reue meldeten sich. Gefangen in ihrer Selbsttäuschung hielt sie diese Gefühle fälschlicherweise für wahre Umkehr und Buße. In Wahrheit waren sie aber nur ein schwacher Abklatsch, der nur zu einer scheinbaren, vorübergehenden Lösung führen konnte. Shelleys Abhängigkeit gewann ihre fesselnde Anziehungskraft wie jede andere Sucht aus der Geheimhaltung. So lange alles so weiterlaufen konnte, ohne daß jemand sie zur Rede stellte, konnte sie ja Lou *und* ihre Familie haben.

Auch Shelleys Vorstellung von Heilung war von ihrem zwanghaften Wesen geprägt. Sie war davon überzeugt, daß ein kräftiges Gebet ihr Problem völlig aus der Welt schaffen würde. Ein Beratungstermin in der Seelsorge würde doch sicher ausreichen, um ihr all das zu geben, was sie brauchte.

Es war jedoch unmöglich, Shelley durch ein einziges Gespräch in die Freiheit zu führen. Sie wollte die Natur und das Ausmaß ihres Problemes einfach nicht wahrhaben. Sie hielt es für eine einmalige Sünde, einen "Ausrutscher", nicht aber für eine umfassende, grundsätzlich zwanghafte Lebensweise. Von mir wollte sie das, was sie von jedem wollte - ein im Handumdrehen zu öffnendes Hintertürchen heraus aus den Schwierigkeiten. Sie wollte eine Instantlösung, die es ihr erlauben würde, weiterhin im Chor aktiv zu sein und Lou irgendwie zu behalten (wenn auch in größerem Abstand), während sie versuchte, ihr Verlangen unter Kontrolle zu bekommen und in Schach zu halten.

Shelley konnte auf diese Weise niemals wirklich Hilfe finden. Nichts außer einem vollständigen Bruch mit dem Chor würde auch nur den kleinsten Funken der Hoffnung auf eine Wiederherstellung ihrer Ehe aufglimmen lassen können. Es war absolut nötig, daß sie jeden Kontakt zu Lou abbrach.

Aber eine Frau in Shelleys Situation ist in genau derselben Weise von Männern wie Lou abhängig, wie es jeder andere Süchtige von seiner Droge ist. Shelley wurde von der Macht einer Versuchung vorangetrieben, die stärker war als sie selbst. Es war ihr egal, wie sie sich später fühlen würde, welche Konsequenzen es für ihre Ehe, Familie und ihren Freundeskreis haben würde.

So war es für mich keine Überraschung, daß sechs Monate nach meinem einzigen Gespräch mit Shelley ihr Ehemann anrief und verzweifelt nach Hilfe für seine zerrüttete Ehe suchte. Trotz meiner Mahnungen hatte Shelley die verführerische Situation nicht gemieden, sondern daran festgehalten. Sie war diesem Mann hörig, der ihr eine Art von Beziehung ermöglichte, wie sie ihr ihr christlicher Ehemann nicht geben konnte. Bert war für sie langweilig und fad geworden. Es machte Shelley auch nichts aus, daß Lou kaum mehr tat als sie auszunutzen, so wie es schon die Jungen in ihrer Schulzeit getan hatten. Sie wurde von einer Art Sog beherrscht, der sie immer tiefer in die Sünde hineinzog.

Nach fast einem Jahr geduldigen Schweigens stellte Bert seine Frau wegen ihrer fragwürdigen Gewohnheiten zur Rede. Shelley versuchte, ihm die Schuld dafür in die Schuhe zu schieben, daß die Verbundenheit zwischen ihnen geschwunden war. Auch dem Herrn gegenüber war Shelley nun innerlich hart geworden. Bert fragte, ob sie bereit wäre, den Chor und ihre neugewonnenen Freunde aufzugeben. Es sei ja nur im Interesse ihrer Ehe, die sie doch sicher retten wolle. Aber Shelley drehte ihm die Worte im Mund herum und stellte seine Versuche so hin, als wolle er sie einengen und ihre Begabungen verkümmern lassen. Konnte er ihr denn nicht vertrauen?

Im Grunde ihres Herzens wußte Shelley, daß sie nicht einmal sich selbst vertrauen konnte, weil ihre Schutzmauern durch ihr bewußt falsches Verhalten schon lange niedergerissen waren. Es würde nun sicher zu schwierig und anstrengend sein, umzukehren. Sie war bereits viel zu weit gegangen.

Hatte sie vorher ihr Verhalten überdacht? War es das prickelnde Abenteuer denn wert, einen liebevollen, guten Ehemann aufzugeben und die Herzen ihrer Kinder zu brechen? War ihr klar, daß sie selbst zerstört werden würde? Shelley hatte die Dringlichkeit und das Ausmaß ihrer Hilfsbedürftigkeit nicht erkannt. Ihren schwachen, halbherzigen Versuchen ihren Fehltritt auszubügeln, fehlte ein wichtiges Element - eines das den Unterschied zwischen Gebundenheit und Freiheit ausmacht: eine realistische, ehrliche Selbsteinschätzung.

Warum eine realistische Selbsteinschätzung so wichtig ist

Jede Offenbarung Gottes gegenüber einem menschlichen Wesen bringt für diese Person eine größere Selbsterkenntnis mit sich. Wenn das Licht Gottes aufstrahlt, erhellt und vertreibt es die Dunkelheit. Es offenbart, was man zuvor nicht sehen konnte. Der Apostel Paulus erklärt uns im ersten Brief an die Korinther im dreizehnten Kapitel: wenn wir den Herrn ansehen, werden wir ihn genau erkennen, so wie wir von ihm erkannt sind. Und je mehr wir den Herrn kennen und lieben, umso mehr werden wir zu echter geistlicher Reife heranwachsen. Wir werden uns weniger vor ihm fürchten, weil wir unsrere schlechtesten Seiten vor ihm offen ausgebreitet und ihm erlaubt haben, die Gebiete unseres innersten Schmerzes und unserer Scham anzurühren.

Wenn Shelley die Sünde, die sie so stark belastete und beherrschte, loswerden und künftig vermeiden wollte, war es dringend nötig, daß sie mehr über die Natur und die Ursachen ihres zwanghaften Verhaltens lernte.

Paulus schreibt an die Thessalonicher: "[...] daß jeder von euch sein eigenes Gefäß [=Leib] in Heiligkeit und Ehrbarkeit zu gewinnen wisse, nicht in Leidenschaft und Lust wie die Nationen, die Gott nicht kennen [...]." (1. Thess. 4, 4-5). Hier stoßen wir wieder auf dieselbe Wahrheit: Die Erkenntnis Gottes bringt Selbsterkenntnis mit sich. Wenn ein Christ auf diese Weise von Sünde und Schuld befreit ist, empfindet er auch große Erleichterung und verliert seine Ängstlichkeit. Denn nicht nur Gott kennt ihn, auch er kennt sich selbst. Es ist ihm nichts bewußt, was er vor dem Herrn verbergen würde. Dies ist die reinste Form von Vertrauen: daß man sich ohne Furcht bereitwillig von Gott erkennen lassen kann.

Um persönliche, intime Beziehungen aufbauen und aufrechterhalten zu können (was von großer Wichtigkeit für ein erfolgreiches Leben ist), müssen wir uns selbst richtig einschätzen können. Wir brauchen eine angemessene, zutreffende Wahrnehmung unserer eigenen Perönlichkeit - mit unseren Stärken genauso wie mit unseren Schwächen. Solange uns diese realistische Selbsteinschätzung fehlt, werden wir Schwierigkeiten damit haben, uns anderen Menschen preiszugeben oder anzuvertrauen. So können sich nur schwer gesunde Beziehungen entwickeln. Es wird uns auch nicht gelingen, unsere eigenen Möglichkeiten voll auszuschöpfen.

Shelley war anfällig für Versuchungen, weil sie sich selbst nicht kannte. Sie hätte bereit dazu sein müssen, sich von Gott nicht nur seine Erlösung schenken zu lassen, sondern ihm auch zu erlauben, ihr Erkenntnis über ihre zwanghaft geprägte Persönlichkeit zu geben. Dann wäre sie auch fähig geworden, zu wachsen. Sie weigerte sich jedoch, sich selber genauer zu betrachten. So konnte sie auch überhaupt nicht einzuschätzen, wie schnell und wie sehr der Feind ihre Schwachheit zu seinem Vorteil ausgenutzt hatte. Sie blieb in Dunkelheit und verdrängte die Realität.

Selbsterkenntnis erlangt im allgemeinen nur der Mensch, der den ehrlichen Wunsch hat, sein wahres Verhältnis zu Gott und zu anderen Menschen zu erfahren. Bevor man die eigene Furcht oder das Schamgefühl nicht überwindet und aus seinem Versteck herauskriecht, wird man nicht in der Lage sein, sich selbst klar und objektiv einzuschätzen. Um dies aber tun zu können, muß man die dunklen Seiten des eigenen Lebens für andere öffnen und bloßlegen.

Du mußt deine blinden Flecken erkennen

Wir alle haben Schattenseiten, sogenannte "blinde Flecken". Das sind Schwächen oder Fehler, die uns selbst nicht auffallen. Eine Möglichkeit sie zu erkennen, besteht darin, mit anderen Menschen in Kontakt zu treten, sich mit ihnen auszutauschen und ihre blinden Flecken zu beobachten. Ron ist Mitglied unserer Gemeinde. Er arbeitet als Vertriebsleiter und fragte einmal seine Mitarbeiter, was ihnen anfangs an ihren Kunden als erstes aufgefallen war. Den kahlen Mitarbeitern fiel immer auf, wenn ihre Kunden eine Glatze hatten. Verkäufer hingegen, die stark übergewichtig waren, achteten besonders auf das Gewicht. Ein gutes Mittel, Einsicht in unsere eigenen blinden Flecken zu gewinnen, ist das Nachdenken darüber, welche Charakterschwächen oder Fehler wir bei anderen Menschen feststellen. Welches Verhalten mißfällt uns gewöhnlich an ihnen? Diese kleine Übung kann unsere Selbsteinschätzung sehr schärfen und verbessern.

Es kann auch äußerst aufschlußreich sein, wenn wir uns selbst die Frage stellen, die Gott an Kain richtete: "Warum bist du zornig, und warum hat sich dein Gesicht gesenkt?" (1. Mose 4, 6). Wenn wir die Wurzeln und Ursachen unseres Zornes entdecken, kommen damit auch unsere blinden Flecken schnell ans Licht.

Wir sollten natürlich vor allem Gott fragen, warum wir gegenüber einer bestimmten Versuchung so oft schwach werden. Kürzlich bekannte ein Pastor in einem Gebetstreffen mit mehreren Kollegen, daß er wiederholt im Zorn schlecht über andere gesprochen und von der Kanzel gepredigt hatte. Es wurde jedoch deutlich, daß ihm die

Gründe für sein Verhalten selbst nicht klar waren. Solange er aber die Ursachen nicht versteht, ist schon fast vorauszusehen, daß er wieder so handeln wird.

Eine weitere Hilfe, unsere "blinden Flecken" zu entdecken, kann das Aufsuchen christlicher Seelsorge sein. Aber nicht jeder, der solche Beratung sucht, ist wirklich dazu bereit oder sehnt sich sogar danach, "erkannt" zu werden. Viele suchen einfach nur nach einer weiteren geistlichen Aktivität. Das ist aber kein Ersatz für Selbsterkenntnis. Nur wenn wir bereit sind, unsere Schwachstellen vor Augen geführt zu bekommen, wird es uns auch wirklich etwas nützen, wenn wir Seelsorge in Anspruch nehmen.

Viele Probleme, mit denen sich Christen jahrelang abmühen, sind in Wahrheit nur oberflächlich geheilt oder gelöst worden, weil sie nicht dazu fähig waren, ehrlich zu sich selbst zu sein. Wenn wir uns den wirklichen Gründen für die Schwachheit stellen, die uns zur Sünde trieb, wird es wahrscheinlicher, daß wir selbst Reinigung erleben, statt ständig andere Menschen zu einem heiligen, reinen Lebensstil zu ermahnen. Zusammenbrüche in Beziehungen verlaufen oft unbeachtet, weil wir die Ursachen, die dahinter liegen, nicht erkennen oder wahrhaben wollen, obwohl wir den eigentlichen Bruch in der Beziehung durchaus bemerken.

Ist es unser Leugnen, das die Menschen um uns herum veranlaßt, unser Spiel der Selbsttäuschung mitzuspielen? Ist es falsche Härte und Strenge in unserem Elternhaus, die uns dazu bringt, anderen Christen unsere Erwartungen aufzudrücken? Solange wir unsere Schwachpunkte unter geistlich klingenden "Feigenblättern" verstecken und sie nicht beim Namen nennen, leben wir in Finsternis, weil wir Angst vor der Ehrlichkeit uns selbst gegenüber haben.

Obwohl Shelley seit 14 Jahren Christin gewesen war, wußte sie nur sehr wenig über sich selbst und ihren "blinden Fleck." Sie verstand nicht, daß ihre seelischen Verletzungen aus der Kindheit in direktem Zusammenhang mit ihren aktuellen Problemen standen. Natürlich kann sie nicht Menschen aus der Vergangenheit die Schuld für ihre gegenwärtigen Probleme in die Schuhe schieben. Aber es kann doch eine große Hilfe für sie sein, wenn sie erkennt, daß ihr Groll wegen dieser inneren Verletzungen eine verborgene innere Triebkraft ist, die ihre heutigen Entscheidungen beeinflußt.

Selbstannahme

Wenn wir erst einmal unsere Schwächen erkannt haben, müssen wir sie als das annehmen was sie sind. Um frei werden zu können ist es absolut notwendig, die Gründe aufzudecken, weshalb wir uns für die Sünde entschieden haben. Wir müssen uns auch der Tatsache stellen, daß für den Rest unseres Leben vielleicht genau hier der Punkt liegen wird, an dem wir besonders "versuchbar" sein werden. Selbsterkenntnis muß immer in Selbstannahme münden. Wenn wir lernen, uns selbst (mit all unseren Mängeln und Fehlern) zu lieben, behalten wir einen gesunden Respekt vor den Leidenschaften, die uns manchmal anfechten können. Wer seine Schwächen nicht akzeptieren und zu ihnen stehen kann, gerät schnell in einen Zustand des Verdrängens. Er leugnet dann (unter anderem) die Tatsache, daß Sünde die Macht haben könnte, ihn zu überwinden. In Wirklichkeit bedeutet es ja nicht, daß man der eigenen Schwachheit nachgibt oder sich mit ihr irgendwie stillschweigend arrangiert, nur weil man sie annimmt. Vielmehr muß man lernen, mit ihr zu leben und die Arten von Versuchungen zu meiden, die diese Schwäche ausnutzen.

Shelley mußte ihre Schwäche im Umgang mit Männern erkennen, um sich selbst den Situationen entziehen zu können, die sie durch zu intensive Nähe und Vertrautheit mit einem Mann in Versuchung geführt hätten. Um sich selbst von der Versuchung fernzuhalten, mußte sie den Groll auf ihren Vater und den daraus resultierenden, unstillbaren Hunger nach männlicher Bestätigung und Wertschätzung verstehen lernen. Stattdessen entschied sie sich aber, ein mögliches Erkennen ihrer Schwachheit zu bekämpfen. Sie tat das ebenso vehement wie ein Alkoholiker, der die Einsicht, daß er alkoholsüchtig ist, mit allen Mitteln verdrängt.

Wenn ein Prediger ständig gegen eine bestimmte Sünde wettert, predigt er damit gewöhnlich gegen den Einfluß dieser Sünde in seinem eigenen Leben an. Je entschiedener er diese verdammt, desto größer ist häufig seine Illusion, sie so aus seinem Leben vertreiben zu können. Als ob sie zu verurteilen schon bedeutete, sie besiegt zu haben! Er baut ein perfektes Selbstbild auf und verdrängt so seine wahre Persönlichkeit und Charakterschwäche.

Römer 7 bezieht sich auf den inneren Kampf, das eigene Leben als wiedergeboren aber doch voller Schwächen ("befleckt") erkennen zu müssen. Auch der Apostel Paulus kannte diesen Kampf gut: "[...] denn was ich vollbringe, billige ich nicht; denn nicht, was ich will, das tue ich, sondern was ich hasse, das übe ich aus. [...] Wenn ich aber das, was ich nicht will, ausübe, so vollbringe nicht mehr ich es, sondern die in mir wohnende Sünde. Ich finde also das Gesetz, daß bei mir, der ich das Gute tun will, (nur) das Böse vorhanden ist." (Römer 7, Verse 15, 20-21).

Für die verwundete Frau gilt wie für den Apostel Paulus, daß ihr der Weg in die Freiheit nur durch ihr Eingeständnis der persönlichen Anfälligkeit für Sünde und der Gründe, weshalb sie sie wählt, geöffnet werden kann. Es ist unmöglich, den Verstand und das Herz vor Versuchungen zu schützen, wenn wir nicht verstehen, wo und wie wir denn angreifbar und "versuchbar" sind. Wenn wir unsere Anfälligkeit gegenüber der Versuchung aber zugeben, macht uns das der Tatsache bewußt, daß wir Gottes Gnade ganz dringend benötigen. Und wenn wir Gottes Gnade brauchen, können wir sie sowohl empfangen als auch an andere weitergeben. Der Weg zur Demut besteht darin, sich der eigenen Schwachheit bewußt zu werden und sie zu akzeptieren. Dann können wir auch unsere Masken anderen Menschen gegenüber fallen lassen, ohne Angst vor Zurückweisung oder Ablehnung haben zu müssen.

Wenn wir andererseits die heilende Kraft der Selbsterkenntnis und Selbstannahme jedoch zurückhalten, werden wir in jeder Beziehung Verletzungen erleben. Wir werden uns einbilden, daß wir Gott nicht brauchen. Wir werden ungeduldig und unbarmherzig mit anderen Menschen werden. Außerdem wird sich in unsrerem Herzen immer mehr Selbstverachtung anstauen.

Selbstverachtung

Obwohl Shelley ständig versuchte, Bert die Schuld an ihrem Ehebruch zu geben, bereitete ihr Gewissen ihr weiterhin dauernd Unruhe. Das trieb sie schließlich nochmals in die Seelsorge. In ihrem überladenen Lebensboot (vollgepackt mit all ihrer Schwachheit) hatte sie die sichere Küste verlassen und war nun in das Meer der Versuchung gestürzt.

Shelley hatte sich selbst von Kindheit an nicht ausstehen können - besonders auch wegen der fehlenden Bestätigung und Annahme durch ihren Vater. Weil sie ihn achtete und respektierte, kam sie zu dem Schluß, daß seine Ansichten (einschließlich seines offensichtlichen Mißfallens an ihr) ja wohl richtig sein mußten. Sie hatte bestimmt große Fehler. Nun, als Erwachsene, haßte sie ihr Aussehen und das, was aus ihr geworden war.

Stets bemüht, ihr Selbstwertgefühl zu stärken, suchte sie bei anderen Menschen nach etwas, was ihre innere Leere füllen konnte. Wenn sie keine geeignete Unterhaltungsquelle finden konnte, um das tiefe Loch in ihr zu füllen, wurde sie von Gefühlen der Selbstverachtung überwältigt. Selbstverachtung führt unweigerlich zu irgendeiner Form der Selbstzerstörung. In Shelleys Fall nahm diese Selbstsabotage eine besonders heimtückische Form an. Ehebruch raubt einer Frau die Sicherheit vor Gott, weil ihre Schuldgefühle noch vergrößert werden. Dies wiederum bringt sie dazu, weitere Taten zu begehen, die ihr Gewissen verletzen und schließlich alles um sie herum zerstören werden.

Ungeheilte seelische Verletzungen werden zudem jeden Menschen früher oder später bitter machen. Gemäß dem Verfasser des Hebräerbriefes hat die "Wurzel der Bitterkeit" die Macht, viele zu verunreinigen (Kapitel 12, 15). Die Bitterkeit im Leben von Shelleys alkoholsüchtigem Vater machte auch sie bitter. Ihre ungeheilten seelischen Wunden trieben sie schließlich in den Ehebruch, der wiederum die Verbitterung ihres Mannes und die Bitterkeit ihrer Kinder nach sich zog.

Es ist zwar traurig, aber wahr: Shelley ließ ihren Ehemann und ihre Kinder im Stich, um das Verhältnis mit Lou fortzusetzen. Ihre Selbstverachtung brachte sie dazu, letztendlich ihr Glück auf Dauer zu zerstören.

Was hätte sie retten können?

Selbsterkenntnis und Selbstannahme hätten Shelley an einen Punkt bringen können, an dem sie Heilung erfahren hätte. Sie hätte auch von Seelsorge (möglicherweise unterstützt durch Gruppentherapie und Gebet um Heilung und Befreiung) profitieren können. Aber noch etwas anderes wäre sicher hilfreich für sie gewesen: Ein Faktor, der in Shelleys Leben fehlte, war das entschiedene Einschreiten ihres Mannes.

Bert wollte ein verständnisvoller, ermutigender Ehemann sein. Er sah keinen Grund zu der Annahme, daß Shelley ihn jemals betrügen würde. So stellte er ihr auch keine Stoppschilder in den Weg, als er bemerkte, daß sie einen unverhältnismäßig großen Teil ihrer Zeit für ihr neues Hobby verwendete. Leider ist es ja in vielen Fällen so, daß die Menschen, die einem Abhängigen am nähesten stehen, die Dringlichkeit des Problems, das dieser geliebte Mensch hat, nicht wahrhaben wollen. Eines Tages wachte Bert dann auf und mußte der Tatsache ins Auge sehen, daß sich Shelleys Zuneigung auf einen anderen Mann verlagert hatte, und daß ihre Abhängigkeit stärker war als seine Fähigkeit, sie zu stoppen.

Bert hatte jedes Recht dazu, die Beziehung zu seiner Ehefrau dadurch zu schützen, daß er ihr Grenzen setzte. Eheversprechen werden ausgesprochen, damit Schutzmauern um eine Beziehung herum errichtet werden können. Wenn das Verhalten eines der Partner aber dieses Versprechen ernsthaft bedroht, sollte der betroffene Ehegatte dem anderen sein Versprechen wieder ins Gedächtnis rufen.

Besonders im Falle zwanghaft veranlagter Menschen (die ihre Grenzen besonders leicht aus dem Blick verlieren) haben diejenigen, die ihnen nahestehen, das Recht und die Verantwortung vor Gott, diese Grenzen neu festsetzen und verstärken zu helfen. Es ist geradezu ihre Pflicht, die Menschen zu schützen, die sie lieben und so dafür zu sorgen, daß auch in ihr eigenes Leben das Böse nicht eindringen kann. Unsere Rechte enden da, wo sie die Rechte anderer Menschen einschränken oder verletzen. Hätte Bert Shelleys Verhalten in Frage gestellt, als es ihm zum ersten Mal auffiel, hätte vielleicht bereits die Ausübung dieses geringen Druckes genügt, um Shelley wachzurütteln und zurück in die Realität zu holen.

Berts Problem war völlig konträr zu dem des Ehemannes, der auf harmlose Situationen mit dramatischen Eifersuchtsausbrüchen reagiert. Er verfiel ins andere Extrem, indem er lange Zeit die offensichtliche Tatsache verdrängte, daß seine Frau zu irgend jemandem aus dem Chor eine zunehmend intensive Beziehung entwickelte.

Es gibt nur eine Personengruppe, die von der Gnade Gottes nicht erreicht werden kann: Menschen, die sich nicht bewußt sind, daß sie diese Gnade brauchen. Eine verletzte Frau muß ihre Beschränkungen und Grenzen kennen, wenn sie weiteren Verletzungen ausweichen will.

Ich möchte an dieser Stelle gerne noch eine Anmerkung machen: Es ist eine Sache, dieses Buch zu lesen und etwas über seelische Verletzungen zu erfahren. Es ist jedoch etwas ganz anderes, die Veränderungen, die auf diesen Seiten angeregt werden, auch praktisch umzusetzen und durchzuführen. Solange es eine verletzte Frau aber nicht gelernt hat, sich selbst realistisch einzuschätzen, anzunehmen und in Ehrlichkeit ihr Innerstes zu offenbaren (gegenüber Gott und anderen gesunden Christen), wird sie weiterhin wie ein verlorengegangenes Schäfchen vor sich hin stolpern, das aus der liebevollen Fürsorge seinens himmlischen Vaters fortgelaufen ist. Wenn du eine dieser Frauen bist, wie wäre es dann, wenn du dich selbst für Gottes gnädige, liebevolle Macht und für sein Erbarmen öffnen würdest, damit er dich von den Folgen deiner eigenen (Irr)wege befreien kann? Möchtest du es nicht versuchen?

Wenn du in dieser Situation bist, fragst du dich vielleicht, ob eine Frau, die so tief in Sünde gefallen ist, überhaupt wieder im Hause Gottes willkommen ist. Die Geschichte im Alten Testament, die uns von der Eroberung Jerichos berichtet, wirft ein Schlaglicht auf die Lebensgeschichte einer Frau namens Rahab - einer Hure, deren Bordell eine stadtbekannte Adresse oben auf der Mauer Jerichos war. Rahab und ihr Haus wären von den einstürzenden Stadtmauern in die Tiefe gerissen worden. Diese Hure schützte jedoch die Kundschafter, die Josua ausgesandt hatte. Sie versteckte sie unter der Bedingung, daß sie und ihre ganze Familie verschont blieben, wenn Jericho erobert werden würde. Als Zeichen knüpfte Rahab ein scharlachrotes Seil in ihr Fenster - ein Seil, das seither auch ein Symbol für das Blut Jesu geworden ist. Als Jericho fiel, wurde Rahabs Haus gerettet.

Die Geschichte ist hier aber keineswegs zu Ende. Was geschah weiter mit ihr? Rahabs Leben wurde durch diese Erfahrung völlig verändert. Sie wurde die Mutter von Boaz dem Löser, der Ruth heiratete. Rahab war Teil in der Ahnenlinie Jesu; ein Zeugnis für die Macht Gottes, der nicht nur retten, sondern auch erneuern und wiederherstellen kann. Jesus Christus war sich der Abstammungslinie seiner Vorfahren völlig bewußt. Auch er verdammte die Frau nicht, die im Ehebruch ertappt worden war. Er streckte dieselbe heilende Hand zu ihr aus, die er auch den Blinden und Lahmen reichte.

Auch uns bietet er heute die gleiche heilende Kraft an.

Wenn du eine Frau wie Shelley bist, hast du dir vielleicht nie richtig erklären können, woher deine Verletzungen kommen, und wie sie dich so tief in die Versuchung treiben konnten. Wenn du es nun verstehst, bekenne nicht nur deinen Ehebruch dem Herrn, sondern öffne dein Leben für die heilende Berührung Jesu an den Wurzeln deines zwanghaften Verhaltens: deinen seelischen Verletzungen. Heilung wird für dich mit großer Wahrscheinlichkeit nicht im Handumdrehen erfolgen und dann erledigt sein. Es wird sich vielmehr um einen längeren Prozeß handeln, in dessen Verlauf du es auch lernen mußt, dich anderen Menschen anzuvertrauen. Aber die Heilung deiner Verletzungen wird einen gewaltigen Unterschied bewirken und so wirst du auch den Weg zurück in die Rechtschaffenheit finden.

Zusammen haben wir die zerstörerische Macht von Beziehungen und von unseren eigenen ungeheilten Verletzungen eingehend betrachtet. Im nächsten Kapitel wirst du miterleben, wie Gott eine christliche Freundin oder einen Freund gebrauchen kann, um zur Wiederherstellung einer Frau beizutragen, die unter der möglicherweise tiefsten und schmerzvollsten aller Wunden leidet.

Kapitel 10

Selig sind, die da trauern

"Heiß und schwül, mit hoher Luftfeuchtigkeit. Sonnig, Höchsttemperaturen bis zu 40 Grad" - eben das normale stickige Wetter an einem Sommertag in North Carolina.

Mary Tepper war früh an diesem Morgen zusammen mit einigen Frauen zu einer fünfstündigen Autofahrt nach Williamsburg aufgebrochen. Sie wollten dort eine langersehnte und dringend benötigte Einkehrtagung für Frauen besuchen. Mary und ihr Ehemann Elliott befanden sich nun seit fast sechs Wochen im Heimaturlaub von ihrer Missionstätigkeit; seit vier Jahren hatten sie darauf sehnlich gewartet. Plötzlich überkam sie ein Gefühl der Unruhe, aber wie oft hatte sie sich nicht schon so gefühlt?

Elliotts Terminplan für diesen Sommer in der Heimat war ausgefüllt mit Wochenendbesuchen bei Gemeinden im Süden der Vereinigten Staaten bis hoch nach Chicago und Pennsylvania, wo überall ihre Missionsarbeit unterstützt wurde. Aber an diesem Wochenende würde es einmal anders sein. Es hatte sich für ihn und seine Söhne - David, Jonathan, Peter und Timothy - die Gelegenheit ergeben, etwas Zeit zusammen zu verbringen, bevor dieser Heimaturlaub noch hektischer werden würde, hektischer sogar als ihre Missionsarbeit in Spanien. Nag's Head in North Carolina schien ein gutes Ziel für ein Abenteuer unter Männern zu sein. Dort würden sie die Nacht verbringen. Ihr Toyotabus ächzte unter der Last der Freizeitausrüstung für das Wochenende. Elliott entschloß sich, dem sechzehnjährigen David seinen ersten herausfordernden Einsatz hinter dem Lenkrad zu gönnen. Sein ältester Sohn hatte gerade erst den Führerschein gemacht.

Der Kleintransporter kämpfte sich auf den kurvenreichen, engen Landsträßchen zwischen Wilmington und New Bern voran. Die Fahrt ging durch ausgedehnte Kiefernwälder, Tabakplantagen und Maisfelder. Viele Pflanzen begannen in der sengenden Hitze bereits zu welken. David lenkte das Auto vorsichtig um die Kurven und achtete dabei darauf, nicht von der zweispurigen Teerstraße abzukommen und auf den rutschigen, sandigen Seitenstreifen zu geraten. Währenddessen las Elliott allen die ersten vier Psalmen laut vor. Dann verteilte er Reiseproviant aus der großen Kühltasche und drehte sich nach hinten zum neunjährigen Timothy, um seinen Sicherheitsgurt zurechtzurücken und festzuziehen. Timothy schlief seelenruhig.

Plötzlich zerriß ein lauter, dumpfer Schlag die Stille, als die Räder des Autos in einer Kurve von der Teerdecke abrutschten und auf das weiche, sandige Bankett gerieten. Der bis unter das Dach vollgepackte Wagen blieb im Seitengraben stecken und kippte um. Seine wertvolle Ladung wurde durcheinandergewirbelt, ein Knäuel panikerfüllt rudernder Arme und Beine entstand. Das alles dauerte nur wenige Sekunden, ihnen allen schienen aber Minuten zu vergehen. Als das Auto schließlich still liegenblieb, sah Elliott nach dem Rechten - sicher, daß jeder das anscheinend recht harmlose Mißgeschick gut überstanden hatte.

David, Jonathan und Peter standen zwar noch unter Schock, es fehlte ihnen jedoch nichts. Neben der Straße aber lag bewegungslos der kleine Timothy. Eliott kniete sich neben ihn, hob ganz sacht seinen Kopf und seine Schultern etwas an und begann unter Tränen, ein verzweifeltes Gebet um Erbarmen für seinen neunjährigen Sohn zu sprechen. Langsam breitete sich auf Timothys zerschlagenem Gesicht sein typisches spitzbübisches Grinsen aus, aber innerhalb von wenigen Minuten wurde seine Atmung immer schwerer und hörte schließlich ganz auf.

Der Wagen war dicht hinter einem Haus zum Stehen gekommen, in dem eine christliche Familie wohnte. Diese Menschen hatten bereits einen Krankenwagen gerufen. Timothy Tepper wurde eiligst in das Krankenhaus in New Bern gebracht, erlangte aber nie wieder das Bewußtsein. Das geschah am 19. Juli 1991, fünf Tage vor seinem zehnten Geburtstag.

Dieser unerwartete Schicksalsschlag riß für immer einen Teil aus Mary Teppers Herzen heraus. Bei der Beerdigung (zu der fast tausend Trauergäste kamen) saß ich zehn Reihen hinter ihr und fragte mich, wie so etwas geschehen konnte. Mary und ich waren seit mehr als zwanzig Jahren Freundinnen gewesen. Wir hatten erlebt, wie der Herr unser Leben jeweils in verschiedene Richtungen lenkte - wie bei den Speichen eines Rades. Für Bill und mich hatte sich die Tür zur Auslandsmission geschlossen. Stattdessen hatten wir einen Dienst als Pastoren begonnen. Aber jene Tür in die Mission war für Mary weit aufgegangen, obwohl sie einen solchen Dienst eigentlich nie angestrebt hatte!

Nach einigen schweren, aber gesegneten und erfolgreichen Jahren in Mexiko hatten sie und Elliott dann ihre sechsköpfige Familie in eine kleine Wohnung gezwängt, die mitten in einem der drogenverseuchten Barrios in Madrid lag. Sie hatten eine Arbeit unter schwerst heroinabhängigen Menschen (mainliners) begonnen. (Nach acht Jahren gehören zu Centro Betel inzwischen das Zentrum in Madrid mit einigen Bauernhöfen auf dem Land, dazu weitere Zentren in mehreren spanischen Großstädten und in Centa). Der Tod war ihr ständiger Begleiter: mehr als achzig Prozent der Besucher ihrer Gemeinde kamen zum Glauben an Jesus Christus als sie bereits mit dem AIDS-Virus infiziert waren. Mary und Eliott hatten immer wieder erleben müssen, wie diese heimtückische Seuche wunderbare christliche Freunde dahinraffte. Diese Krankheit glich einer tickenden Zeitbombe!

Nie aber hatte Mary damit gerechnet, mit solchem Leid in ihrer eigenen Familie konfrontiert zu werden. Zuerst empfand sie friedvolle Traurigkeit. Es mußte Gottes Wille gewesen sein. Es gab nichts, was sie hätten tun können. Offen sprachen sie und Elliott über ihre Trauer.

In den Wochen nach der Beerdigung gingen ständig wohlmeinende Menschen in ihrem gemieteten Haus ein und aus, um Beileid und Mitgefühl auszusprechen. Dieser große Strom von Besuchern und Post wirkte wie eine Salbe auf ihren Wunden. Aber es war irgendwie komisch, ohne Timothy zu leben. Er war nicht nur ihr Jüngster gewesen, er hatte auch eine kindliche Begeisterung für Mary und Elliott in sich getragen, so als wäre ihr missionarischer Eifer seine eigene strahlende Vision - und vielleicht war es tatsächlich so. Zudem waren die drei Söhne, die ihr geblieben waren, alt genug um nur noch wenig Fürsorge zu brauchen. So hatte für Mary sozusagen über Nacht eine neue Phase in ihrer Rolle als Mutter begonnen.

Marys Schmerz

Zwei Tage nachdem die letzten Klänge der Beerdigungschoräle verklungen waren, erwähnte sie mir gegenüber bei einem kurzen Besuch zum ersten Mal einen bohrenden Gedanken, der sie quälte: "Melinda, letzte Nacht konnte ich ein paar Minuten lang nicht anders: Ich fühlte mich plötzlich so zornig auf Gott...".

Vielleicht lag es an der emotionalen Anspannung, der Belastung durch die Wucht eines Schmerzes, den die menschliche Seele kaum ertragen kann: jedenfalls wechselte Mary sehr rasch in die nächste Phase des Trauerns über. Sie rutschte hinab in einen dunklen Tunnel negativer Gefühle. Als ihre Freundin konnte ich nicht anders als sie begleiten.

Gewöhnlich folgen auf einen Schock, einer Phase des Verdrängens, die den schlimmsten emotionalen Schmerz betäubt, starker Zorn und Groll. Bei Mary ließ die dumpfe Benommenheit und Erstarrung sehr rasch nach und gab eine pulsierende Wunde frei, die zu weit auseinanderklaffte und zu breit war, als daß jemand wie ich sie hätte berühren oder versorgen können. Obwohl es mir leichtfällt, auf dem Papier Worte zu finden und Sätze zu formulieren, hatte ich nun große Angst davor, Mary durch meine gutgemeinten Bemerkungen noch mehr zu treffen. Meine Versuche, sie zu trösten, sollten sich nicht wie kleine Speere in ihre Wunde bohren und sie dabei noch vergrößern.

"Ich weiß, Mary", sagte ich zögernd, "es ist ganz normal, daß du dich so fühlst, bei all dem, was du durchgemacht hast. Ich habe mich damals genauso gefühlt, als Papa starb."Ich erinnerte mich noch gut daran, wie sich damals tiefer Kummer in mir festgefressen hatte, ohne daß sich jemand um mich bemühte. Schließlich kam ich an einen Punkt, an dem mir Gottes Wohlgefallen ziemlich egal war. Ich wollte mich wehren, zurückschlagen und es Gott spüren lassen, daß er mir weh getan hatte. Was er in meinem Leben zugelassen hatte, verletzte mich so sehr, daß es mir nicht mehr wichtig war, ob ich ihm diente oder nicht.

Nun wollte ich Mary helfen, ihrem Zorn auf Gott Luft zu machen, sich ihren Groll selbst einzugestehen. Ich wollte ihre Gefühle und Empfindungen so stehen lassen und Mary wissen lassen, daß ich sie nicht für "irgendwie seltsam" hielt. Zumindest mir gegenüber brauchte sie nicht geistlich zu handeln und ihren Schmerz hinter einer Maske zu verstecken.

Einen Monat später mußte Mary jedoch nach Spanien zurückkehren. Sie ging mit Wunden, die noch weit auseinanderklafften und mit einem Schmerz, der sie von anderen Menschen isolierte, die sich meist nicht allzuweit in eine Gedankenwelt vorwagen wollten, die so bedrohlich echt und kaum verhüllt erschien. Aber auch Mary wies die Versuche ihrer Freundinnen, sie zu trösten, immer wieder ab. Schließlich verlor sie sich selbst in einer dunklen Höhle der Verzweiflung.

Sobald Mary wieder in Spanien war, strömte eine Flut von Briefen zu mir, manchmal sogar zwei am Tag. Es gab Tage, an denen ich Angst hatte, Mary würde bald den Verstand verlieren oder sich das Leben nehmen. Ich fürchtete auch, sie könne in ihrem Groll auch mich noch wegstoßen und schließlich ganz in einem Meer der Isolation und Einsamkeit versinken. Niemanden, nicht einmal Gott, würde sie dann noch an sich heranlassen.

Fast ein Jahr sollte vergehen, bevor Mary die ersten vorsichtigen Schritte zurück ins Licht und in den Alltag wagte. In dieser langen Zeit der Dunkelheit gab es nur eines, was ihrem Herzen Wärme geben konnte: die bedingungslose Annahme durch Freunde, die ihr auch das Recht zugestanden, zu trauern.

Das Recht, zu trauern

Seit sechzehn Jahren bin ich nun in einer Gemeinde als Pastorin tätig und auch mit einem Pastor verheiratet. In dieser Zeit konnte ich einen guten Einblick in das Leid von Menschen gewinnen, von dem andere oft kaum etwas mitbekommen. Dinge, die in der Kirchenbank hinter einer frommen Maske verborgen bleiben, kommen oft erst im Beratungszimmer des Pastors ans Licht. Gleichzeitig ist mir auch aufgefallen, welch große, tiefsitzende Furcht viele Christen vor Gefühlen haben. Es scheint "richtige" und "falsche" Gefühle zu geben, besonders wenn Christus in einem lebt. Wer daher etwas "falsches" empfindet, wird sofort die Zurechtweisung anderer Christen ernten und sich auch selbst Vorwürfe machen.

Schließlich sollte es ein Christ doch wissen! Wie kann er es wagen, laut aufzuschreien oder negative und anklagende Dinge über Gott zu sagen, der doch - wie wir natürlich wissen - alles unter Kontrolle hat, was uns in unserem Leben begegnet und zustößt. Männern wird es dabei noch viel weniger gestattet, sich gehen zu lassen. "Wer wird denn da weinen? Du willst doch ein großer Junge sein." Erwachsene, die in ihrer Kindheit unter zerrütteten Familienverhältnissen gelitten haben, leben noch mit einer zusätzlichen Angst: Wenn sie erst einmal ihrem Schmerz nachgegeben und ihren Tränen freien Lauf gelassen haben, werden sie mit dem Weinen vielleicht nie wieder aufhören können.

Wenn der Tod eines geliebten Menschen oder andere schmerzhafte Schicksalsschläge oder Lebenskrisen in unseren Alltag einbrechen, wird unser menschlicher Wille plötzlich vom Willen eines anderen durchkreuzt und gerät mit ihm in Konflikt. Da Gott der Eine ist, der das Problem aus der Welt hätte schaffen können, ist oft Er die Zielscheibe für unseren Zorn. Je persönlicher und inniger unser Verhältnis zu Gott ist, desto mehr fühlen wir uns vielleicht von Ihm betrogen und im Stich gelassen. Er ist ja der Eine, der in der Stunde unserer Not hätte da sein sollen.

Maria, die Schwester des Lazarus, hatte zu Jesu Füßen gesessen und seinen Predigten tief ergriffen gelauscht. Diese Gelegenheit hatte sie über ihre wichtigen Verpflichtungen und über ihre Interessen und ihr Freizeitvergnügen gestellt. Dennoch war Maria nun wütend auf Jesus, weil er nicht rechtzeitig erschienen war, um ihren Bruder vom Tode zu retten. "Wenn du dagewesen wärst", warf sie ihm vor, "wäre mein Bruder nicht gestorben!"

In den frühen Tagen der charismatischen Erneuerungsbewegung wurde große Betonung darauf gelegt, "im Glauben die Wahrheit zu proklamieren", also etwas positives auszusprechen, egal wie schwierig die äußeren Umstände auch sein mochten. Negative Gefühle auszudrücken, war eher verpönt als gestattet - geschweige denn erwünscht. Viele Zeugnisse betonten die wundersame Beseitigung von körperlichem oder seelischem Leid. Einige Menschen berichteten sogar, wie sie den Tod geliebter Menschen bewältigt hätten, ohne eine einzige Träne zu vergießen, weil alle Spuren von Schmerz oder Traurigkeit auf wunderbare Weise von ihnen genommen worden seien.

Ich habe keinerlei Zweifel daran, daß das in einigen Fällen tatsächlich so geschieht, aber es ist nicht der Normalfall! Christen, die auf einen Aufruhr ihrer Gefühle nicht vorbereitet sind (mag er durch den Tod eines geliebten Menschen oder durch andere niederschmetternde Ereignisse hervorgerufen werden), werden ganz zwangsläufig von ihren plötzlichen Gefühlsausbrüchen überrascht, sie fühlen sich von Gott im Stich gelassen und werden von der orkanartigen Gewalt des Kummers umgeweht.

Ein Christ fühlt sich dann nicht nur von Gott verlassen, sondern leidet häufig auch darunter, daß andere Christen ihn verurteilen und seinen Schmerz nicht einfühlsam zulassen. Die Ansicht, Trauer zu zeigen sei ein Zeichen von Unglauben, ist unter Christen eben weit verbreitet. So fühlt sich der Trauernde verpflichtet, seinen Groll zu unterdrücken, seine Furcht und die unkontrollierbaren Weinkrämpfe hinter einer frommen Maske der Geistlichkeit zu verbergen. Wie sehr der Hinterbliebene auch verletzt sein mag, er wird möglicherweise den Eindruck bekommen, als erwartete Gott und die anderen Menschen eine herausragende geistliche Leistung von ihm, die zu seinen wahren Gefühlen in krassem Widerspruch steht. Ein Gemeindeleiter beispielsweise, der seine Frau verloren hat, wird es kaum wagen, seinen wahren Gefühlen freien Lauf zu lassen. Schließlich darf Gottes Ruf doch nicht geschädigt werden!

Wer aber schuf den Menschen mit der Fähigkeit, zu empfinden, zu weinen und zornig zu sein?

Wenn du mit dem Tod konfrontiert wirst und es für ungeistlich hältst, die Fassung zu verlieren oder deinem Schmerz "nachzugeben", bleibt dir nichts anderes übrig, als deine Angst in dich hineinzufressen, deinen Zorn hinunterzuschlucken und deine Gefühle tief in dir zu vergraben. Bei christlichen Frauen schlagen sich negative Ereignisse oft in depressiven Gefühlen nieder. Die Frau wird jedoch gewöhnlich darauf getrimmt, ihr Recht auf eine seelisch gesunde Reaktion zu verleugnen. Damit verliert sie aber auch das Recht, zu *fühlen*. Mit Hilfe von Bibelzitaten manipuliert man so ihr Gespür für richtiges und gesellschaftlich angemessenes Verhalten. Man zwängt sie hinter einer Fassade der Frömmigkeit ein, so daß ihr wahres Ich nicht mehr zum Vorschein kommen kann. Die empfindsame Christin befürchtet, daß sie gar kein Recht darauf hat, ihre Gefühle auszuleben oder "richtig" zu trauern, weil sie ja ihren Ruf als gute Christin oder sogar ihre Gemeinschaft mit Gott verlieren könnte.

Jeder Mensch trägt eine eingebaute "Hemmschwelle" in sich, die ihn von "unzivilisiertem" Verhalten abhält. Wenn aber durch intensive

Trauer die Schwelle, die man allgemein für angemessen hält, überschritten wird, beginnen wir unbewußt damit, diese Schwelle zu verstärken. Wir erhöhen diese Hemmschwelle nicht nur in uns selbst, sondern auch im Umgang mit unseren Mitmenschen. Wir versuchen beispielsweise unbewußt, Äußerungen der Trauer bei anderen Menschen zu überspielen, weil wir uns dadurch selbst verunsichert und unbehaglich fühlen. So flüchten wir uns in nichtssagende, banale geistliche Ratschläge oder in tröstlich klingende Allgemeinplätze. Im Grunde genommen dienen unsere halbherzigen Versuche, den anderen zu trösten, eigentlich nur dazu, ihm sein Recht auf Trauer zu nehmen.

Mary Tepper merkte schnell, welche ungesunden Erwartungen andere Christen an sie stellten. Einige schubsten sie fast zurück in ihr Loch der einsamen Traurigkeit (obwohl sie sie eigentlich trösten wollten) - so wie es manchmal Kinder mit Stehaufmännchen tun. Vielleicht waren sie von der eigenen Angst vor dem Sterben verunsichert. Es mag möglicherweise auch an ihrer Unfähigkeit gelegen haben, echte Gefühle zu zeigen. Marys Freundinnen wollten Marys Schmerz zu einem raschen, prompten Abschluß bringen, weil sie sich zunehmend unbehaglich fühlten, je länger Marys Leid dauerte.

Vielleicht wurden die gravierendsten Fehler von denen gemacht, die versuchten, irgendeinen Sinn in Timothys Tod zu finden, damit Mary so endlich aufhören sollte, traurig zu sein und "mit Gott weitergehen" konnte. Sätze wie: "Gott weiß, was für uns am besten ist!" oder "Dein Dienst wird jetzt sicher noch viel gesalbter sein!" brachten kaum Trost. Was kümmerte sie in ihrem Schmerz die Möglichkeiten eines geistlichen Dienstes, wenn ihr Sohn dafür sein Leben lassen mußte? Abgesehen davon hat Jesus ja allein mit seinem Opfertod den Preis für unsere Sünde gezahlt. Er ermöglichte uns so das Heil, weil *niemand sonst* es hätte tun können. Sollte Mary diese Bemerkungen tröstlich finden und daraus folgern, Gott habe an jenem Unglückstag seine Liste potentieller Opfer durchgesehen und die herausgesucht, die sterben mußten. Dabei hatte er dann wohl entschieden, daß Timothy unter ihnen sein sollte?

Wenn diese Kommentare bis auf ihren Ursprung durchdacht gewesen wären, hätte sich schnell herausgestellt, daß sie keine Grundlage im Wort Gottes hatten - abgesehen davon belasten sie die Beziehung eines trauernden Menschen zu (seinem) Gott.

Einige Christen erzählten Mary ehrlich, wie sie der Herr durch die leidvolle Erfahrung des Todes eines Kindes getragen hatte. Die Mehrheit jedoch reagierte sehr seltsam. Innerhalb weniger Wochen erhielt Mary stapelweise Karten voller oberflächlichen Geschreibsels - entweder kam Timothy überhaupt nicht vor oder wurde in ein oder zwei beiläufigen Nebensätzen zwischen einen Bericht vom letzten Sommerurlaub und Bemerkungen über das Wetter eingebaut. Einige Bekannte von Mary und Elliott haben Timothys Namen bis heute nicht erwähnt. Anscheinend hoffen sie, das furchtbare Ereignis ungeschehen machen zu können, indem sie es ignorieren. Vielleicht kann ja dann das Leben so weiterlaufen wie bisher.

Jesus war anders. Er legte sein Herz in Menschen wie den guten Samariter hinein. Ein solcher Mensch begegnete Mary in einer Gestalt, die sie nicht erwartet hätte. Eine Frau von einer christlichen Organisation, die sich *Freunde mit Mitgefühl* nennt, schreibt ihr jeden Monat aus den Vereinigten Staaten nach Spanien. Sie begleitet Mary durch ihren Schmerz und ist bereit, an ihren Gedanken Anteil zu nehmen - auch wenn viele Christen sie als bizarr, wenn nicht sogar rundweg ungeistlich und sündig ablehnen würden. Eines Morgens stand außerdem eine ältere spanische Frau aus Marys Nachbarschaft vor der Tür. Beide kannten einander kaum. Auch diese Frau hatte ein Kind verloren. Sie trug keine fromme Maske, die sie wahren und festhalten mußte, sondern nahm Mary einfach in ihre Arme und weinte mit ihr.

Ein Zufluchtsort

Wenn eine Frau Gefühle erlebt, für die sie glaubt, sich schämen zu müssen, braucht sie ganz dringend eine (geschützte) Atmosphäre, in der sie diesen Empfindungen freien Lauf lassen kann und in der sie darin Annahme und Bestätigung erfährt. Wer die Tragödie einer gescheiterten Ehe, die Qual eines Mißbrauches, den Schmerz des Zusammenlebens mit einem Alkoholiker, die Sorge um ein "abgefallenes" Kind oder die Enttäuschung über die eigene Kinderlosigkeit jemandem anvertrauen muß, wird sich nicht frei dazu fühlen, sein Herz auszuschütten, wenn er oder sie weiß, daß die eigenen Gefühle als unangemessen oder "ungeistlich" angesehen werden. Unglücklicherweise sind christliche Gruppen oft sehr engstirnig, wenn es darum geht, die - möglicherweise negativen -

Gefühle ihrer Mitglieder einzuordnen. Ähnlich wie viele gesellschaftliche Interessengruppen nur für solche Ansichten Partei ergreifen, die ihrer Meinung nach wissenschaftlich oder politisch korrekt sind, unterstützen einige Gemeinden nur Ansichten, die in ihren Augen "geistlich korrekt" sind.

Hiob erlebte dieses Dilemma, als er seinem Herzen Luft machte und endlich seine Frustration und seinen Zorn herausließ. Er beklagte sich, daß er durch Gottes Hand so viel verloren hatte und sich nun von ihm ausgenutzt und im Stich gelassen fühlte. In dieser Zeit besuchten ihn Freunde, deren "geistlich korrekte" Ansichten auf der Vorstellung eines Gottes gründeten, der das Gute belohnt und das Böse bestraft - Ansichten, die sich verselbständigt und in ein gesetzliches Extrem gesteigert hatten. Als Hiob seine Kinder, all seinen Besitz, ja sogar seine Gesundheit verloren hatte, gelangte er zu der Schlußfolgerung, daß ein gerechter Mann wie er von Gott zu Unrecht bestraft wurde. Seine Freunde bestärkten ihn in dem Glauben, daß Gott stets Unrecht bestrafe - deshalb müsse Hiob ja wohl doch gesündigt haben, so sagten sie - und sie ermahnten ihn, mit seinen dauernden Klagen aufzuhören. Er solle doch bitte etwas "geistlicher" sein und geistlich korrektere Ansichten vertreten - als ob man sich so leicht von tiefem Schmerz lösen und die eigene Theologie entsprechend anpassen und berichtigen könnte!

Es stellte sich heraus, daß der primäre Streßfaktor in Hiobs Leben seine gesetzliche Theologie war. Seine Freunde waren nicht dazu bereit, seinen Schmerz gelten zu lassen. Wenn sie es getan hätten, wären sie ja möglicherweise auf unerklärtes oder unerklärbares Leid in ihrem eigenen Leben gestoßen.

Der Gemeinde geht es heute ganz ähnlich. Christen haben Angst davor, unerklärbares Leid anzuerkennen und stehen zu lassen. Deshalb nehmen sie den Trauernden in ihrer Mitte das Recht auf ihre Trauer und verdammen oder verurteilen sie in ihrer Selbstgerechtigkeit. Gott möchte nicht, daß wir überall verkünden und proklamieren, wie wir uns *zu fühlen haben*. Stattdessen sollen wir voreinander ehrlich zugeben, wie wir uns wirklich fühlen. Denn das ist der erste Schritt in einem Prozeß der Selbstoffenbarung, der uns dann eine zunehmende Offenbarung Gottes in unserem Leben ermöglicht.

Wir wollen dazu die Worte Jesu näher betrachten.

Glückselig die Trauernden

Niemand verabscheute das gesetzliche Glaubenssystem, das die Pharisäer aufgebaut hatten, mehr als Jesus selbst. Seine einfachen, schlichten Predigten, die jede Religiosität und falsche Frömmigkeit durchkreuzten, luden alle jene Menschen zur wohlwollenden Annahme und Liebe Gottes ein, die sich eben dadurch von Gott entfernt hatten, daß sie "geistlich korrekte" Wahrheiten übernehmen mußten und nur "korrekte" Gefühle zum Ausdruck bringen durften.

In den Seligpreisungen erklärt Jesus das Zugeben der eigenen Not und Schwachheit zur Grundlage für die Erfahrung einer Offenbarung Gottes. "Glückselig die Trauernden" - das ist der erste Schritt der Selbstoffenbarung, der solchen Menschen dann auch zusichert, daß "sie getröstet werden" (Matthäus 5, 4).

Für das Wort *trösten* steht im griechischen Text *parakaleo*, was wörtlich übersetzt "der, der zur Seite steht" bedeutet. Das gleiche Wort verwendete Jesus, um den Jüngern das Kommen des Heiligen Geistes, des Trösters und Helfers, zu beschreiben. Um sich auf den Helfer stützen zu können, muß der Gläubige zunächst aber um Hilfe bitten oder einfach sein Bedürfnis nach Hilfe zugeben. Offene Trauer ist so eine Form der Selbstoffenbarung. Menschen müssen sich dann nicht länger vor Gott verstecken und ihre Schande hinter "Feigenblättern" des Verdrängens oder Leugnens verbergen. Stattdessen erfahren sie ein Gefühl der Nähe zu Gott und werden mit göttlicher Kraft gestärkt, wenn sie die Bereiche ihres Lebens ans Licht bringen, die sie bislang ängstlich versteckt haben.

Der Apostel Paulus wiederholt dieses geistliche Prinzip, wenn er schreibt, daß die Stärke Christi in seiner eigenen Schwachheit vollkommen gemacht wird, "denn wenn ich schwach bin, dann bin ich stark" (2. Korinther 12, 10). Erst wenn eine Frau sich für den Herrn öffnet und ihm die schockierenden Abgründe ihres Schmerzes und ihrer tiefen Traurigkeit anvertraut, kann sie den wahren Trost des Heiligen Geistes erleben.

Eine geschützte Atmosphäre anbieten

Nur wenn eine Frau vertrauen kann, wird sie sich jemandem gegenüber öffnen. Daher ist es von entscheidender Wichtigkeit, daß wir in all unseren Beziehungen und Gemeinden eine Atmosphäre anbieten, die diese tiefe, intime Selbstoffenbarung ermöglicht. Sonst werden die Glieder der Familie Gottes diese Atmosphäre, diesen geschützten Rahmen woanders suchen.

Kürzlich traf ich eine Frau im Lebensmittelgeschäft, zu der ich seit mehr als fünfzehn Jahren in losem Kontakt stehe. Es war wohl ein von Gott arrangiertes Treffen, weil Charlotte dort niemals einkaufte und auch ich es damals gewöhnlich nicht tat. In unserer Unterhaltung kamen wir schließlich darauf zu sprechen, womit wir zur Zeit gerade beschäftigt waren. Ich erzählte ihr von meinen beiden Büchern über Abhängigkeit in der Gemeinde und über gestörte, zerrüttete Familien.

Da brach es aus ihr heraus. Sie vertraute mir ein Geheimnis an, das sie noch niemals zuvor in einem unserer Gespräche preisgegeben hatte: Ihr Sohn ist zwar Christ, aber Alkoholiker. Sie spürte wohl, daß ich sie noch genauso annehmen würde, obwohl ich jetzt von der Alkoholsucht ihres Sohnes wußte, und daß ich es befürwortete, daß er bei den "Anonymen Alkoholikern" Hilfe suchte. Jedenfalls fühlte sie sich nun sicher genug, mir den Punkt anzuvertrauen, der ihr persönlich am meisten weh tat. Mehrmals hatte ihr Sohn ihr vorgeworfen: "Mama, die Kirche hat mir nicht geholfen. Das haben nur die "Anonymen Alkoholiker" getan!"

Warum fand er bei Christen keine Hilfe? In den Gemeinden, die er besuchte, fehlte eine Atmosphäre der Sicherheit und Geborgenheit, in der er sich jemandem hätte anvertrauen können. Sein Kampf mit dem Teufelskreis der Sucht wurde nicht als real akzeptiert und so stehen gelassen, *ohne* gleich mit einem geistlichen Kampf, mit dem Glauben und mit dem Bösen in Verbindung gebracht zu werden. Hätte er seine Sucht offen zugegeben, hätte er vielleicht lange Zeit mit der angeblichen Schande leben müssen, vom Bösen infiziert zu sein. Man hätte ihn sicher nicht als Christen akzeptiert und gelten lassen, der mit einem Alkoholproblem kämpfte, das körperliche und seelische - nicht aber geistliche - Ursachen hatte.

Manchmal haben wir Angst davor, daß es den Anschein haben könnte, wir würden falsches Verhalten billigen und Menschen die Erlaubnis geben, zu sündigen, nur weil wir den Schmerz in ihrem Leben ernst nehmen. Nachdem Adam und Eva gesündigt hatten, war Gott sehr darum bemüht, ihre Schande liebevoll zu bedecken, statt sie zur Schau zu stellen. Aber er konnte ihnen keine Fellkleidung geben, bevor sie nicht ihre Feigenblätter ablegten, die sie selbst gesucht hatten, um ihre Nacktheit zu verbergen. In Christus wird der Gläubige, der seine Schwachheit offen zugibt, mit göttlicher Liebe umhüllt und bekleidet. Diese Liebe bringt den Schaden in Ordnung, der damals in Eden angerichtet wurde.

Paulus schrieb an die Römer: "Freut euch mit den sich Freuenden, weint mit den Weinenden" (Römer 12, 15). Damit ermutigte er die Gemeinde, eine neue Dimension der Intimität anzustreben und ein Ort zu werden, an dem nicht nur Freude, sondern auch Schmerz und Leid ausgedrückt und zusammen durchlebt werden konnten.

Nach einer solchen Atmosphäre sehnte sich auch Mary Tepper, konnte sie aber (bis auf wenige Ausnahmen) nicht finden. Entweder weigerten sich andere Christen, sie in ihrem Schmerz wirklich ernst zu nehmen, ignorierten also ihre Trauer und forderten von ihr, sie schnellstmöglich zu überwinden, oder man bestand darauf, daß sie endlich einen Sinn in dem tragischen Unfall sehen sollte - beispielsweise, daß Gott Timothys Tod zugelassen hatte, um sein Königreich weiter voranzubringen. Andere wiederum drängten sie, doch endlich ganz offensichtliche Tatsachen zu akzeptieren und zuzustimmen, daß Gott gut sei. So könne sie auch ihren Schmerz hinter sich lassen.

Warum mußte Timothy denn sterben? Ich weiß es nicht. Niemand kann jene Seite des Himmels ergründen. Was wir aber wissen können ist, daß Gott uns verspricht, uns in seine Arme zu nehmen und all unsere Tränen zu trocknen, wenn wir einst in unserem himmlischen Zuhause ankommen werden. Mögen diese Tränen als Symbol für schwere Zeiten und Kämpfe in unserem Leben stehen oder mag es sich tatsächlich um echte Tränen handeln, die in Verbindung mit Tod und Schmerz stehen - unser Vater im Himmel verspricht uns jedenfalls, gebrochene Herzen zu heilen (sei es nun hier auf der Erde oder dort im Himmel). Wie tut er das?

Ruth

Die altüberlieferte Geschichte von Ruths treuer, beständiger Liebe für ihre Schwiegermutter Naomi verdeutlicht die Kraft, die die verständnisvolle Annahme einer lieben Freundin in Zeiten tiefen seelischen Leidens haben kann. Das erste Kapitel des Buches Ruth (das wir bereits im dritten Kapitel gemeinsam betrachtet haben) berichtet von Naomis tiefsitzender Überzeugung, daß der Tod ihres Ehemannes und ihrer Söhne eine Strafe Gottes sein mußte. Vielleicht lag es ja daran, daß ihre Familie Bethlehem verlassen und Zuflucht vor einer schweren Hungersnot in Moab gesucht hatte - einem Land, das Gott doch kategorisch ablehnte! Sie nahm an, daß auch nach einer Rückkehr nach Bethlehem nur Leid und Ablehnung ihr, und ihren beiden Schwiegertöchtern Orpa und Ruth gegenüber auf sie warten würde. So redete sie ihren Schwiegertöchtern zu, sie mit ihrem Schmerz allein zu lassen. Tatsächlich stieß sie sie sogar fast von sich.

Aber Ruth weigerte sich, Naomi zu verlassen. Ihre Worte der Treue und Hingabe gegenüber ihrer Schwiegermutter angesichts einer mehr als düsteren Zukunft, werden auch heute noch gerne als klassischer Trautext bei Hochzeiten verwendet: "Dringe nicht in mich, dich zu verlassen, von dir weg umzukehren! Denn wohin du gehst, (dahin) will (auch) ich gehen, und wo du bleibst, da bleibe (auch) ich. Dein Volk ist mein Volk, und dein Gott ist mein Gott. Wo du stirbst, (da) will (auch) ich sterben, und dort will ich begraben werden." (Ruth 1, 16 und 17).

Viele sehen in Boas den einzigen Typus für Christus in diesem Buch der Bibel. Aber auch Ruth, deren Name "Freundschaft" bedeutet, weist bereits auf den Einen hin, der ein "Freund [ist,] anhänglicher als ein Bruder." Das ist Jesus Christus, und er verspricht, uns niemals zu verlassen oder zu vergessen. Seine Liebe gilt ohne Bedingungen. Sie gerät niemals ins Wanken, auch nicht inmitten unserer Trauer, unseres Zorns oder unseres verzerrten Bildes von Gott. Während Naomi trauerte, kümmerte sich Ruth um den Lebensunterhalt und um die Wiederherstellung ihrer Schwiegermutter, der sie sich für den Rest ihres Lebens in Treue verpflichtet hatte.

Gottes Wille für uns als Gemeinde heute ist, daß es bei uns Freunde gibt wie Ruth. Unsere Naomis, die von Trauer, Enttäuschung und

Leid innerlich zerrissen sind, müssen ihren (geistlich vielleicht nicht immer ganz korrekten) Gefühlen freien Lauf lassen dürfen, ohne daß wir deshalb unsere Haltung der Liebe, Annahme oder sogar Zustimmung verlieren. Es handelt sich dabei keineswegs um falsche, seelische Abhängigkeit, sondern um eine Treue, die auf der Erkenntnis gründet, daß meine Wertschätzung für meine Schwester (gerade in ihrem Leiden) einen Weg der Heilung für sie eröffnen kann. Meine Liebe kann ein Puzzleteil oder ein Mosaiksteinchen im Plan Gottes für die Erneuerung meiner verletzten Freundin sein.

Wenn ich bereit bin, ihren Ausbrüchen des Zorns oder der Verzweiflung ohne Verurteilung zuzuhören, erweitert sich mein Charakter um eine Dimension der Ähnlichkeit mit Jesus. Für meine Freundin wird gleichzeitig eine Atmosphäre geschaffen, in der sie sich selbst offenbaren und ihr Innerstes bloßlegen kann. So kann ich ihr helfen, Erfahrungen mit Jesus Christus zu machen, dem Wiederhersteller der Trauernden.

Jesus besucht ein Begräbnis

Vier Tage zu spät kam Jesus an das Grab eines seiner engsten Freunde, Lazarus. Überall standen Trauergäste herum. Sie stellten ihn in Frage und kritisierten seine Unfähigkeit, das Leiden seines Freundes durch ein Wunder zu beenden. Aus Marthas Worten sprach noch immer Glauben, aber ihre Schwester Maria, die tiefe Trauer über den Verlust ihres Bruders empfand, reagierte anders. Mit der ganzen Bitterkeit ihres Herzens machte sie Jesus schwere Vorwürfe. In vollem Bewußtsein der Wichtigkeit dieses Augenblicks bahnte sich Jesus einen Weg durch die herumstehenden Massen zum Grab. Dann sagt die Schrift schlicht: "Jesus weinte" (Johannes 11, 35). Dieses Verhalten machte nicht nur sein Menschsein, sondern auch die Gefühle Gottes angesichts des Todes von Männern und Frauen deutlich.

Viele haben vermutet, daß Jesus über den Unglauben der Menschen weinte. Aber den Juden vermittelten seine Tränen wohl vor allem eine Botschaft: "Siehe, wie lieb hat er ihn gehabt!" (Vers 36). Sogar die hartherzigen Pharisäer schrieben die Tränen seiner Liebe zu Lazarus zu. Ich bin sicher, daß Gott auch uns diese Schlußfolgerung nahelegen möchte.

Jesus erwartete nicht, daß Maria mehr Glauben aufbringen sollte. Er war und ist die Verkörperung des Glaubens. Er handelte nicht auf religiöse oder "supergeistliche" Weise. Er weinte einfach - laut genug, daß jeder es hören konnte. Dann erweckte er Lazarus von den Toten. So waren Marias Klagen der Anlaß einer Offenbarung der Auferstehungskraft Jesu: "Selig sind, die da trauern, denn Gott selbst wird kommen und ihnen zur Seite stehen."

Wie kann ich in meinem Umgang mit trauernden Freunden Jesus ähnlicher werden? Wie kann ich dazu beitragen, daß verletzte Frauen Wiederherstellung erfahren?

Was soll ich also tun oder sagen?

Fürsorge und Unterstützung, die trauernde oder leidende Menschen als hilfreich empfinden und die ihnen in positiver Erinnerung bleibt, besteht nicht in Worten, sondern in Taten: im Innehalten, in ehrfurchtsvoller Achtung vor der Bedeutung des Augenblicks, im Respekt für die Gefühle des Trauernden, der sich wünscht, das Leben um ihn herum möge wenigstens für einen kleinen Moment zum Stillstand kommen. Am Tag, an dem mein Vater beerdigt wurde, kam wie gewöhnlich die Müllabfuhr. Es tat mir weh, zu sehen, daß das Leben einfach weiterging und daß niemand meinen Schmerz bemerkte oder sich darum kümmerte. *"Wie können sie einfach so die Mülltonnen ausleeren"*, dachte ich, *"wenn doch mein Vater gestorben ist? "*

So halte zuallererst in dem inne, was du gerade tust, wenn du deinen Freund in seiner Trauer erreichen willst. Es wird mehr sagen als tausend Worte.

Chuck, ein pensionierter Bankangestellter, der unsere Gemeinde besucht, erinnert sich noch gut an die Beerdigung seines Onkels in seiner Kindheit. Als sich der Trauerzug durch die kleine Stadt auf den Friedhof zubewegte, stand da am Straßenrand ein farbiger, älterer Herr vor seinem Haus. Er hielt mitten in seiner Tätigkeit inne, nahm seinen Hut vom Kopf, hielt ihn vor die Brust und stand so in stiller Ehrerbietung, bis alle Trauergäste an ihm vorübergezogen waren. Dieser Moment hat sich tief in Chucks Gedächtnis eingeprägt. Noch heute, nach fünfzig Jahren, sieht er dieses Bild vor seinem inneren Auge: ein Fremder, der so viel Anteil nahm, daß der den Trauernden seinen Respekt erwies.

Sage nicht: "Ich weiß, wie du dich fühlst", wenn du nicht das gleiche Problem durchkämpfen mußtest oder einen Verlust auf der gleichen Beziehungsebene zu betrauern hattest - einen Vater, einen Ehegatten, ein Kind. Selbst dann ist jede Situation noch einzigartig und unvergleichlich. Gerade bei einem Todesfall hat die Welt einen Menschen verloren, den es so nie wieder geben wird. Wenn du schlicht sagst: "Es tut mir leid", ist das viel besser als zu versuchen, sich in die Lage des Betroffenen zu versetzen.

Es ist auch besser, nicht religiös zu sein, und nicht wie Hiobs Freunde nach Erklärungen oder Begründungen zu suchen, um das anscheinend aus dem Gleichgewicht geratene Gottesbild wieder geradezurücken. Wir sind immer im Irrtum, wenn wir nach einem - positiven oder negativen - Grund für das Leid oder den Tod eines Menschen suchen. Leid und Tod sind natürlicher Bestandteil des Lebens. Wer versucht, zu ergründen, warum Gott den einen anrührt, den anderen aber zu sich nimmt, richtet unsagbaren Schaden und schlimme Verletzungen an. Wir sollten auch niemals einen Zusammenhang zwischen den Fehlern eines Menschen und seinem Tod konstruieren. Wenn nämlich dann irgendwann jemand stirbt, der uns viel bedeutet hat, werden wir viel Verdammnis auf unserem eigenen Haupt angehäuft haben.

Erzähle deiner Freundin nicht, daß sie sich bald viel besser fühlen wird oder wie viel größer ihr Dienst sein wird, wenn sie diese Krise erst überwunden hat. Sie kann nicht über ihren Schmerz hinausschauen und vermutlich kümmert sie ihr weiterer Dienst im Augenblick nicht im geringsten. Was sie jetzt braucht, ist das Wissen, daß der Mensch, den sie liebte, auch von anderen geliebt und geschätzt wurde.

Laß deine trauernde Freundin von dem geliebten Menschen erzählen, den sie verloren hat. Eines der Paare, die Mary und Elliott besuchten, um ihnen Trost zu spenden, waren Douglas und Margaret Feaver, ein pensionierter Universitätsprofessor und seine Frau, die inzwischen auch als Missionare tätig sind. Douglas und Margaret hatten selbst vor mehr als dreißig Jahren ihren dreijährigen Sohn verloren. Er starb an Encephalitis (Hirnhautentzündung, Anm. d. Übers.). Margaret rät, den Hinterbliebenen zu gestatten, über den

Verstorbenen zu sprechen. Sie mögen in Tränen ausbrechen und vielleicht wirst auch du beginnen, zu weinen. Aber es gibt keinen größeren Dienst, den du einem trauernden Menschen erweisen könntest, als mit ihm über seinen Verlust zu weinen. Genau das hat auch Jesus getan.

Zitiere keine Bibelstellen und halte keine Lehren über das, was dir geholfen hat, es sei denn, der andere bittet dich ausdrücklich darum. Eine wohlmeinende Christin gab Mary beispielsweise eine Vortragskassette eines bekannten Bibellehrers. Er riet den Trauernden, ihren Schmerz beiseite zu legen und den Herrn mindestens drei Stunden lang zu preisen. Dies, versprach er, würde den Kummer vertreiben. Sätze wie dieser werden immer hohl und leer klingen, weil man dadurch den Schmerz der betroffenen Person mit einer ganz bestimmten Methode beseitigen will. Es nimmt dem Betroffenen dann aber gewöhnlich das Recht, auf seine eigene Weise zu trauern. "Ich kann den Herrn einfach nicht preisen", erklärte mir Mary schluchzend, "jedenfalls nicht im Moment."

Denk daran, daß jeder Mensch auf eine andere Weise trauert, so wie es seinem Temperament, seiner Tradition und seiner emotionalen Grundstimmung eben entspricht. Kürzlich veröffentliche Untersuchungen belegen, daß mehr als achtzig Prozent der Ehepaare, die ein Kind verlieren, sich schließlich scheiden lassen. Man glaubt, daß die Ursache darin zu sehen ist, daß jeder Ehepartner vom anderen erwartet, daß er den Verlust in genau der gleichen Weise verarbeitet. Statt einander zu trösten, versuchen sie zunehmend, den anderen nach ihren eigenen Erwartungen in eine Schablone zu pressen.

Margaret Feaver sagt, daß es ungefähr ein Jahr dauerte, bis die Erinnerung an ihren Sohn sie nicht mehr schmerzte. Eines Morgens wachte sie auf und merkte erstaunt, daß dieser furchtbare innere Schmerz weg war. Margaret brauchte ein Jahr; andere Menschen mögen länger oder kürzer brauchen, um einen Schicksalsschlag zu verarbeiten. Die Heilung findet bei jedem Menschen in seinem individuellen Tempo statt. Gib deiner Freundin solange weiterhin das Privileg, zu weinen und zu reden, wenn sie das Bedürfnis danach hat.

Versichere ihr beständig, daß du sie liebst und annimmst, selbst wenn ihre Gefühle manchmal im Gegensatz zu geistlichen

Wahrheiten stehen. Es wird ihr helfen, ihre schlimmsten Empfindungen mitzuteilen und sich angenommen zu fühlen. Es gibt keinen größeren Schatz als einen Freund, der dich ganz genau kennt und der dich dennoch liebt. Wenn wir uns wünschen, daß Gott uns so behandelt, sollten wir auch unseren trauernden oder leidenden Freund auf die gleiche Weise behandeln.

Wenn wir unseren christlichen Freunden gestatten, über einen (kleinen oder großen) Verlust so zu trauern, wie ich es eben beschrieben habe, werden wir in unserer Beziehung für jene geschützte Atmosphäre sorgen, die nötig ist, damit der andere sich uns anvertrauen kann. Auch wir werden dann von einer falschen Abhängigkeit oder Sorge befreit. Wir werden nicht länger das Bedürfnis haben, den anderen Menschen nach unseren Vorstellungen zu ändern, sondern werden an den Punkt kommen, wo wir Gott zutrauen können, daß Er selbst sich unserer Freundin offenbaren wird, wenn sie ihre tiefsten Nöte vor ihm offenlegt.

Hier kann man auch das Prinzip von Saat und Ernte anwenden. Wenn es eines Tagen an uns sein wird, zu trauern, werden wir mit viel größerer Wahrscheinlichkeit die gleiche liebevolle Schulter finden, an der wir uns ausweinen können. Wir werden ebenso die Freiheit spüren, unseren Schmerz zu verarbeiten, ohne uns von der Verurteilung durch andere Christen bedroht fühlen zu müssen.

Das folgende Gedicht "Geborgenheit bei einer Freundin" stammt von Dinah Craik und beschreibt auf wunderschöne Weise, wie sich ein trauernder Mensch fühlt, wenn er einen echten, einfühlsamen Freund hat, der ihn ernst nimmt:

> Wie tröstlich, wie unaussprechlich tröstlich ist das Gefühl der Geborgenheit bei einer Freundin,
> Die Gedanken nicht wiegen müssen, Worte nicht abzumessen brauchen,
> Sie einfach auszugießen, so wie sie sind, Spreu und Weizen vermischt,
> Sicher, daß eine treue Hand sie nehmen und durchsieben wird, behalten wird, was wertvoll ist
> Und den Rest mit dem Hauch der Freundlichkeit fortblasen wird.

Wenn die Gemeinde es sich nur endlich zum Anliegen machen würde, eine geschützte und sichere Atmosphäre zu schaffen, würden Betroffene es viel leichter finden, ihr Herz auszuschütten. Dann würden wir auch unserem Ziel viel näher kommen, ein Ort zu sein, an dem die verwundeten, kampfesmüden Krieger des geistlichen Kampfes Wiederherstellung und Erneuerung erleben.

Aber wodurch werden Schande und Zorn beendet? Was hilft uns, auf Dauer aus der Achterbahn der Hoffnung und Enttäuschung auszusteigen? Wir wollen weiterlesen.

Kapitel 11

Wenn Träume sterben

Vielleicht träumst du davon, eine glückliche Ehe zu führen, gläubige Kinder aufzuziehen, die Gott treu dienen, oder davon, überhaupt Kinder bekommen zu können - in jedem Fall kann schon allein diese Wunschvorstellung die Ursache für den schlimmsten Schmerz in deinem Leben werden: sie kann die Grundlage dafür sein, daß du ständig die Realität mit einer Illusion vergleichst, die niemals dem Willen Gottes für dein Leben entsprechen wird. Mein Anliegen in diesem Kapitel ist nicht, alle deine Hoffnungen zu zerstören. Ich möchte aber falsche Hoffnungen aufzeigen und dir helfen, den Unterschied zu berechtigten Hoffnungen herauszufinden.

Bei vielen Christen tarnt sich falsche Hoffnung als Glaube. Wir verhüllen unsere Illusionen hinter dichten Wolken der Leugnung und des Verdrängens. So sterben beispielsweise wesentlich mehr Menschen daran, daß sie eine Krankheit nicht wahrhaben wollen, als an der Krankheit selbst. Sie warten darauf, daß die Symptome irgendwie verschwinden und daß die harte, grausame Realität einer ernsthaften Erkrankung verblaßt. Sie leben in der Illusion einer Gesundheit, die so niemals eintreten wird.

Ich möchte dieses Phänomen verdeutlichen, indem ich in diesem Kapitel davon berichte, wie in meinem Leben ein Traum sterben mußte, den ich lange Zeit gehegt hatte. Es ist für mich sehr schmerzhaft, dies zu tun und sozusagen öffentlich mein Innerstes bloßzulegen. Ich denke aber, daß es sehr hilfreich für dich sein kann.

Mein eigener Traum

Seit sechzehn Jahren sind Bill und ich in unserer Gemeinde, der *Church of the Risen Saviour*, zusammen tätig. Wenn man mir das aber vor inzwischen mehr als eineinhalb Jahrzehnten erzählt hätte - ich hätte diese Aussage entrüstet als "Unglauben" zurückgewiesen. Damals sahen wir die Stadt Pittsburgh zum ersten Mal. Wir standen auf dem Berg Washington, ließen von dort aus unseren Blick über die

Flüsse und Täler streifen und nahmen im Glauben die ganze Gegend für Jesus in Anspruch.

Zusammen mit Bill war ich - eigentlich gegen meinen Wunsch - hierher gekommen. Ich ließ meine Heimat Texas hinter mir, und mit ihr unsere schwarzgefleckten Erbsen, das köstliche Maisbrot und die sorgenvollen Bitten meiner Tante Bessie: "Oh, Schätzchen, du wirst doch sicher nicht da 'raufziehn, oder?". Ich wollte es tatsächlich nicht im Geringsten. Wer, bitte, will schon an einem Ort leben, an dem sogar im April die Temperatur nicht über klägliche 28 oder 29 Grad steigt? Aber ich war bereit, für das Evangelium zu leiden, selbst wenn es bedeuten würde, aufopferungsvoll auszuharren, bis uns endlich der Sieg gehörte!

Bis dahin waren Bill und ich Mitglieder der Baptistengemeinde Beverly Hills in Dallas gewesen. Wir hatten gerade erst miterlebt, wie die Gemeinde in einem Zeitraum von nur drei Jahren explosionsartig von 800 auf über 6000 Gemeindeglieder angewachsen war. Es war eine Erweckung, wie ich sie zuvor nie gesehen hatte und auch seither nicht mehr erlebt habe. Ich erwartete von ganzem Herzen, daß Gott Bill und mich gebrauchen würde, damit sich auch in der Innenstadt von Pittsburgh ähnliches ereignen konnte.

Wir kamen in eine Gemeinde mit weniger als fünfzehn aktiven Besuchern, die sich noch vom Schock und der Verwirrung erholen mußten, daß der Pastor, der die Gemeinde einst gegründet hatte, sich inzwischen öffentlich zu seinen homosexuellen Neigungen bekannte und sich kopfüber in sein Engagement für die Rechte der Schwulen stürzte. Dennoch konnte das unsere Erwartungen nicht dämpfen. Für uns waren diese Herausforderungen der Brennstoff, den das Feuer der Erlösung Gottes brauchte. Nachdem wir Zeugen davon geworden waren, was Gott tun konnte, rechneten wir fest damit, daß es nur eine Frage der Zeit sein würde (auch wenn wir in dieser Zeit sicher harte Glaubensprüfungen bestehen mußten), bis wir erleben würden, daß sich unsere Vision erfüllt. Eine große, lebendige Gemeinde würde wachsen, in der alle ihren Platz finden und viele geistliche Dienste entstehen würden.

Wir waren erst sechs Wochen dort, da bemerkte unser überregionaler Gemeindeverband plötzlich, daß wir charismatisch geprägt waren - eine Tatsache, die wir eigentlich niemals geheim gehalten hatten - und entzog uns jegliche finanzielle Unterstützung. Unsere kleine

Tochter Sara war gerade ein Jahr alt, als ihren erstaunten Eltern der finanzielle Teppich unter den Füßen weggezogen wurde. Gott ließ uns aber niemals fallen. Unsere Heimatgemeinde in Dallas organisierte einen Spenderkreis, der uns mit einer geringen monatlichen Unterstützung unter die Arme griff. Wir lebten zwar in einer ärmlichen Gegend unter Bedingungen, die mancher als hart bezeichnet hätte, aber in all den Jahren gab es niemals eine Rechnung, die wir nicht hätten bezahlen können, oder eine Mahlzeit, bei der wir nicht gewußt hätten, was wir essen sollten. Bis auf den heutigen Tag weiß ich nicht, wie das so wunderbar funktioniert hat.

Obwohl die finanzielle Frage geklärt war, mußte unsere kleine Gemeinde viel kämpfen. Wir fanden leerstehende Gemeinderäume in der Innenstadt von Pittsburgh, wo wir uns sonntags treffen konnten. Wir stürzten uns in die Gemeindearbeit und in "praktische Arbeiten". Immer warteten wir voller Hoffnung auf den Tag, an dem Gott "wirken" würde. Da wir wenig darüber wußten, wie man eine Gemeinde leitet und organisiert, "wurstelten" wir uns eben irgendwie durch. Das führte dazu, daß wir meistens den falschen Menschen Führungsaufgaben in der Gemeinde anvertrauten. Mehrere Male endete es damit, daß wir miterleben mußten, wie sich die Gemeinde spaltete, weil Konflikte aufgetreten waren. Es verletzte uns und ließ für einige Zeit unseren Glauben schwinden. Doch selbst diese Hindernisse konnten uns nicht von dem Land verdrängen, das Gott uns verheißen und gegeben hatte.

Die Menschen, die sich in der Stadt von unserer Gemeinde angesprochen und angezogen fühlten, waren zum großen Teil keine jungen, aufstrebenden Bürger des gehobenen Mittelstandes, sondern eine multikulturelle, multinationale Ansammlung von arbeitslosen Singles, alleinerziehenden Eltern und Scheidungswaisen, von Studenten und Menschen, die auf der Straße lebten und schließlich einigen - scheinbar - "normalen" Familien. Wir versuchten, mit unserem kleinen Budget auch Missionare im Ausland zu unterstützen, Gastsprecher einzuladen und evangelistische Einsätze durchzuführen. Und weiterhin erwarteten wir, daß Gott eingreifen und "wirken" würde. Alle Redner, die bei uns zu Gast waren, ermutigten uns und kündigten an, daß uns sehr bald ein mächtiges Wirken des Heiligen Geistes bevorstand.

Bill und ich waren bei unserer Heimatgemeinde, in der ich aufgewachsen war, inzwischen längst in Vergessenheit geraten. Im Jahre 1982 wurden wir im *Evangelistic Center* in Kansas City (im Bundesstaat Missouri), einer Ortsgemeinde, die zum Verband der "Full Gospel Churches" gehört, ordiniert. Bei unserer Ordination wurden wir erneut ermutigt, weiterhin ein mächtiges Wirken Gottes zu erwarten.

Drei Jahre später wurde das Gebäude, in dem wir uns trafen, abgerissen. Aber Gott öffnete einen neuen Weg für uns. Durch ein wunderbares Zusammentreffen mehrerer Ereignisse konnten wir schließlich eine hübsche gotische Kirche mit bunten Glasfenstern beziehen, als ob uns Gott dafür entschädigen wollte, daß wir vorher in jener Bruchbude in der Innenstadt hausen mußten, die wir Gemeindehaus nannten.

Seitdem ist diese gotische Kirche unser Zuhause. Wellen des Wachstums sind gekommen und wieder gegangen. Jede Wachstumsphase scheint mehr oder weniger abrupt ein Ende gefunden zu haben, weil uns die Menschen, in die wir uns jahrelang investiert hatten, auf der Suche nach einer neuen Gemeinde verließen, in der alles frisch und neu zu sein schien, wo der Lobpreis professioneller und das Programm besser organisiert war. Mit jedem Menschen ist auch ein Stück von mir gegangen. Einige von ihnen haben niemals wirklich erfahren, wie sehr wir sie geliebt haben, weil sie sich selbst nicht lieben konnten. Aber auch wenn wir den Kontakt verloren haben, leben ihre Gesichter in meiner Erinnerung weiter. Ich erinnere mich an das Gelächter und die Tränen in der Zeit, als wir gemeinsam dem Herrn dienten.

Ein Jahr nach dem anderen ist verstrichen. Mit jedem Menschen, der uns verließ, wuchs auch meine Traurigkeit und Scham, weil sich mein Wunschtraum nicht erfüllte. Was ich damit sagen möchte, ist folgendes: Ich weiß, was es bedeutet, sich jahrelang nach etwas zu sehnen und voller Trauer die Fahrt über die Hoffnungshöhen und Enttäuschungstäler der Achterbahn der Gefühle fortzusetzen. Denn immer war mein Selbstwertgefühl eng mit meinem Wunschtraum verknüpft, den ich so lange hegte. Jedem Menschen, der einen solchen Traum hat, geht es ähnlich.

Gott hat Bill und mich tausendfach auf eine Art und Weise gesegnet, die zwar weniger publikumswirksam, dafür aber oft viel wichtiger war. Dennoch zerrte Hannas Aufschrei: "Herr, gib mir Kinder, oder ich werde zugrunde gehen" immer an meinen empfindsamen Gefühlen und schrie nach Erfüllung. Es gab Zeiten, in denen ich mir sicher war, daß es mir nun nichts mehr ausmachen würde, ob sich mein Traum jemals erfüllen würde, Zeiten, in denen ich mir sicher war, alle falschen Motive hinter mir gelassen zu haben. Früher oder später wurde jedoch die erlöschende Glut der Hoffnung neu in mir entfacht und brannte erneut rotglühend vor Eifer.

Jede Frau, die sich bei ihrem Herzenswunsch an den kleinsten Hoffnungsschimmer geklammert hat, auch wenn die Zeiten noch so schwierig waren, kennt die ganze Skala der Gefühle, die ich eben beschrieben habe. Der Wunsch mag verschieden sein, das Auf und Ab der Gefühle hingegen bleibt gleich. Und auch das Ergebnis ist immer das gleiche: Man wird von anderen Zielen abgelenkt, die vielleicht viel mehr dem Willen Gottes entsprechen würden, und ist schließlich innerlich seelisch oder geistlich ausgebrannt.

Ich kann mir vorstellen, wie Abraham und Sara sich gefühlt haben müssen, als sie mehr als zwanzig Jahre lang an der Verheißung Gottes, ihnen einen Sohn zu schenken, festhalten mußten. Selbstzweifel nagen an dir. Du durchwühlst dein Innerstes auf der Suche nach irgendeiner verborgenen Sünde oder einem Problem, das Gottes Segen blockiert. Ich kann Abraham und Sara nicht dafür kritisieren, daß sie schließlich die Angelegenheit in ihre eigenen Hände nehmen wollten. Ich habe oft die gleiche Versuchung gespürt.

Nach sechzehn Jahren habe ich nicht nur meinen Traum, sondern auch die Träume vieler Menschen analysiert, die innerlich zerstört auf der Achterbahn der Gefühle zwischen Hoffnung und Enttäuschung dahinrasen. Um endlich aus unserem Achterbahnwagen aussteigen zu können, müssen wir intensiv und schonungslos zurückblicken, wie unsere Fahrt begonnen hat. Wir wollen gemeinsam sieben Faktoren untersuchen, die eine Wunschvorstellung oder einen Traum ungesund machen.

Sieben Eigenschaften eines ungesunden Wunschtraumes

Am Anfang mag dir ein ungesunder Wunschtraum harmlos oder sogar gut erscheinen. Beispielsweise ist der Wunsch, Eltern zu werden, eine ganz gesunde Sehnsucht, die Gott in die Menschheit hineingelegt hat, um sie zu erhalten. Auch der Wunsch nach einem Ehepartner ist ganz normal, ebenso das Streben nach einer beruflichen Karriere oder einem erfolgreichen Studium.

Die Frage ist jedoch nicht, ob der Wunsch *im allgemeinen* Gott wohlgefällig ist. Vielmehr solltest du dich fragen, ob es Gottes Wille für dein *persönliches* Leben ist. Jeder Wunschtraum, der eine Frau auf der Hoffnungs-Enttäuschungs-Achterbahn festhält, *scheint* realisierbar zu sein. Aber die Zeit verstreicht und der Traum bleibt unerfüllt. So verursacht ein ungesunder Wunschtraum schließlich sehr schmerzhafte Resultate.

Überprüfe bitte jeden der unten aufgeführten Punkte. Was trifft davon auf deinen eigenen Wunschtraum zu?

1. *Wenn ich an meinem Traum festhalten will, führt das dann bei mir zu einem Gefühl der Unzufriedenheit mit meinen gegenwärtigen Lebensumständen, auf die ich eigentlich keinen Einfluß habe?*

Man kann unmöglich glücklich sein, solange man den Eindruck hat, die gegenwärtige Lebenssituation sei schlechter als sie es sein müßte, - oder sogar völlig unannehmbar. Damit der Träumende glücklich werden kann, muß sich sein ungesunder Traum ja erfüllen. Eine Frau mit einem ungesunden Wunschtraum besitzt gewöhnlich eine tiefsitzende, innere Angst, die sie vorwärtstreibt. So kann jegliche Zufriedenheit mit der Gegenwart (wenn überhaupt) nur sehr kurzlebig sein. Es ist, als müßte sie ständig über eine Hochsprunglatte springen. Wenn sie die Latte endlich in einer persönlichen Bestleistung überwunden hat, muß sie zusehen, wie sie erneut um einige Zentimeter höhergelegt wird und somit wieder außer Reichweite gerät.

2. *Wenn ich an meinem Traum festhalten will, werde ich dann dadurch unfähig, die Gegenwart als den Willen Gottes für mich zu akzeptieren?*

Das Gefühl, daß wir den Willen Gottes verlassen haben, bringt uns zurück auf die richtige Spur. Wir erkennen, wo wir gesündigt haben. Dieses Gefühl ist jedoch ein miserables Thermometer, ein jämmerlicher Kompaß, wenn wir Gottes Führung und Richtungsweisung in unserem Leben suchen. Einer der am meisten verwendeten Tricks Satans besteht darin, uns das Gefühl zu geben, wir hätten das Ziel verpaßt - und sei es nur ein ganz kleines bißchen. Da wir Christen ja häufig sehr leistungsorientiert sind, genügt es dann natürlich bereits, ein wenig am Ziel vorbeizugehen: schon wird sich unser Traum nicht erfüllen und es wird uns das versagt bleiben, was nach Gottes Willen das Beste für unser Leben ist.

3. *Wenn ich an meinem Traum festhalten will, glaube ich dann, ganz dringend und schnell meine Leistung oder mein Verhalten irgendwie ändern zu müssen, um Gottes Segen auch wirklich ernten zu können?*

Denke bitte gründlich nach. Wenn eine Frau mit ihrer gegenwärtigen Situation unzufrieden ist, stürzt sie sich gewöhnlich in fieberhafte, auszehrende Aktivitäten, entweder um sich selbst zu versichern, daß sie ihren Beitrag zu Gottes Plan leistet, oder um ihre Zweifel zu ersticken, ob ihr Traum wirklich von Gott ist. Das Gleichnis von den anvertrauten Pfunden, in dem jeder eine andere Anzahl von Pfunden erhalten hatte, verunsichert eine solche Frau enorm. *"Tue ich denn wirklich alles, was ich kann"*, fragt sie sich, *"und kann ich mir sicher sein, daß Gott meine Verwaltung seiner Gaben belohnen wird?"* Sie versucht nicht, die Fähigkeit andere zu lieben, wachsen zu lassen. Stattdessen konzentriert sich diese Frau (wegen ihrer ungesunden Ziele) auf die nach außen hin sichtbare Leistung. Sie glaubt, daß sie dann auch sichtbar belohnt werden wird.

4. *Empfinde ich Verlegenheit oder Beschämung, weil mein Traum sich bisher noch nicht erfüllt hat oder weil er nicht greifbar und konkret wird?*

Wenn die Erfüllung eines Traumes nicht eintritt, beginnt der Träumende stets, sich von Gott abgelehnt zu fühlen, weil noch nichts passiert ist. Das Gefühl der Schande oder Scham verstärkt sich häufig noch, wenn die Menschen in seiner unmittelbaren Nähe genau in der Weise gesegnet werden, die sich der Träumende eigentlich für sich selbst erhofft und erwartet, wenn er sich stattdessen aber weiter abmühen muß.

5. *Empfinde ich Groll gegenüber Gott oder anderen Menschen, weil sich mein Traum noch nicht erfüllt hat - als wäre es Gottes Schuld, oder die Schuld anderer Menschen, die die Erfüllung hinauszögern oder sabotieren?*

Die Geschichte von Joseph im Alten Testament sollte genügen, um jeden Christen zu überzeugen, daß sich Menschen noch so sehr bemühen mögen, eine von Gott geschenkte Vision zunichte zu machen: Sie wird trotzdem immer eintreten, und zwar nach Gottes Zeitplan. Zorn auf Gott und andere Menschen bricht jedoch dann in uns auf, wenn wir glauben, daß diese Menschen die Macht besitzen, uns unseren Wunschtraum zu rauben oder seine Erfüllung zu sabotieren.

6. *Hängt mein Selbstwertgefühl von der Erfüllung meines Traumes ab? Wenn er schließlich eintritt, fühle ich mich dann für meine Leistungen oder meinen großen Glauben belohnt oder dafür, daß ich "meine Pflicht erfüllt" und trotz mancher furchtbarer Umstände an meinem Traum festgehalten habe?*

Wenn sich ein ungesunder Traum nicht erfüllt, verursacht schon allein der Gedanke an ihn, daß ich mich schlecht fühle und negativ über mich selbst oder meine geistlichen und natürlichen Gaben denke.

7. *Habe ich Angst davor, meinen Traum innerlich loszulassen, weil ich befürchte, es sei ein Zeichen mangelnden Glaubens, so daß sich der Traum dann keinesfalls mehr erfüllen wird?*

Wenn du an deinem Traum starr festhältst, wird das vielleicht zu schmerzhaften und zerstörerischen Folgen in deinem Leben und im Leben anderer Menschen führen. Wie viele Frauen haben sich an die falsche Hoffnung geklammert, daß ihr alkoholsüchtiger oder gewalttätiger Ehemann durch ihr passives, duldsames Verhalten eines Tages schon irgendwie offen für das Evangelium werden wird! Sie befürchten, seine Erlösung aufs Spiel zu setzen, wenn sie irgendwelche Schritte unternehmen, auch wenn gerade das vielleicht zu einem Durchbruch in ihrer Situation führen könnte. Sie haben Angst davor, den Zorn Gottes auf sich zu ziehen, noch schlimmeren Kummer erdulden zu müssen, ihren Traum aufzugeben (beispielsweise eben die Bekehrung des Ehemannes) oder schließlich sogar die eigene Erlösung zu verlieren.

Solltest du glauben, daß Gott ungnädig mit dir werden wird, weil du den Glauben an deinen Wunschtraum verloren hast, dann ist der Verlust dieses Traumes das Beste, was dir passieren kann. Denn dann wirst du herausfinden, daß Gottes Liebe für dich nicht von deiner Fähigkeit abhängt, an deinen Traum zu glauben.

Wodurch entstehen ungesunde Träume mit ihren negativen Konsequenzen, so wie ich sie gerade beschrieben habe? Gehe bitte einmal dein eigenes Leben durch. Du wirst erkennen, wie deine falsche Hoffnung geweckt und genährt wurde.

Wie falsche Hoffnungen entstehen

Der Feind verwendet viele Mittel, um falsche Hoffnungen in uns zu entfachen - unsere seelischen Verletzungen, unseren Stolz, sogar unsere wohlmeinenden christlichen Freunde. Wir wollen gemeinsam vier Wege betrachten, auf denen falsche Hoffnung in uns geweckt wird.

Die erste Möglichkeit ist, daß wir *unsere Situation ständig frustriert mit der (aus unserer Sicht besseren) Situation anderer Menschen vergleichen.* Aus einem unerfindlichen Grund tendieren wir gerade in unserer westlichen Wohlstandsgesellschaft zu der Annahme oder Überzeugung, jedem Menschen stünden gleiche Chancen und Privilegien zu. Wir werden dann schnell eifersüchtig, wenn wir sehen, daß eine Schwester in einem Bereich gesegnet wird und erfolgreich ist, in dem wir Mangel erleben.

Ist es jedoch in Wirklichkeit nicht so, daß im Leben eines jeden von uns eine andere Form des Segens sichtbar wird? Eine Familie mag in finanzieller Hinsicht Erfolg und Sicherheit genießen, eine andere erfreut sich dafür ausgezeichneter Gesundheit. Probleme entstehen immer dann, wenn wir versuchen, selbst Gott zu spielen, wenn wir unsere Hoffnung auf die Erhörung eines ganz bestimmten Gebetes fixieren und nach einer verborgenen Ursache oder Bedeutung suchen, wenn das erbetene Ereignis nicht eintritt.

Es wird für uns leichter, das offensichtliche Wohlergehen anderer Menschen zu akzeptieren - selbst wenn wir gerade in diesem Bereich am Kämpfen sind - wenn wir auch andere Faktoren beachten, die vielleicht zum Erfolg der anderen beigetragen haben. Vielleicht liegt es ja überhaupt nicht an einer übernatürlichen Gunst des Himmels, sondern an natürlichen Fähigkeiten, zeitlich geschickter Planung, an vorausgegangenen Entscheidungen oder an anderen Faktoren.

Vielleicht ist eine Firma in einem bestimmten Bereich marktführend geworden oder hat eine bestimmte Methode verbessert. Was auch immer man dort erreicht haben mag, es besteht kein Grund, sich deshalb minderwertig oder gar unter Verdammnis zu fühlen. Vielleicht können wir ja die Verbesserungen eines anderen Menschen wiederum verbessern! Wenn wir aber den Eindruck haben, Gottes Segen ruhe auf anderen Menschen irgendwie mehr oder anders als auf dem eigenen Leben, dann fühlen wir uns verdammt und beginnen wieder einmal eine rasante Talfahrt in unserer Hoffnungs-Enttäuschungs-Achterbahn.

Ein weiterer möglicher Faktor, der zur Entwicklung falscher Hoffnungen beiträgt, ist das *Übernehmen von Erfolgsmodellen, die nicht mit dem Willen Gottes für unser Leben übereinstimmen.* Wenn du ständig irgendwelche schicken Hochglanzmagazine liest, in denen dir lauter Erfolgsrezepte präsentiert werden, die du unmöglich in deiner momentanen Situation oder mit deinen finanziellen Möglichkeiten umsetzen kannst, mußt du ja geradezu mutlos werden! Es ist durchaus in Ordnung, diese Zeitschriften und Veröffentlichungen nicht zu lesen!

Wir Christen haben beispielsweise bestimmte Modelle und Wunschvorstellungen, wie erfolgreiche Gemeindemitarbeiter und Leiter sein sollten. So wird es für uns manchmal schwer, unseren eigenen Pastor als individuelle Persönlichkeit anzunehmen. Stattdessen entstehen unrealistische, überzogene Erwartungen. Was geschieht denn zum Beispiel, wenn unser Pastor versagt und damit zeigt, daß er keineswegs perfekt ist? Wenn seine individuellen Begabungen sich von unseren Gaben oder denen unseres letzten Pastors unterscheiden? Wenn Gott ihn in eine andere Richtung führt als die Gemeinde es erwartet?

Diese Überlegungen führen uns bereits zum nächsten Problem, das falsche Hoffnungen verursachen kann: *wenn wir es zulassen, daß die gut gemeinten, aber nicht vom Heiligen Geist inspirierten Worte anderer Menschen uns in unserer Illusion bestärken und uns dazu verleiten, falsche Hoffnungen weiter zu nähren.* Später werden wir dann plötzlich schockiert mit der harten, kalten Realität konfrontiert. In einigen christlichen Kreisen wird eine der Gaben des Heiligen Geistes, die Gabe der Prophetie, mißbraucht, um falsche Hoffnungen zu wecken. Ich selbst bin viele Male durch prophetisches Reden ermutigt und gestärkt worden. Ich habe auch miterlebt, daß diese Gabe in vielen verschieden Formen praktiziert wurde - sogar von Menschen, die nicht daran glaubten oder gar nicht wußten, daß sie gerade ein prophetisches Wort weitergaben. Ich habe jedoch auch schon gehört, wie über meinem Leben grandiose Dinge prophezeit worden sind. Ich hätte furchtbaren geistlichen Schiffbruch erlitten, wenn ich diese Worte nicht an den Aussagen der Bibel gemessen hätte. Ich mußte immer prüfen, welcher Geist hinter solchen Botschaften stand und diese Aussagen mit anderen Dingen vergleichen, die der Herr schon zu mir gesprochen hatte.

Erinnere dich einmal an den Vorfall im Neuen Testament, als Petrus Jesus zur Seite nimmt und ihm sagt, daß er niemals leiden oder gar sterben würde. Jesus ließ nicht zu, daß der Überschwang des Petrus, der auf nichts anderes hinauslief als auf gut gemeinte Wünsche - "Interessen der Menschen", wie Jesus sie nannte (Matthäus 16, 23; Übersetzung aus dem Englischen) - Illusionen in ihm weckte, die ihn von seinem Auftrag abgelenkt hätten.

Schließlich führen falsche Hoffnungen auch zu Illusionen, *sobald sie an die Stelle echten Glaubens treten, den nur Gott schenken kann.* Dr. Charles Price, ein Evangelist der Pfingstbewegung, war in der ersten Hälfte des zwanzigsten Jahrhunderts sehr bekannt für seine Gabe, erstaunliche Heilungswunder zu bewirken. Er schreibt in seinem bekannten Buch "Der wahre Glaube":

> "Es gibt einen großen Unterschied zwischen dem, was wir den Glauben des Menschen an Gott nennen, und dem Glauben, den Gott in uns Menschen hineingelegt hat. Ein solcher Glaube ist nicht das Kind von Anstrengungen, er wird auch nicht aus Kampf geboren. Wenn es der Glaube Gottes ist, können wir ihn nur von Ihm empfangen, und nicht aus unseren geistlichen Einstellungen oder Überzeugungen gewinnen."

Wenn die Hoffnungen und Träume einer Frau nicht aus dem Glauben Gottes heraus geboren werden, sondern eine Illusion geschaffen haben, wird diese Illusion von Anfang an dazu bestimmt sein, irgendwann zu zerplatzen. Sie wird tiefe Verzweiflung mit sich bringen. Bis diese Illusion gestorben ist, wird der wirkliche Plan Gottes für das Leben dieser Frau verborgen bleiben. Du kannst aber im Hier und Jetzt nicht glücklich sein, solange das, was sein *könnte*, nicht für dich gestorben ist.

Wie aber kann ich einen Traum loslassen, an den ich mich seit Jahren geklammert habe? Wird er dadurch nicht zerstört werden?

Gott wird dir helfen, zurück zu einem gesunden Glauben zu finden. Dazu wird er deine Hoffnungen, die du auf Illusionen gesetzt hast, von deiner Hoffnung auf Ihn trennen. Wenn du an einem Traum festhältst, der nicht von Gott ist, wird es deinen Glauben schließlich zerstören. Wenn Du jedoch einen Traum losläßt, der von Gott in dich hineingelegt worden ist, wird dieses Loslassen ihm nicht schaden. Es wird seine Erfüllung nicht beeinflussen oder gar verhindern können, weil dieser Traum Auferstehungskraft und eigenes Leben in sich trägt.

Loslassen können

Wenn du einen falschen Traum loslassen möchtest, brauchst du sehr viel Kraft von Gott, weil du dich bisher vermutlich ziemlich fest an deinen Wunschtraum geklammert hast. Sieben Schritte führen zum Tod eines falschen Traumes. Bitte den Herrn, dir zu helfen, wenn du sie nacheinander gehst.

1. *Erkenne und gestehe dir selbst ein, daß du dich in Bezug auf deinen Traum möglicherweise getäuscht hast oder getäuscht worden bist.* Selbst wenn dein Traum von Gott ist, war es dir vielleicht unklar, wie und wann er sich erfüllen soll. Du hast daher versucht, Gott in dein Erwartungsschema zu pressen und so deinen Traum ungesund werden lassen. Du magst daher deine Hoffnung auf etwas gesetzt haben - und sei es in der besten Absicht -, das niemals eintreten wird. Bitte Gott, dir zu helfen, dich der Möglichkeit zu stellen, daß deine Hoffnung unter Umständen eine falsche, unberechtigte ist. Du brauchst Hilfe, um dies tun zu können, weil es ohne die Gnade Gottes wirklich unmöglich ist.

2. *Laß deinen Traum sterben, indem du ihn zur Ruhe legst.* Weigere dich innerlich, dem Gedanken Raum zu geben, daß sich dein Traum irgendwann doch noch erfüllen könnte. Male dir nicht länger aus, wie du in der Kirche den Mittelgang zum Traualtar vorläufst, wie du ein Baby in deinen Armen hältst, oder was auch immer dein Traum

gewesen sein mag. Echte Träume werden auch ohne die Hilfe unserer bildlichen, lebhaften Phantasie eintreten. In jedem Fall aber wird Gott ohne Zweifel viel mehr tun, als du ihn jemals gebeten oder dir gedacht hast - nur eben auf eine ganz andere Weise, als du es dir bislang vielleicht vorstellen konntest.

3. *Genieße das Gefühl des inneren Friedens und der Ruhe, das eintritt, wenn du nicht länger darauf zu warten brauchst, daß sich dein Traum erfüllt. Es ist nicht mehr nötig, daß dein Wunsch eintritt, damit du dem Herrn weiter vertrauen kannst oder dich von ihm geliebt und von anderen Menschen geschätzt und angenommen fühlst.*

4. *Erlaube es dir selbst, deine gegenwärtigen Lebensumstände zu genießen.* Was wäre, wenn du den morgigen Tag nicht mehr erleben würdest? Solltest du es nicht schaffen können, die Gemeinschaft mit Gott und anderen Menschen heute auszukosten? Ein Pastor einer riesigen Gemeinde rät anderen Pastoren deshalb immer, sich ihrer jeweiligen Gemeinde in ihrem momentanen Wachstumsstadium zu erfreuen.

5. *Laß den Ärger los, der sich in dir aufgestaut hat, weil du das Gefühl hattest, andere Menschen wollten die Erfüllung deines Traumes behindern.* Eine Frau namens Julie kam einmal während eines Frauenseminars auf mich zu. Jahrelang hatte sie Gott um ein Baby gebeten. Doch seit sie und ihr Ehemann herausgefunden hatten, daß er unfruchtbar war, gruben sich Zorn und Groll immer tiefer in Julies Herz. Sie konnte ihm einfach nicht vergeben. Da erkannte ich auf einmal, daß auch ich Wut in mir trug: Ich war zornig auf störrische Menschen, die sich einfach nicht ändern wollten. Für mich waren sie immer eine Bedrohung für die Verheißungen, die Gott mir gegeben hatte, sozusagen ein Kurzschluß auf dem Weg zur Erfüllung. Wenn du solche Dinge erkennst, zugibst und losläßt - was sowohl Julie als auch ich taten - wirst du frei, andere Menschen als Teil des Willens Gottes für dein Leben heute zu lieben und zu akzeptieren. Statt nur wertloser, toter Ballast zu sein, werden diese Menschen auf einmal sehr kostbar.

6. *Laß Gott mögliche Träume und zukünftige Erwartungen für dein Leben bestimmen.* Sei dir bewußt, daß deine lebhafte Vorstellungskraft oder dein Bedürfnis nach Wertschätzung und Annahme die Ursache dafür waren, daß du auf falsche Prophetien

oder ermutigende Worte hereingefallen bist. So wurden in dir unrealistische Erwartungen bezüglich der Ziele Gottes und seines Zeitplanes geweckt. Jesus verspricht uns, daß der Heilige Geist uns immer das in Erinnerung rufen wird, was er gesprochen hat. Ich habe das schon viele Male erlebt. Gott erinnert mich dann daran, daß gegenwärtige Ereignisse die Erfüllung von Dingen sind, die er mir in der Vergangenheit einmal versprochen hat.

7. *Laß Gott deine seelischen Verletzungen heilen. Dann können dein geringes Selbstwertgefühl oder dein Märtyrerkomplex Gott nicht länger davon abhalten, dich auf andere Weise zu gebrauchen, als du es dir vielleicht in deinen falschen Träumen vorgestellt hattest, an die du dich immer geklammert hast.* Wenn du von inneren Verletzungen geheilt bist, wird dich das auch weniger anfällig für falsche Prophetien oder unangemessene Ermutigung machen, die nichts anderes sind als geistlich verpackte, gut gemeinte Wünsche.

Wenn du dich entschieden hast, deinen Traum loszulassen, ist das möglicherweise die härteste Aufgabe, die du jemals zu erfüllen hattest. So öffnet sich für dich jedoch ein weites Tor in ein neues Land. Du wirst Gottes Segen auf ganz andere Weise erkennen können und so Ruhe, Zufriedenheit und inneren Frieden finden. Ich möchte dir nun erzählen, was mit meinem Traum geschah.

Als mein Traum sterben mußte

Ich verstand nicht - zumindest nicht wirklich - was es bedeutet, wenn das Ich sterben muß, bis die sechzehn Jahre meines eigenen tiefen Kummers schließlich ihren Höhepunkt erreichten. Ich sprach als Referentin auf einem Seminar, das von einer örtlichen Gemeinde veranstaltet wurde. Mein Thema war "Lege deine Scham ab und ziehe die Herrlichkeit an".

Gewöhnlich empfand ich es als sehr schmerzhaft, bei einem Frauenseminar vor einer Gruppe glücklicher, begeisterter Frauen zu sprechen, die zu einer anderen Gemeinde gehörten. Warum wollten sie, daß gerade ich als Sprecherin in ihre Gemeinde kam und auf ihren Seminaren lehrte, wenn doch offensichtlich verhältnismäßig wenige Menschen unsere Gemeinde besuchen wollten? An diesem Tag empfand ich besonders starken Widerwillen bei dem Gedanken daran, über das Unfruchtbarkeitssyndrom zu sprechen. Ich wollte gerade dieses Thema nur äußerst ungern vor einer Gruppe von Frauen aus einer anderen Gemeinde darlegen. Ich fürchtete, meine eigene Beschämung würde an die Oberfläche kommen; jene Scham über die geringe Größe unserer Gemeinde, die mich in all den Jahren wieder und wieder belastet hatte. Sechzehn Jahre dieser niederdrückenden Erfahrung forderten nun ihren Tribut.

Obwohl viele Christen Bill und mir versichert hatten, daß unsere Gemeinde eines Tages wachsen würde, war sie nach sechzehn Jahren so klein wie eh und je. Zu allem Übel nahmen an diesem Seminar auch noch einige Frauen teil, die unsere Gemeinde mehrere Jahre lang besucht hatten und dann aus dem einen oder anderen Grund beschlossen hatten, uns zu verlassen. Während der Tagung nahm mich einmal eine dieser Frauen auf die Seite. Sie war vor vier Jahren gegangen und sagte mir nun - wohl in dem gut gemeinten Versuch, mich zu ermutigen - wie sehr sie es schätze und respektiere, daß ich bereit dazu war, so "komischen" Menschen zu dienen. Unsere Gemeinde hatte sich sehr geändert, seit diese Frau gegangen war, trotzdem fragte ich mich: "Wird unsere Gemeinde von anderen Menschen *so* eingeschätzt?" Meine Beschämung wurde nur noch größer.

Als ich zurück in meinem Zimmer war, lief ich unruhig auf und ab.

"Herr, ich muß dringend eine Antwort von Dir haben," betete ich. "So kann ich nicht mehr weitermachen."

Ich lackierte meine Fingernägel, warf mich auf mein Bett und wartete auf den Moment, noch mehr zu sagen. Im hintersten, tiefsten Winkel meines Kopfes formte sich eine leise Stimme und flüsterte: *"Nicht mein Wille, sondern deiner geschehe."*

"Oh ja, Herr, ich weiß, daß ich das jetzt sagen sollte, aber ich kann es im Moment einfach nicht. Ich werde versuchen, es irgendwie zu schaffen."

Am Nachmittag setzte ich meinen Vortrag fort. Mehrmals versagte meine Stimme in den (meiner Ansicht nach) unpassendsten Momenten. Die Frauen wurden sehr still. Das ist meistens so, wenn ich beginne, den Schmerz zu beschreiben, den wir wegen nicht erhörten Gebeten empfinden - einen Schmerz, den ich selbst nur zu gut kannte und der auch vielen von ihnen vertraut war. Was diese

Frauen nicht wußten, war, daß gerade ihre Gegenwart eigentlich die Ursache war, warum ich in diesem Augenblick so sehr litt. Ich forderte sie auf, anderen Menschen ihre Scham zu nehmen, indem sie ihnen gerade in dem Punkt, für den sie sich schämten, Mut zusprachen und sie bestärkten.

Ich beendete meinen Vortrag, erntete einige herzhafte "Amen" sowie heftigen Applaus und setzte mich.

Zurück in meiner eigenen Gemeinde trat am nächsten Morgen unser kleiner, weniger enthusiastischer Haufen an die Stelle der beeindruckenden, geistlich aufgeladenen Atmosphäre des Seminars. Es war Palmsonntag. Bill predigte über den triumphalen Einzug Jesu in Jerusalem, über die Menschenmenge, die ihm begeistert zujubelte, nur um ihn einige Tage später zurückzuweisen. Während Bill sprach, versank seine Stimme zunehmend im Hintergrund. Die Stimme des Herrn brach zu mir durch: *"Du sprichst von meiner bedingungslosen Liebe zu dir und zu anderen Menschen. Aber wirst auch du mich bedingungslos lieben und annehmen?"*

Plötzlich brach Licht zwischen den dunklen Wolken hervor. Ich mußte die Art und Weise, wie Gott in meinem Leben wirken und sich offenbaren wollte, akzeptieren. Es ging nicht darum, was er möglicherweise oder theoretisch für mich oder andere Menschen tun konnte. Entscheidend war vielmehr, was er jetzt im Augenblick für mich tun wollte.

Ich dachte an Schadrach, Meschach und Abed-Nego im Buch Daniel, die kurz davor standen, in den Feuerofen geworfen zu werden. Sie kannten Gottes Fähigkeit und Macht, sprachen aber voller Mut und vom Heiligen Geist inspiriert zum König Nebukadnezar: "Ob unser Gott, dem wir dienen, uns erretten kann [...] aus dem brennenden Feuerofen [...] oder ob nicht: es sei dir (jedenfalls) kund, o König, daß wir deinen Göttern nicht dienen und uns vor dem goldenen Bild, das du aufgerichtet hast, nicht niederwerfen werden." (Daniel 3, Vers 17 und 18).

Sie sagten "Ja" zu Gott, zum Positiven wie zum Negativen, wie auch immer er beschließen würde, sich selbst zu offenbaren. Sobald sie dann im Feuerofen waren, kam ein vierter Mann und stand ihnen zur Seite. Seine Erscheinung glich der eines "Göttersohnes" (Vers 25). Das Feuer, das sie prüfte, zeigte keine Wirkung.

Ich mußte ebenfalls "Ja" zu Gott sagen - auf derselben Grundlage, also unabhängig davon, ob er unsere Gemeinde jemals wachsen lassen würde oder nicht.

Am nächsten Morgen hatte ich um halb fünf Uhr im Traum den Eindruck, als würden mich zwei dunkle Gestalten durch den Wald zerren und gegen meinen Willen and den Rand eines tiefen Loches schleifen, das sie für mich gegraben hatten. Ich entkam ihnen und floh in den Wald. Die Szene ereignete sich wohl mehrere Male hintereinander, jedesmal fanden sie mich und brachten mich zurück zum Loch. Tatsächlich war die Vorstellung, ohne Hoffnung auf Rettung lebendig begraben zu werden, schon in meiner Kindheit ein bedrohlicher Alptraum für mich gewesen.

Diese quälende Furcht empfand ich nun aber gar nicht. Statt dessen veränderte sich plötzlich die Szene. Die beiden dunklen Gestalten nagelten Jesus an ein Kreuz. Er versuchte überhaupt nicht, sich loszureißen. Still gestattete er ihnen, ihn dort hinzuhängen, die Nägel in sein Fleisch zu treiben und das Kreuz über einer gröhlenden Menschenmasse aufzurichten. Man schleuderte ihm Beleidigungen entgegen, verlachte und verspottete ihn. Aber es schien, als wäre Jesus bereits tot. Er leistete keinerlei Widerstand. Er schien auch nicht jenen ohnmächtigen Zorn eines Menschen in sich zu tragen, der sich passiv und willenlos einer ausweglosen Situation fügen muß. Er strahlte mitten in seinem Schmerz großen Frieden aus.

Ich erkannte plötzlich, daß die Macht, die Jesus in diesem Augenblick hatte, von seinen unerhörten Gebeten im Garten Gethsemane kam. An diesem Ort hatte der Himmel geschwiegen. Der einzige Laut war das Rauschen der Olivenbäume im leisen Nachtwind und das Schnarchen der schlafenden Jünger gewesen, denen alles egal zu sein schien. In Wahrheit war Jesus *dort* gestorben. Obwohl ich zuvor schon darüber gepredigt hatte, wurde mir diese Tatsache eigentlich erst jetzt richtig bewußt.

Das war es. Mein Traum, an der Seite meines Mannes Pastorin für eine Gemeinde von mehreren hundert Mitgliedern zu sein, die alle eifrig und von ganzem Herzen gemeinsam dem Herrn nachfolgten, mußte sterben. Gleichzeitig würde auch mein unabhängiger, und starker eigener Wille gehen müssen, der sich so oft von Gottes Willen entfernt hatte. Ich würde bedingungslos zu seinen Zielen und Absichten "Ja" sagen und ihm vertrauen müssen. Ich konnte mir nicht mehr insgeheim vormachen, ich sei geistlicher, heiliger oder irgendwie mehr gekreuzigt als andere Christen. Ich war es nicht. Ich würde nun sterben und darauf trauen müssen, daß aus der frischen Erde, die man auf meinem Grab aufhäufen würde, neue Pflänzchen sprießen würden - Pflanzen, die Gott sich wünschte, nicht solche, von denen ich geträumt und die ich mir vorgestellt hatte.

Was ich erlebte, war kein falscher Märtyrertod, wie es oft bei kodependenten Menschen der Fall ist. In dem Moment war mir auch der Unterschied klar. Es war immer noch richtig, wenn ich anderen Frauen sagte, daß Gott an grundlosem Leid kein Interesse hat. Er sucht nicht nach Frauen, die still und duldsam darunter leiden, daß sie täglich von einem bösartigen Mann geschlagen und mißhandelt werden und die sich so (bildlich gesprochen) täglich in Todeskrämpfen winden ohne je wirklich zu sterben. Was Gott für diese Frauen will, ist lediglich, daß sie endlich ehrlich der Tatsache ins Auge blicken, daß sich ihr Mann vielleicht niemals ändern wird. Sie werden dadurch frei, loszulassen und ihn in die Hände Gottes zu geben. Genauso mußte ich meinen Traum loslassen, unsere Gemeinde wachsen zu sehen.

Viele Male war ich an den Rand der Resignation gekommen, war aber jedesmal "in den Wald geflohen". Ich empfand große Dankbarkeit für die Freunde, die mich durch schwierige Zeiten begleitet hatten, wenn ich mich in diesen sechzehn Jahren gerade wieder einmal besonders geschämt hatte. Ich erinnerte mich an Personen, die in der Bibel in der Geschichte des Leidens und der Kreuzigung Jesu erwähnt werden. Diese Personen holten tief Luft und standen Jesus dann mit stillem Mut zur Seite. Während die Menschenmassen ihn verhöhnten, gaben sie ihm Zuspruch und vermittelten ihm das Gefühl, geliebt und einzigartig zu sein.

Da war zum Beispiel Maria, die seine Füße mit ihren Tränen gewaschen und mit ihrem Haar getrocknet hatte - wie sehr glich sie Sally und Roberta, zwei Pastorenfrauen, die mit mir gelitten und geweint und für einen Durchbruch gebetet hatten! Da war auch Simon von Kyrene, den man gezwungen hatte, das Kreuz Jesu zu tragen, obwohl er ein unschuldiger Zuschauer war. Wie viele Menschen waren mir zur Seite gestanden, zum Beispiel meine Freundin Mary, und hatten niemals mehr von mir erwartet, als das, was Gott gerade tat!

Dann war da jener Zenturio, der laut rief: "Wahrlich, dieser Mann ist Gottes Sohn!", als alle anderen sich über Jesus lustig machten. Wie sehr ich jene Menschen schätzte, die treu zu mir und Bill gestanden hatten - Beverly und Bill, leitende Mitarbeiter und viele andere Menschen, die in unserer Gemeinde etwas Besonderes sahen, das anderen anscheinend immer irgendwie verborgen blieb. Ich konnte auch den kindlichen Ausruf einer Frau aus unserer Gemeinde hören, die oft Ablehnung erlebt hatte, weil sie von Geburt an "langsamer" als andere war: "Melinda, niemand hat mich jemals lieb gehabt, bis ich in diese Gemeinde gekommen bin."

Bis zum letzten Augenblick gab es im Leben Jesu Menschen, die ihm zur Seite standen, die schwache und unbeholfene Versuche machten, ihm durch seinen Schmerz hindurchzuhelfen. Abgesehen von Maria Magdalena, Johannes und seiner eigenen Mutter waren es nicht die Menschen, die er vielleicht erwartet hätte. Der Dieb am Kreuz hatte beispielsweise wenig mit Jesus zu tun gehabt, bis er schließlich in seinen letzten Atemzügen den Mut aufbrachte, den anderen Dieb zurechtzuweisen und für Jesus einzutreten. So bestätigte er, daß Jesus heilig war und erkannte den Unterschied zwischen seiner Schuld und dem sündlosen Wesen Jesu.

Kein Wunder, daß der Herr dafür sorgte, daß diese Menschen eine ehrenvolle Erwähnung fanden, als die Heilige Schrift verfaßt wurde! Niemand kann verstehen, wieviel dies Jesus bedeutet haben mag, bis einmal ein Freund, ein Mitarbeiter oder gar ein Fremder für *dich* seine eigene Ehre aufs Spiel setzt, um deine zu retten.

Ich wußte aber auch, daß ich niemals einen Menschen zwingen konnte, an den Punkt zu kommen, den ich nun erreicht hatte. Ich hatte kein Recht zu erwarten, daß andere Frauen ihre Träume so einfach loslassen würden. Ich konnte ihnen in ihrer Beschämung Zuspruch geben und sie in ihrem Schmerz ernst nehmen, weil ich wußte, wie schwer es war, zu sterben. Ihr Schmerz war für mich etwas heiliges, etwas, das ich nicht berühren durfte. Ich konnte nur eine Freundin für sie sein.

Wer war ich außerdem, daß ich hätte beurteilen können, welche ihrer Träume sterben mußten und welche erfüllt werden würden? Ich konnte doch nicht in einem anderen Menschen die Hoffnung zerstören, auf die der Glaube aufbaut. Ebensowenig durfte ich inmitten tiefer Schmerzen die geistliche Maske eines Lächelns erwarten. Ich mußte Gott nicht verteidigen oder meine Erwartungen in anderen Punkten aufgeben. Ich mußte nur meinen Willen mit seinem in Einklang bringen. Sobald mein Traum gestorben war, konnte ich weiterleben. Ich konnte mir sicher sein, daß Gott irgendwie meine Bereitschaft, ihm zu vertrauen, belohnen würde.

Als ich in jener Nacht von meinem Traum erwachte, hatte ich über die Krise hinausgeblickt. Ich hatte den Frieden gesehen, der danach kommen sollte. Aber ich brauchte Hilfe. Noch immer gab es diese Anflüge von Zorn - wie Todesschauer, die durch eine Leiche gehen. An diesem Morgen saß ich an meinem Schreibtisch und weinte. Einige Worte der Schrift kamen zurück in meine Erinnerung: " [...] der um der vor ihm liegenden Freude willen die Schande nicht achtete und das Kreuz erduldete und sich gesetzt hat zur Rechten des Thrones Gottes." (Hebräer 12, 2) und "[...] weil er immer lebt, um für sie einzutreten" (Hebräer 7, 25). Ich brauchte seine Hilfe und bat ihn, in diesem Moment im Thronsaal Gottes für mich einzutreten.

Dann erinnerte ich mich an die Worte einer Freundin, die ich erst vor zwei Wochen in einem anderen Teil des Landes kennengelernt hatte. Sandy hatte Jahre damit verbracht, auf die Erhörung eines Gebetes zu warten, die niemals eintrat. Sie wünschte sich, selber ein Baby bekommen zu können. Ich rief mir ihre Worte ins Gedächtnis zurück: "Eines Morgens wachte ich plötzlich auf und stellte fest, daß ich zu alt geworden war, um noch ein Kind bekommen zu können. Mein Traum war nicht länger möglich. Mir blieb nur übrig, über seinen Tod zu trauern." Sie trauerte so lange, bis ihr Groll der Resignation Platz machte und dann schließlich irgendwann der Schmerz verschwand. Gott konnte eben "Nein" zu einem Gebet sagen, und "Ja" zu hunderten anderen, auch wenn sie ihr weniger wichtig erschienen. Sie konnte damit nun leben.

So ließ ich meinen Traum sterben. Als er tot war, begrub ich ihn und wußte, daß eine Zeit der Traurigkeit und der Tränen vor mir lag. Gleichzeitig erfüllte mich aber ein tiefes Gefühl des Friedens: Gott hatte geantwortet. Er hatte "Nein" gesagt. Meine Scham war tot. Ich bedauerte nichts. Ich wußte, endlich konnte ich auch ohne meinen Traum glücklich und zufrieden sein. Für mich war es eine tiefe, innige Form der Anbetung. Ich hatte Gott das geschenkt, was ich mir am meisten gewünscht hatte und dadurch den wahren Gott berührt. Als ich ihn berührte und er mir meinen Traum nahm, stellte ich fest, daß ich ihn nun noch mehr lieben konnte. Mein Traum war gestorben, meine Hoffnung in Christus jedoch war lebendig.

Damit wir uns in Freiheit an Gott erfreuen können, muß falsche Hoffnung von wahrem Glauben amputiert werden. Die einzige Möglichkeit herauszufinden, ob ein Traum echt oder falsch ist, besteht darin, den Traum loszulassen und ihn sterben zu lassen. Manchmal ist der Traum auch gar nicht falsch, aber Gottes Zeitpunkt für seine Erfüllung ist noch nicht gekommen. Bei Abraham und Sara, bei Zacharias und Elisabeth, bei Hanna und Elkana war es so. Wenn du aber loslassen kannst, wird es dir helfen, Gott zu genießen, ohne daß du dauernd darum kämpfen mußt, an etwas festzuhalten, was du in deiner eigenen Kraft gar nicht produzieren kannst.

Wenn der Traum tot ist, wird er frei, eine andere Gestalt oder Form anzunehmen. Gott hat nun wieder die Kontrolle darüber, nicht länger deine Phantasie, die Gottes wahren Plan für dein Leben so lange verdunkelt hat.

Ich habe meinen Traum losgelassen. Ich weiß nicht, ob Gott ihn jemals zu neuem Leben erwecken wird, aber das ist nun auch seine Sache. Ob er es tun wird oder nicht hat nun keinen Einfluß mehr darauf, ob ich ihm heute voller Freude dienen kann. Ich werde in meinen Gedanken auch nicht mehr dem nachhängen, was hätte sein können oder was vielleicht eines Tages einmal sein wird. Gott ist so viel besser als mein Traum!

Wenn dein Traum erst gestorben ist und du aus der Hoffnungs-Enttäuschungs-Achterbahn ausgestiegen bist, kann deine Heilung in eine neue und wichtige Phase treten. Du bist bereit zum nächsten Schritt - deinen Groll Gott gegenüber zu überwinden.

Kapitel 12

Die Wut auf Gott überwinden

Beantworte die folgenden Fragen mit "Ja" oder "Nein":

____ 1. Gebe ich es nur äußerst ungern zu, wenn ich wütend oder sauer bin?

____ 2. Spüre ich manchmal, wie ich aufbrausend werde und mein Temperament mit mir durchgeht, versuche dann aber, meine Gefühle zu verbergen?

____ 3. Drohe ich damit, andere Menschen zu verlassen oder aufzugeben, wenn ich wütend bin?

____ 4. Spiele ich im Zorn mit dem Gedanken, mich selbst zu zerstören, indem ich beispielsweise Menschen verlasse oder mich von ihnen innerlich distanziere und entfremde?

____ 5. Denke ich (insgeheim), Gott hätte meine negativen Lebensumstände, mit denen ich gerade konfrontiert bin, eigentlich verhindern und irgendwie eingreifen können?

____ 6. Klage ich Gott an und gebe ihm die Schuld, wenn Dinge in meinem Leben falsch laufen?

____ 7. Weigere ich mich zu beten, wenn ich merke, daß ich zornig auf Gott bin?

____ 8. Haben mein geistliches Leben und meine persönliche Zeit ("Stille Zeit") mit Gott in der letzten Zeit gelitten?

____ 9. Fühle ich mich manchmal so, als würden die Verheißungen, die ich in der Bibel lese, allen Menschen gelten - nur mir nicht?

____ 10. Empfinde ich es als ungerecht, daß ausgerechnet ich in solch negativen Lebensumständen geboren wurde und aufgewachsen bin?

____ 11. Scheint Gott andere Menschen zu segnen, mich aber nicht?

____ 12. Glaube ich, daß es Gott wirklich kümmert, wie ich mich fühle?

____ 13. Habe ich den Eindruck, Gott sei kalt und gefühllos?

____ 14. Scheint es sehr schwer zu sein, mit Gott in Kontakt zu treten und zu bleiben?

____ 15. Glaube ich, daß mir nicht so leicht Schlimmes zustoßen wird, solange ich Gott nur wirklich treu bin?

Wenn ein Mensch auf Gott wütend ist, wird er vermutlich auf alle Fragen (außer Nummer 12) mit "Ja" antworten. Wenn du viele dieser Fragen innerlich bejahen mußtest, ist dies ein Anzeichen dafür, daß du entweder bereits zornig auf Gott bist oder es bald sein wirst.

Warum Menschen wütend auf Gott werden

Wut gegenüber Gott existiert, seit Satan aus dem Himmel stürzte. Schon allein wegen seiner Position der Autorität ist Gott vielerlei Kritik ausgesetzt. Menschen kritisieren ständig die Art und Weise, wie er mit ihrer Lebenssituation umgeht. Ich frage mich, ob nicht auch Adam und Eva wütend waren, als sie aus dem Garten Eden vertrieben wurden. Adam war ja nicht wirklich überzeugt davon, daß *er* schuld daran war und versuchte daher, seiner Frau die Schuld in die Schuhe zu schieben. Deshalb kann ich mir gut vorstellen, daß er im Lauf der Zeit ziemlich sauer wurde, wenn er daran dachte, daß er so unter den Konsequenzen der Sünde leiden und Eden verlassen mußte, obwohl er es doch eigentlich gar nicht verdiente.

Es mag so gewesen sein - oder auch nicht. Jedenfalls wird Zorn bereits ganz am Anfang im ersten Buch Mose erwähnt: bei Kain, dem Sohn von Adam und Eva. Kain wurde wütend auf Gott, weil er sein Opfer aus Feldfrüchten nicht annehmen wollte, das Tieropfer seines Bruders Abel jedoch durchaus wohlwollend akzeptierte. So war die Eifersucht Kains die Wurzel seines Zorns - sie ist meistens die verborgene Ursache, wenn ein Mensch Gott gegenüber zornig wird.

Sind wir nicht alle anfällig dafür, Gott in Frage zu stellen, wenn seine Pläne und Absichten unseren Willen durchkreuzen? Warum konnte er die Dinge nicht so lenken, wie wir es uns vorgestellt hatten? Jeder ehrliche, denkende Mensch hat sicher schon an irgendeinem Punkt in seinem Leben an der Weisheit Gottes gezweifelt. Bei Christen melden sich solche Zweifel und Fragen normalerweise nicht bei Alltagsangelegenheiten, sondern nur bei ernsteren Anlässen, beispielsweise bei einem größeren Verlust oder einem Todesfall. Für uns ist dann gewöhnlich der nächste Schritt, unsere Anflüge von Zorn zu unterdrücken und möglichst unbemerkt abklingen zu lassen. Wir versuchen, Gottes Standpunkt zu verteidigen. Am liebsten möchten wir unsere Wut wegerklären, so daß wir uns weiterhin sicher fühlen und in ungetrübtem Vertrauen gegenüber Gott vor uns hin leben können.

Wir sind in diesem Buch immer wieder Frauen begegnet, die feststellen mußten, daß sie Gott zeitweise in Frage stellten oder sogar haßten, wenn sie in ihrem Leben mit Kummer oder Schicksalsschlägen konfrontiert wurden. Je vertrauter und inniger unser Verhältnis zu einem Menschen ist, desto sicherer fühlen wir uns, in seiner Gegenwart unseren Zorn zu zeigen. Da Gott für ewige Zeiten einen Bund mit uns geschlossen und sich so auf uns Menschen eingelassen hat, empfinden wir manchmal, daß er - zumindest indirekt - für unser Leid und Unglück verantwortlich ist (obwohl wir natürlich wissen, daß solche Gedanken eigentlich respektlos und anmaßend sind). Schließlich hätte er es doch verhindern können, oder? Warum hat er es dann nicht getan?

Unser Dilemma wird oft noch dadurch verschlimmert, daß wir Christen glauben, Gott lasse schwierige Umstände und Prüfungen in unserem Leben zu, damit wir im Feuerofen des Leidens und der Bedrängnis geläutert werden und so beweisen können, ob unser Glaube wirklich echt und standhaft ist oder nicht. Wenn ein Mensch jedoch bereits wütend auf Gott ist, wird er wohl eher so reagieren: "Wer denkt er eigentlich, wer er ist? Weiß er denn nicht sowieso schon, wie ich wirklich bin? Er kann doch ohnehin in meine Seele hineinschauen!"

Natürlich kennt Gott tatsächlich jeden einzelnen Menschen bis ins Herz und ist - wie die Bibel es ausdrückt - "mit allen meinen Wegen [innigst] vertraut" (Psalm 139, 3). Er weiß bereits alles, was er jemals über uns wissen muß. *Wir* wissen jedoch oft nicht, wie wir reagieren sollen, wenn unsere Absichten und Pläne von seinem Willen durchkreuzt werden.

Wenn wir herausfinden wollen, wie unsere Wut auf Gott entsteht, kann uns die gründliche Analyse der frustrierenden Erfahrungen einer Frau namens Lisa helfen.

Lisas Herzenswunsch

Lisa trug seit ihrer Kindheit die tiefe Sehnsucht in ihrem Herzen, eines Tages zu heiraten und Kinder zu bekommen. Bei ihr war der Wunsch, Mutter zu werden, wesentlich deutlicher ausgeprägt als bei ihren Schwestern. Sie spielte immer mit ihren Puppen und ihren Miniatur-Haushaltsgeräten. Als sie nach ihrem Schulabschluß nicht gleich heiraten konnte, ging sie widerwillig aufs College. Dort lernte sie Harold kennen.

Harold schien der Mann zu sein, auf den sie immer gewartet hatte. Er sah gut aus, war zuvorkommend und zeigte im Vergleich zu anderen jungen Männern seines Alters ein ungewöhnlich starkes Interesse an Kindern. Er war in einer großen Familie aufgewachsen und daher gewohnt, sich um jüngere Kinder zu kümmern. Er freute sich schon darauf, eines Tages selbst eine große Familie zu haben.

Kurz nach dem Collegeabschluß wurden Harold und Lisa - beide Christen - getraut. Achtzehn Monate später kam ihr erstes Kind zur Welt, drei weitere folgten. Lisa ging völlig in ihrer Mutterrolle auf und lebte nur für ihre Familie. Sie liebte fast jeden Aspekt ihres Hausfrauendaseins und war sehr geschickt im Nähen, Kochen, Backen und Einwecken. Selbstgestickte Bilder zierten die Wände ihres Hauses.

Zusammen mit ihrer Familie besuchten Lisa und Harold jeden Sonntag den Gottesdienst. Sie engagierte sich in der Kinderarbeit, er sang im Chor. Die Chorproben fanden Mittwoch abends nach einem Gebetstreffen statt, das sie beide besuchten. In diesem Chor fingen die Schwierigkeiten an.

Eine junge Frau namens Dee begann, Harolds Rat zu suchen, nachdem ihre Ehe gescheitert war. Lisa stellte fest, daß Dee plötzlich an jedem Mittwoch abend nach dem Gebetstreffen und den Chorproben etwas anderes mit Harold zu besprechen hatte. Dann rief sie immer häufiger bei ihnen an und fragte, ob Harold ihr nicht etwas in ihrer Wohnung in Ordnung bringen oder reparieren könnte.

Mehrere Monate lang machte sich Lisa darüber keine größeren Gedanken. Sie vertraute ihrem Mann stillschweigend. Sie versuchte, sich in Dees Lage zu versetzen - eine Situation, in der sie nun wirklich nicht sein wollte. Dann ermutigte sie Harold wieder, der armen Frau so gut zu helfen, wie er konnte. Dee war jedoch in ihrem Auftreten und ihrem äußeren Erscheinungsbild sehr attraktiv, wenn nicht sogar verführerisch.

Eines Abends bemerkte Lisa nach dem Gebetstreffen, daß sich zwischen ihrem Mann und Dee eine starke Anziehungskraft und Faszination entwickelt hatte. Sie versuchte, mit Harold darüber zu sprechen. Er war verärgert und warf Lisa vor, sich lächerlich zu benehmen. So versuchte sie, ihre ständig wachsenden Zweifel zu unterdrücken. Trotzdem regten sie Dees ständige Anrufe immer mehr auf. Warum bat sie immer nur Harold um Hilfe, nie die anderen Diakone? Sogar die Kinder fragten schon, wo Daddy denn war.

Schließlich stellte Lisa Harold erneut zur Rede. Diesmal ging er in die Luft. Er warf ihr vor, ständig an ihm herumzunörgeln und ihm nicht zu vertrauen. Lisa erkannte, daß sie sich in ihrer kleinen Welt von Haushalt und Familie völlig verloren hatte. Sie versuchte, ihre nagenden Zweifel und unguten Gefühle zu verdrängen. Vielleicht interpretierte sie ja doch zu viel in die Sache hinein, wie Harold immer sagte.

Verzweifelt versuchte Lisa, wieder eine neue Romantik in ihre Ehe zu bringen. Harold wurde jedoch immer gleichgültiger und sogar ablehnender, je mehr sie sich anstrengte. Er erwies ihr keine Zuwendung oder Zärtlichkeit mehr. Ihr sexuelles Verhältnis beschränkte sich auf die flüchtige Erfüllung ehelicher Pflichten. Wenn Lisa Pläne schmiedete, ohne ihm vorher etwas davon zu sagen, reagierte er wütend. Sie wußte dann, daß er wohl wieder einmal ein Versprechen gegenüber Dee würde brechen müssen.

Eines Morgens wurden schließlich Lisas Hoffnungen jäh zerstört. Eine Frau aus der Gemeinde erzählte ihr, daß das Verhältnis zwischen Harold und Dee inzwischen zum Stadtgespräch geworden war. Sie waren in einer nahegelegenen Stadt zusammen in einem Restaurant gesehen worden (von mehr als einer Person). Wann würde Lisa endlich aufwachen? Als Lisa ihren Mann dieses Mal zur Rede stellte, bat sie ihn, mit ihr zusammen einen Eheberater aufzusuchen. Zu ihrem großen Entsetzen weigerte Harold sich. Er erklärte Lisa, daß er die Scheidung eingereicht habe. Er liebte sie nicht mehr und wollte seine Freiheit haben.

In einem winzigen Augenblick war Lisas Lebenstraum wie eine Seifenblase zerplatzt. Sie hatte immer nur dafür gelebt, eine gute christliche Ehefrau und Mutter zu sein, ihren Mann zu lieben und zu umsorgen und ihre Familie in allen Belangen zu unterstützen. Und wie wurde sie nun für ihre ehrenvollen Ziele belohnt? Andere Frauen, die ihre Familie sorglos und desinteressiert vernachlässigten, erhielten genau denselben Lohn. Wie hatte dies alles nur geschehen können? Was hatte sie getan, daß sie eine solch demütigende Erfahrung verdiente?

Lisa zerbrach seelisch und gedanklich fast an dieser Krise. Was sie noch zusammenhielt, waren lediglich das Bedürfnis ihrer Kinder nach seelischer Unterstützung und einige dürftige Reste ihres Glaubens an Gott.

Sie nahm sich einen guten Anwalt. Er riet ihr, während der mehrmonatigen gerichtlichen Verhandlungen die Rolle des leidenden Opfers zu spielen. Sie mußte diese Rolle nicht spielen, sie *war* ein Opfer. Lisa fühlte sich nicht nur von Harold ausgenutzt, sondern auch von Gott. Warum hatte er zugelassen, daß all das geschah? Noch dazu in der Gemeinde? Wäre es nicht besser gewesen, wenn sie sich niemals einer Gemeinde angeschlossen hätten? Vielleicht wären sie dann immer noch glücklich verheiratet!

Lisas Kummer begann gerade erst aufzubrechen. In den folgenden Monaten gelang es Harolds Anwalt, die Unterhaltszahlungen auf eine minimale Unterstützung zu reduzieren, umfassende Besuchsrechte zu erstreiten und so das Leben für Lisa immer freudloser und quälender zu machen. Sie mußte sich nun wieder eine Arbeit suchen, ihr schönes Haus aufgeben und zufrieden sein, wenn sie finanziell irgendwie über die Runden kamen. Dabei hatten sie früher doch ein so angenehmes Leben geführt! Es schien als müsse Lisa nun für Harolds Sünden büßen.

Bereits einen Monat nach der endgültigen Scheidung heiratete Harold Dee und machte so Lisas Hoffnungen auf eine Versöhnung völlig zunichte. Sie liebte ihn noch immer und wäre bereit gewesen, ihm zu verzeihen, doch er wollte ihrer Ehe keine zweite Chance geben. Er hatte Lisa die besten fünfzehn Jahre ihres Lebens geraubt und ließ sie nun mittellos mit ihren zerstörten Visionen einer glücklichen Ehe zurück. Lisas Seele glich einem Trümmerhaufen.

Sie bekam eine Anstellung als Lehrerin an einer christlichen Schule und schlug sich die nächsten Jahre mehr schlecht als recht durch. Sie hätte gerne einen akademischen Titel erworben, konnte sich ein Studium jedoch nicht leisten. Sie wollte ohne staatliche Unterstützung auskommen und hätte neben dem Studium dann noch arbeiten müssen.

Die Kinder, zwei Mädchen und zwei Jungen, übernahmen allmählich eine Rollenverteilung, wie man sie in unvollständigen, gestörten Familien häufig vorfinden kann: Steve, der Älteste, wurde mit seinen vierzehn Jahren der Held der Familie. Er übernahm einen Teilzeitjob, um seine Mutter zu unterstützen. Sie bewunderte ihn für seinen Mut. Er hielt seinen Vater für einen Idioten und schwor sich, niemals so zu werden wie er. Er haßte die Besuche bei ihm und freute sich auf den Tag, an dem sie endlich ein Ende haben würden. Steves jüngerer Bruder Phil spielte den Clown. Durch sein ansteckendes Lachen löste er die seelische Anspannung in kritischen oder traurigen Situationen. Lisa wußte jedoch, daß er innerlich litt. Er hatte nie verstanden, warum sein Papa eines Tages plötzlich ausgezogen war, als er acht Jahre alt gewesen war. Insgeheim gab er irgendwie sich selbst die Schuld daran. Das jüngste Mädchen, Sophia, wurde das "verlorene" Kind. Oft zog sie sich zurück und schloß sich in ihr Zimmer ein, um ihren Kummer zu vergessen. Sie fühlte sich den anderen Familienmitgliedern gegenüber fremd und hatte nur eine gute Freundin.

Eigentlich war es jedoch das zweitjüngste Kind, Linda, das Lisa Sorgen machte. Um den Kummer über ihre zerbrochene Familie zu ersticken, suchte sie die Gesellschaft gleichaltriger Kinder mit ähnlichem familiären Hintergrund. Sie lungerten herum, tranken und nahmen manchmal Kokain. Linda machte mit. Mehr als einmal mußte Lisa auf der Polizeiwache erscheinen, um ihre Tochter aus dem Gefängnis zu holen. Linda schien alles zu hassen, was ihre Mutter verkörperte und wofür sie eintrat.

Trotz aller Anstrengungen, die Familie zusammenzuhalten, hatte Lisa versagt. Ihre Ehe war gescheitert. Ihre Kinder zeigten keinerlei Interesse daran, Gott zu dienen. Linda hatte ihr Leben gar nicht erst Gott anvertraut und die anderen schienen kein Verlangen danach zu haben, einem Gott zu dienen, der ihre Familie ja offensichtlich nicht hatte schützen können.

Bevor wir Lisa ausschließen...

Vielleicht hältst du Lisas Geschichte für einen Einzelfall. Dann solltest du wissen, daß Frauen wie Lisa nicht nur in deine Gemeinde gehen. In jeder Gemeinde, die ich besucht und in jeder christlichen Versammlung, vor der ich in den letzten sechzehn Jahren gesprochen habe, habe ich sie angetroffen. Ihre Zahl nimmt ständig zu.

Das Zerrüttungsprinzip in unserem Scheidungsrecht macht es Frauen wie Lisa sehr schwer. Wo umfangreiche Alimente nicht länger generell gesetzlich vorgeschrieben sind, bleiben solche Frauen oft finanziell und seelisch bankrott zurück. Sie müssen beruflich neu anfangen, um für den Lebensunterhalt für sich und ihre Kinder aufkommen zu können. Vielleicht konnten sich ihre Ehemänner einen einflußreicheren, geschickteren Rechtsanwalt leisten. Das Scheidungsrecht jedenfalls unterstützt Frauen, die auf diese Weise ausgenutzt wurden, nicht länger. Auch von der Frauenbewegung können sie in diesem Fall keine Hilfe erwarten. Schließlich haben sie lange Zeit stillschweigend eine Rollenverteilung akzeptiert, die Feministinnen entschieden ablehnen. In Frauen wie Lisa sehen Vertreterinnen der Emanzipationsbewegung nur drastische Beispiele dafür, was die Hingabe an einen Mann einer Frau antun kann. So sitzen unsere Lisas zwischen den Stühlen. Sogar von Frauen, die gut nachvollziehen können, was es heißt, diskriminiert und mißbraucht zu werden, erfahren sie Ablehnung.

Unglücklicherweise ignoriert die Gemeinde häufig Frauen, die sich in Lisas Situation befinden, weil sie den traditionellen Standard des "Heimchens am Herd" auch für künftige Generationen aufrechterhalten wollen. Manchmal habe ich den Eindruck als gleiche unsere gesamte christliche Gemeinde einer großen zerrütteten Familie. Ihre Mitglieder sind verletzt und leiden still vor sich hin, weil sie die Existenz einer Krankheit, die sich explosionsartig ausbreitet, einfach nicht wahrhaben wollen. Wir begegnen jeder Frage mit einer "Alles-oder-Nichts"-Lösung. Christliche Lehre ist gewöhnlich auf "normale", durchschnittliche Familien zugeschnitten. Probleme, mit denen sich Lisa konfrontiert sieht, werden verharmlost oder ignoriert.

Treue Christen, die (so wie Lisa) Opfer einer Tragödie geworden sind, werden oft bei der Vergabe von Ämtern oder bei Leitungsaufgaben übergangen, weil ihre Familien den traditionellen Anforderungen nicht genügen. Schlimmer noch ist jedoch die Tatsache, daß Frauen in dieser leidvollen Situation keine Anlaufstelle haben, an die sie sich mit ihrer Wut und ihren schmerzvollen Erfahrungen wenden könnten. Dort könnten sie sich alles von der Seele reden, würden sich ernst genommen fühlen und erfahren, daß sie von Gott und von anderen Menschen angenommen werden, gerade so wie sie sind. Aber in der Stunde ihres tiefsten Kummers erleben sie stattdessen Gleichgültigkeit. So steigert sich ihr Gefühl, von Gott im Stich gelassen worden zu sein, nur noch mehr. Wenn er sich wirklich um uns kümmert, warum tut es denn dann sein "Bodenpersonal" nicht?

Wenn sich nicht bald etwas ändert, werden sich in unserem Land und unserer Gemeinde bald die Menschen drängen, die um ihr seelisches Überleben kämpfen. Es sind Menschen, die bitter und unselbständig geworden sind. Sie fürchten sich vor jeder Situation, in der sie lernen müssen, zu vertrauen.

Wie kann man einen Menschen in Lisas Lage davor schützen, auf Gott wütend zu werden?

Gott und der Traumprinz

In einer Situation, in der sich ein Mensch als Opfer fühlt, und Kummer und Leid erlebt, beginnt seine Wut auf Gott. Wir wissen, das all das nicht Teil von Gottes ursprünglichem Plan war, sondern nur sein "Plan B" ist. Abstrakte Theologie hilft uns aber in unserem Schmerz nicht weiter. Eigentlich ist gerade die Theologie - oder unser Glaube, wer Gott wirklich ist - ja Teil unseres Problems. Ein gestörtes, verzerrtes Gottesbild ist immer das Nebenprodukt von Schmerz und Leid. Wie wir Gott wahrnehmen, ist stark von unseren Erfahrungen abhängig. Das Volk Israel wurde lange Zeit von dem ägyptischen Pharao ausgenutzt und unterdrückt. So sahen sie sich schließlich nur noch als wehrlose Opfer in einem Land, in dem man sie wie Sklaven behandelte und ihnen jegliche menschliche Würde genommen hatte. Unter der Peitsche der Sklaventreiber fühlten sie sich von ihrem Gott verlassen.

Hiob lernte das gleiche Gefühl kennen, als sein Leid und seine körperlichen Schmerzen ihm den Eindruck vermittelten, als nähme Gott sein Unglück nicht einmal zur Kenntnis. König David, ein Mann nach dem Herzen Gottes, fühlte sich von Gott in seinen leidvollen Zeiten verlassen. Die Jünger sperrten sich ein, nachdem Jesus gekreuzigt worden war. Sie versteckten sich vor der römischen Regierung, weil sie Angst davor hatten, selbst auch noch ans Kreuz geschlagen zu werden. Sie fühlten sich von ihrem Meister im Stich gelassen und waren enttäuscht. Schließlich hatten sie ihm doch drei Jahre ihres Lebens zur Verfügung gestellt und alles andere hinter sich gelassen, um ihm nachfolgen zu können.

Lisa hatte stets ein behütetes Leben geführt. Sie war in einer christlichen Familie aufgewachsen und gehörte zu einer Gemeinde, in der intakte Familien zusammenhielten und beieinander blieben. Schon früh fand sie zum Glauben an Jesus Christus. Sie war fest davon überzeugt, daß alles gut werden würde, wenn sie dem Herrn treu nachfolgte. Gott würde sie auch davor schützen, Fehler zu machen, also beispielsweise den falschen Mann zu heiraten oder die Ehe mit einem Mann einzugehen, der sie später verlassen würde. Sie hatte gebetet, ob sie Harold heiraten sollte und dabei innerlich keinerlei Unfrieden verspürt. Als Harold sie dann sitzenließ, begann Lisa, Gott in Frage zu stellen. Ihr Gottesbild hatte ja niemals die Möglichkeit zugelassen, daß es Schwierigkeiten geben könnte. Für Gott war es doch ein Leichtes, Menschen dazu zu bewegen, ihm zu folgen - warum weigerte er sich dann anscheinend?

Nicht nur leidvolle Erlebnisse verzerren unser Gottesbild. Auch großer Wohlstand kann dies bewirken. So lange es uns gut geht, glauben wir eher, daß Gott von seinem Thron in Himmel aus die Welt regiert und alles unter Kontrolle hat. Wenn wir andererseits jedoch Schmerzliches erleben und gleichzeitig beobachten, wie gottlose Menschen offensichtlich so erfolgreich sind, werden wir neidisch. Wer sich als Opfer in einer geschwächten Position befindet, haßt das Gefühl der Machtlosigkeit, das dadurch entsteht, daß man dem Erbarmen und der Großzügigkeit der Menschen ausgeliefert ist, die Macht ausüben. Kleine Kinder sind oft von den Superhelden der Comics fasziniert, weil sie so ihrer eigenen Verletzlichkeit entfliehen können. Ebenso tendieren Christen dazu, in Gott eine Art ultimativen Superhelden zu sehen.

Von Kindheit an lesen wir die Märchen vom Traumprinzen, der mit einem einzigen Kuß und einer magischen Berührung sein Aschenputtel oder sein Schneewittchen vor der bösen Stiefmutter oder einer niederträchtigen Hexe rettet. Uns werden biblische Berichte vorgelesen, in denen Gott auf wunderbare Weise in das Leben seines Volkes eingreift. Innerlich verletzte Frauen verschlingen fasziniert kitschige Liebesromane, die ein verzerrtes Bild der Realität widergeben.

Die vielen Fernsehshows, in denen der mutige Held die Ungerechtigkeiten von Tyrannen gegenüber wehrlosen Menschen "ausgleicht", sind ein Zeugnis unserer Zeit. Sie kommentieren die ständig wachsende Zahl von Menschen, die sich als Opfer fühlen. Für einige Stunden können wir uns in eine Welt flüchten, in der das Unrecht gerächt wird und die Menschen den Rest ihres Lebens in Ruhe und Frieden genießen können. Manche Pastoren verstärken dieses verzerrte Gottesbild noch, indem sie über einen Gott predigen, dessen Hauptanliegen und wichtigste Verantwortung es ist, jeden Gläubigen von jeglichem Schmerz zu befreien. Wenn wir dann dennoch Leid erfahren sollten, liegt es natürlich immer an uns. Es muß unsere Schuld sein, weil Gott immer gut ist, und das bedeutet, daß er immer rettet und hilft.

Was geschieht jedoch, wenn diese Rettung einfach nicht eintritt? Einige Menschen leugnen es beharrlich. Andere geben sich selbst die Schuld. Wieder andere verlieren ihren Glauben. In Wirklichkeit verlieren sie jedoch eigentlich den Glauben an ein verzerrtes Gottesbild, auf daß sie ahnungslos ihr Vertrauen gesetzt hatten.

Lisas Vertrauen wurde stark erschüttert, weil sie immer gedacht hatte, Gott würde das Schreien seiner Kinder hören und sie aus schwierigen Situationen retten. Lisa glaubte wie viele andere Christen, daß ein Großteil unserer Schwierigkeiten daher kommt, daß wir in unserem Eifer in geistlichen Aktivitäten nachlassen, beispielsweise nicht mehr so viel für die Menschen beten, die wir lieben. Als Harold sie plötzlich verließ, entglitt die Situation ihren Händen, bevor sie überhaupt Zeit hatte, zu beten. So blieb Lisa mit einem Gefühl der Ohnmacht und Hilflosigkeit zurück. Wie ein Kind auf das Eingreifen seines Superhelden wartet, so konnte auch Lisa sich nicht vorstellen, daß Gott Harold nicht doch noch irgendwie anrühren würde, bevor die Scheidung endgültig ausgesprochen wurde.

Gott griff nicht ein. Nun wußte Lisa nicht mehr, wohin sie sich wenden sollte. Sie schämte sich vor ihren christlichen Freundinnen. Sie dachten, was Lisa selbst auch immer gedacht hatte: Ehen scheitern nur, wenn beide Partner die Beziehung nicht ernst genug nehmen oder vernachlässigen. Lisa empfand großen Zorn, weil sie sich doch so bemüht hatte. Ihre Leistungen als tüchtige christliche Ehefrau und Mutter waren dennoch nicht mit Erfolg belohnt worden. Ihre Beziehung zu Gott begann zu bröckeln, weil alles nicht so klappte, wie sie es sich erträumt hatte.

Den wahren Gott finden

Lisa erkannte nicht, daß sie ihre Hoffnung auf eine völlig verzerrte Vorstellung von Gott gesetzt hatte. Sie verließ sich auf eine fehlerhafte Theologie. In ihrem Glauben gab es keinen Platz für Schwierigkeiten und Schäden, die dadurch entstehen, daß sich störrische Menschen einfach nicht für Gott öffnen *wollen*. Wenn Lisa zu neuem Glauben finden wollte, mußte sie zunächst lernen, die Hoffnung auf den wahren Gott von ihrer Hoffnung auf eine Phantasievorstellung zu unterscheiden. Sie würde Gott kennenlernen müssen, wie er wirklich war. Sie würde sich dann entscheiden müssen, ob sie "Ja" zu diesem realen Gott sagen wollte. In jeder Beziehung ist es so, daß alle Beteiligten die Wahrheit über einander entdecken und vom jähen Erwachen zu herzlicher Annahme finden müssen. Für Lisas Wiederherstellung war es von entscheidender Bedeutung, zu lernen, daß Gott nicht immer rettet oder einen Fluchtweg aus dem Leid bereitstellt.

Im letzten Kapitel habe ich erzählt, wie ich meinen Traum im Laufe eines längeren Prozesses sterben lassen mußte. Dazu war es unter anderem nötig, Gott so zu akzeptieren, wie Schadrach, Meschach und Abed-Nego es getan hatten - ob er sie nun aus dem Feuerofen retten würde oder nicht. In gewisser Weise ließ Gott sie ja tatsächlich im Stich: sie wurden in diesen Ofen hineingeworfen. Aber das Ergebnis dieses "Versagens" Gottes ermöglichte den drei Männern und dem gesamten Königshof eine Offenbarung, die kein Mensch je zuvor gesehen hatte - die Erscheinung des "Göttersohnes", des vierten Mannes im Feuerofen.

Obwohl die Geschichte zu einem guten Ende kam und alle unverletzt blieben, entschied Gott bei vielen anderen Menschen, sie nicht zu retten, obwohl sie sicher ebenso gerecht wie Schadrach, Meschach und Abed-Nego waren. Gott rettete Abel trotz seiner treuen Opfergaben nicht vor der Ermordung durch seinen Bruder Kain. Gott rettete die Priester von Nob nicht davor, von König Saul niedergemetzelt zu werden. Er rettete einige der frühen Christen nicht aus der Hand des Saulus von Tarsus oder vor dem Rachen der Löwen im Kolosseum in Rom. Er rettete viele Millionen Christen in allen Jahrhunderten nicht vor Krankheit, Armut, Unglück oder vor unserem letzten Feind, dem Tod. Wenn er uns nicht rettet, läßt er uns dadurch erkennen, wer er wirklich ist: ein Gott, der nicht gute Werke belohnt, sondern aus Gnade handelt.

Vor einem wird uns Gott schließlich ganz sicher retten: vor der Hölle. Vielleicht wird er manchmal beschließen, uns nicht vor unseren momentanen, zeitlich begrenzten Schmerzen und unserem Leid zu bewahren. Er möchte aber nichts sehnlicher, als daß wir auch dann wirklich zu ihm stehen. Er wagt es, sich uns als ein Gott zu offenbaren, der Entscheidungen über Leben und Tod trifft. Er tut das nicht auf der Grundlage von Gefühlen, sondern in seiner großen Weisheit. Wie jeder andere Freund wünscht auch er sich, daß unsere Wut schließlich abklingt und einer bedingungslosen Annahme weicht.

Auch durch deine Wut kannst du Gott erreichen

Wer seine Wut zum Ausdruck bringt, vertraut sich dadurch Gott mit seinen verborgensten negativen Gefühlen an. Es ist eigentlich eine Form der Selbstoffenbarung. Wir geben unsere geheimsten Zweifel an Gottes Willen oder seine Absichten mit uns preis. Ich denke nicht, daß Gott von uns erwartet, daß wir alles ohne jeglichen Zorn erdulden. Der Zorn ist eine Emotion, die unseren inneren Konflikt an die Oberfläche bringt und nach außen hin freisetzt, bevor wir davon verzehrt werden. Die Bibel ermutigt uns, unseren Zorn beiseite zu legen (Epheser 4, 31). Zuvor müssen wir ihn jedoch erkennen, uns selbst eingestehen und ausdrücken.

Maria, die Schwester des Lazarus, machte Jesus schwere Vorwürfe, weil er nicht rechtzeitig gekommen war, um ihren kranken Bruder zu heilen. Aber er tadelte sie nicht deswegen. Was sie sagte, war ja wahr: Jesus hat tatsächlich die Macht, den Tod zu stoppen. Er kennt unsere körperliche Grundstruktur und erinnert sich auch daran, daß wir nichts anderes sind als Staub. Er weiß, wie tief wir oft verletzt sind, weil auch er hier auf Erden gewesen ist. - Jesus weinte. Er wußte, daß Maria sich viel von ihm erhofft hatte und nun enttäuscht war. Auch er hatte sich verzweifelt gewünscht, den Tod seines Freundes Lazarus aufhalten zu können.

In Christus wurde Gott selbst einer von uns. Der Schöpfer zwängte sich in einen menschlichen Körper, um zu spüren, wie es ist, ein Mensch zu sein. Er wollte jede menschliche Empfindung erleben - Freude, Trost, Beschwerden, Schmerz - und er wollte wissen, wie man sich fühlt, wenn man sterben muß.

Als Jesus litt, lernte er das Gefühl kennen, weiterleben zu wollen, sein Leben aber loslassen zu müssen. Er fand heraus, wie einem zumute ist, wenn man sich schämt, wenn man nicht nur von Ungläubigen, sondern auch von den eigenen Freunden nicht mehr verstanden wird - von Maria, Petrus, ja sogar Johannes. Er erfuhr, was es bedeutet, einsam zu sein. Er war einsamer als es je ein Mensch gewesen ist. Und er wurde von Gott (vollkommen) verlassen, damit wir niemals diese Erfahrung machen müssen.

Die Form des Kreuzes gleicht einem *I* (es steht für das *I*ch), das von einem Minuszeichen durchgestrichen wird: nicht mein Wille geschehe, sondern deiner. Das Kreuz kennzeichnet den Zeitpunkt in der Geschichte, an dem Gottes Wille und der Wille der Menschen einander kreuzten und sich Gottes ganzer Zorn auf Jesus entlud. Seitdem bin ich frei, meine innersten Wünsche, ja sogar meinen Zorn loszulassen, weil Gott auch seine Wünsche aufgegeben hat. Das Kreuz ist der Punkt, an dem mein Wille stirbt und mit dem Willen Gottes eins wird. Von hier aus kann ich in meiner Beziehung zu ihm weitergehen.

Normalerweise machen wir eine solche "Kreuzes-Erfahrung" nicht an dem Tag, an dem wir zum ersten Mal Jesus Christus als unseren Herrn und Erlöser annehmen. Wir erleben das erst, wenn wir unsere Träume loslassen müssen, wenn wir beobachten, wie sie sterben und die Erleichterung darüber spüren, daß unser Wille nun in Gottes größerem Willen aufgehen kann. Wenn unser eigener störrischer Wille stirbt, läßt gewöhnlich auch unsere Wut auf Gott allmählich nach und hört schließlich ganz auf. Ich glaube, daß sich eigentlich jeder von uns (wie die verletzten Frauen in diesem Buch) durch Wut, Haß und Schmerz an den Punkt vorkämpfen muß, wo er stirbt. Nur so können wir von Gott zu neuem Leben erweckt werden. Vielleicht müssen wir mehrmals in unserem Leben durch diesen Prozeß gehen. Wir erleben ja immer wieder Dinge, die uns wütend machen und uns mit erschreckender Deutlichkeit die Tatsache bewußt werden lassen, daß unser unabhängiges, eigenwilliges Ich noch immer recht lebendig ist. Wir müssen uns das in jedem Fall ehrlich eingestehen, unserem Zorn Luft machen und uns von anderen Menschen darin annehmen lassen. Wenn sich die Wut dann langsam auflöst, kann Gott uns wieder in einer ganz neuen Weise begegnen.

Willst du mehr über Gott herausfinden? Die Erkenntnis, daß du wieder einmal wütend auf Gott geworden bist, kann dazu gerade der erste Schritt sein - so wie Kain zornig wurde bevor Gott ihn warnte, daß "die Sünde vor der Tür lagert" (1. Mose 4, 7). Statt deine Wut zu verdrängen oder zu vermeiden, solltest du sie besser erkennen, zugeben und dann abklingen lassen. Sonst wird dein störrischer Wille sehr lebendig und unabhängig bleiben. Er wird weiterhin insgeheim gegen dich arbeiten. Deshalb ist es auch so wichtig, daß Christen ihrer Wut über Gottes Handeln oder seine Absichten Ausdruck verleihen können, ohne sich deshalb verdammt zu fühlen. Wir müssen uns selbst und unseren christlichen Freunden die Freiheit zugestehen, unseren Ärger auch zeigen zu dürfen. So können wir aufrichtig und ehrlich mit Gott in Kontakt treten. Wenn wir unseren Zorn jedoch scheinheilig hinter geistlich klingenden Erwiderungen und Retourkutschen verbergen (auch wenn sie korrekt sein mögen), werden wir Zerbrochenheit dadurch zwar vortäuschen, sie aber nicht wirklich erleben.

Glücklicherweise merkte Lisas Pastor, wie stark sie desillusioniert und von Gott enttäuscht war. Er begleitete sie durch ihre Zeit der Trauer und des Schmerzes. Er gestattete ihr, ja ermutigte sie sogar, ihrem Zorn auch Ausdruck zu verleihen. Eines Tages machte er in der Eingangshalle der Kirche folgende Bemerkung: "Weißt du, Lisa, wenn ich in deiner Situation wäre, würde ich wahrscheinlich ziemlich wütend auf Gott sein." Tagelang gingen Lisa diese Worte durch den Kopf. Wie konnte ein Diener Gottes es befürworten, daß man Groll und Ärger gegenüber Gott zeigte? Einige Tage später schaffte es Lisa jedoch, im Büro ihres Pastors die Schleusentore vor ihrem aufgestauten Zorn zu öffnen. Endlich konnte sie der Flut ihrer bitteren Gefühle freien Lauf lassen. Diesem ersten Gespräch folgten weitere monatliche Treffen. Lisas Pastor nahm sie in ihrem Schmerz ernst und erlaubte ihr, Gefühle zu zeigen - wie ungeistlich oder respektlos sie auch scheinen mochten.

Dem Himmel sei Dank für solch einen Pastor! Er wußte, daß auch er schon zornig auf Gott gewesen war und daß man den Weg in die Freiheit nur finden kann, wenn man seiner Wut Luft machen darf. Ich muß gestehen, daß ich es kaum aushalte, mit solchen Christen zusammen zu sein, die ihren eigenen Zorn nicht zugeben können und anderen das Recht absprechen, ihren Zorn zu zeigen. Gewöhnlich setzen sie eine scheinheilig-süßliche Mine auf, füllen ihr Vokabular mit geistlich klingenden Phrasen und verbergen ihren Ärger, der dann in viel zerstörerischen Formen schließlich doch irgendwann zum Vorschein kommt. Die Pharisäser, die Jesus angriffen, hegten selbst verborgenen Groll in ihrem Herzen. Sie deckten ihn jedoch mit ihrem geistlich korrekten, frommen Verhalten zu. Jesus bezeichnete sie als "übertünchte Gräber, die von außen zwar schön scheinen, inwendig aber voll von Totengebeinen und aller Unreinigkeit sind." (Matthäus 23, 27) Einige Gemeinden und christliche Gruppen sind voll von Menschen, die Angst davor haben, im Stich gelassen zu werden und aufrichtig ("echt") zu sein. Sie nutzen nicht nur den Guten Hirten, sondern auch seine Schafe aus.

Es ist so angenehm, zu einer Gemeinde zu gehören, in der man seine Wut zugeben darf. Es ist in Ordnung, manchmal einen schlechten Tag zu haben. Ich mag Menschen, die sich trauen, "normal" zu sein und die davon frei sind, ihre "Geistlichkeit" beweisen zu müssen. Jesus kam auf unsere Welt um uns liebevoller zu machen, - nicht "geistlicher". Kürzlich hielt ich einen Vortrag in einer Gemeinde in unserer Stadt. Nach dem Treffen rannte eine der Freundinnen meiner Tochter (die jetzt im Teenageralter ist) auf mich zu und rief: "Oh, Frau Fish, ich freue mich ja so, daß Sie gekommen sind! Man hat mir erzählt, ich müßte Sie mal sprechen hören, Sie würden gar nicht so supergeistlich sein. Und Sie sind wirklich überhaupt kein bißchen geistlich!" Ich wußte, was sie meinte. Ich trug keine fromme Maske. Sie hätte mir kein größeres Kompliment machen können.

Sei vorsichtig, wenn du christliche Gruppen kennenlernst, die nicht über sich selbst lachen können. Sie sind so sehr mit ihrem frommen, geistlich korrekten Verhalten beschäftigt, daß sie nicht echt sein können. Echtheit und Ehrlichkeit sind aber die Voraussetzung für eine offene Selbstoffenbarung. Deshalb wirst du in einer solchen Atmosphäre keine wirkliche Vertrautheit oder Herzlichkeit erleben. In dieser Umgebung stößt man eher auf Menschen, die sich wie die Pharisäer weigern, sich anderen Menschen anzuvertrauen. Es ist schwer in solch einer Atmosphäre die eigene fromme Maske abzunehmen.

Oft hörte ich früher, wie Christen andere Christen warnten, auf ihre Worte zu achten - beispielsweise bestimmte Krankheiten nicht zu erwähnen, denn: "Was du sagst, wirst du auch bekommen". Welcher Streß es für mich war, nicht aus Versehen das Wort "Schnupfen" zu gebrauchen! Ich erinnere mich noch gut an den Tag, an dem ich es aufgab. Ich stellte mir vor, wie entspannend es sein würde, einfach eine Erkältung zu haben. Ich bräuchte nicht mehr zu grübeln, welche verborgene Sünde oder welche gedankenlose Äußerung sie auf mich gebracht hatte. Endlich waren Bill und ich von dieser Form der religiösen Gebundenheit frei! Kurz darauf vertraute mir eine Frau aus der Gemeinde an: "Es ist schön, einen Pastor wie Bill zu haben. Ich hörte ihn neulich erzählen, daß Sara Durchfall hatte. Jetzt traue ich mich auch, ihm zu erzählen, daß meine Tochter das gleiche hat."

Wir brauchen Gott außerdem nicht zu verteidigen. Dann können wir nämlich die Wahrheit sagen, ohne das Gefühl haben zu müssen, wir würden jetzt seinen Ruf schädigen oder ihn verraten. Sein Ruf braucht keine Verteidigung - es sei denn natürlich, wir haben das Gefühl, er täte Dinge, die in unser Bild nicht hineinpassen oder die wir nicht gut finden.

Menschen, die in ihrem Herzen grollen, verhalten sich gewöhnlich sehr engstirnig. Sie sind streng in ihrem Lehren, Reden und Tun. Für sie gibt es nur Schwarz oder Weiß. Sie haben Angst davor, ihr wahres Ich zum Vorschein kommen zu lassen. Sie fürchten, daß sie dann von Gott zurückgewiesen und abgelehnt werden könnten. Kein Wunder also, daß Menschen wie Lisa, die großen Schmerz mit sich herumtragen, in vielen unserer Gemeinden keine Annahme finden.

Ihre Erfahrungen stimmen nicht mit unseren geistlichen Prinzipien überein. Sie stellen eine Bedrohung für unsere Überzeugungen dar, wie das Leben sein sollte oder wie Gott zu sein hat. Warum können wir die Dinge nicht einfach geschehen lassen und es Gott überlassen, sich selbst zu verteidigen - oder eben auch nicht? Vielleicht müssen wir erst hören, wie der Herr zu uns sagt: "So spricht der Herr: Wahrlich, wahrlich, ich sage Euch, werdet echt." Dann bleibt uns nur noch die Kapitulation und die bedingungslose Liebe für unsere Mitmenschen, - so wie sie sind: mitsamt all ihren geistlich unpassenden Gefühlen.

Was aber, wenn ich nicht sterben *will*? Kann ich es schaffen, meine Wut und mein mangelndes Verständnis zu überwinden und den Kontakt mit Gott wieder aufzunehmen?

Einen Waffenstillstand verkünden

Feindliche Nationen führen oft miteinander Krieg. Wenn sie schließlich in der Hoffnung auf Normalisierung und Wiederherstellung friedlicher Beziehungen Gespräche aufnehmen wollen, verkünden die beteiligten Kriegsparteien zunächst eine Waffenruhe. Dieser Waffenstillstand bedeutet nicht, daß man sich geeinigt hat. Er bedeutet lediglich, daß Übereinstimmung darin herrscht, daß man eben nicht der gleichen Meinung ist und in dieser Angelegenheit nicht weiterkämpfen möchte. Unter Umständen findet später während der Waffenruhe ein Gespräch unter vier Augen statt. Zumindest kann man vielleicht den Standpunkt der gegnerischen Partei in der Streitfrage akzeptieren. Waffenruhen führen oft zu einem dauerhaften Frieden.

Du mußt Gottes Willen nicht verstehen oder ohne Einwände akzeptieren können, um einen Waffenstillstand ausrufen zu können. In Wirklichkeit kämpft Gott ja eigentlich gar nicht gegen dich, sondern wartet darauf, daß du endlich aufhörst, ihn zu bekämpfen. Dem Saulus von Tarsus hat Gott es auf der Straße nach Damaskus so erklärt: "Es ist hart für dich, gegen den Stachel auszuschlagen." (Apostelgeschichte 26, 14). Wenn du aber aufhörst, zu kämpfen, wird auch der Krieg ein Ende finden. Alle, die jemals gegen Gott gekämpft haben, haben verloren - einschließlich Jakob, der eine ganze Nacht lang mit dem Engel des Herrn gerungen hat und aus dieser Begegnung hinkend herauskam.

Gott wird sich auch durch unsere passiv-aggressive Wut nicht besiegen oder manipulieren lassen. Er wird dir erlauben, deine Spielsachen zu nehmen und heimzurennen. Aber er wird nicht ein einziges Mal nachgeben, wenn er einmal eine Entscheidung getroffen hat. Es ist auch nutzlos und außerdem lächerlich, nicht mehr mit Gott zu reden. Glaube mir, ich spreche da aus eigener Erfahrung.

Als mein Vater im Alter von 58 Jahren an einem Herzinfarkt starb (ich habe davon bereits in meinen anderen Büchern berichtet), war ich am Boden zerstört. Warum war er nicht geheilt worden? Anfangs suchte ich nach Gründen, um Gottes Entscheidung rechtfertigen zu können. Ich wollte ihm doch weiter vertrauen können. Schließlich gerieten meine Gefühle ziemlich außer Kontrolle. Ich konnte einfach keine Begründung finden. Gott hatte mich verraten, - so empfand ich. Warum hatte er Papa nicht geheilt? Ich hatte doch immer an Gott geglaubt und niemals ein negatives Wort über meine Lippen kommen lassen. Papa war trotzdem gestorben.

Monatelang lag ich im Machtkampf mit Gott. Ich war so wütend auf ihn, so erschüttert in meinem Vertrauen, daß mein Glaube bis in seine Grundfesten ins Wanken geriet. Ich erklärte Gott sogar, daß ich ihn haßte, ihm nicht mehr dienen wollte, daß ich nicht einmal mehr mit ihm sprechen würde. Was mich betraf, so hatte er sich selbst zu meinem Feind gemacht, als er mein Gebet nicht erhört hatte. Glücklicherweise habe ich einen verständnisvollen Ehemann, der mir gestattete, schlecht über Gott zu sprechen. Er nahm mich einfach in die Arme und hatte mich trotzdem weiterhin genauso lieb.

Ungefähr nach sechs Monaten konnte ich es dann nicht mehr aushalten. Gott segnete mich noch immer in anderen Bereichen meines Lebens. Er war unerträglich nett zu mir. Er erhörte viele andere Gebete, die ich gesprochen hatte. Für mich waren diese Bitten immer viel unbedeutender gewesen als Papas Leben. Abgesehen davon, machte es mir keinen Spaß, sauer zu sein und zu bleiben. Bill besuchte das Predigerseminar. Wir standen am Anfang unseres Dienstes in der Gemeinde! Irgendwie mußte ich über die Sache wegkommen.

So bot ich Gott einen Waffenstillstand an. Ich beschloß, die ganze Angelegenheit bis auf weiteres "auf Eis zu legen" und das Gespräch mit Gott wieder aufzunehmen. Es gab ja sowieso keine Möglichkeit, meinen Vater durch irgendwelche Verhandlungen wieder aus dem Grab zu holen.

"Herr, ich verstehe nicht, warum du Papa zu dir genommen hast", sagte ich, "Ich würde es so gern wissen. Ich hatte so viele Hoffnungen und Träume. Ich weiß nicht, ob ich dir jemals wieder so stark vertrauen kann. Ich bin nicht sicher, ob ich noch so zuversichtlich glauben kann, daß du die Gebete erhören wirst, die aus meinem Herzen kommen. Ich bin aber bereit, diese Sache auf die Seite zu legen und mich wieder für neue Dinge und Aufgaben zu öffnen."

So beendete ich meinen Streik und ging zurück an die Arbeit. Sechzehn Jahre vergingen. In dieser Zeit sind viele wunderbare Dinge geschehen. Unsere Kinder wurden geboren. Der Herr gab uns eine wundervolle Aufgabe in Pittsburgh. Ich predigte und hielt überall in der Gegend Vorträge. Noch immer verstand ich nicht, warum Papa hatte sterben müssen, aber irgendwie half mir Gott, damit zu leben. Tatsächlich erwartete ich eigentlich nicht einmal mehr eine Antwort.

Eines Tages suchte ich wegen meiner Gewichtsprobleme einen Arzt auf. Er checkte mich gründlich durch, entnahm eine Blutprobe und schickte sie zur Laboruntersuchung ein. Wegen meiner Familiengeschichte hielt er mich für besonders gefährdet in bezug auf Herzkrankheiten. Ich gehörte zur Hauptrisikogruppe. Er empfahl mir daher eine fettarme Diät und schickte mich nach Hause.

Mit großem Eifer stürzte ich mich auf dieses neue Vorhaben. Ich kaufte ein Kochbuch mit gesunden Rezepten für Menschen mit Herzproblemen. Daheim schlug ich das Buch auf und begann, über die Diät und über Herzkrankheiten im allgemeinen nachzulesen. Beim Durchblättern stieß ich plötzlich auf ein Photo. Es zeigte Kalkablagerungen, die man von der Arterie eines Herzpatienten entfernt hatte. Da lagen sie nun auf diesem Operationstisch wie eine Plastikklaue, verkrustet und häßlich.

Mit sanfter Stimme flüsterte Gott mir liebevoll einen Titel für diese Abbildung zu, den nur ich hören konnte und der für mich allein bestimmt war: *"Ich habe deinen Vater nicht getötet."*

In diesem Augenblick, sechzehn Jahre nach dem Tod meines Vaters, verstand ich. Ich konnte die letzten Überreste meines Grolls loslassen. Es war, wenn ich das so sagen darf, als würde ich Gott "vergeben". Wie hätte er meinen Vater am Leben erhalten können, angesichts der Aussicht auf viele qualvolle Jahre mit einem nicht rückgängig zu machenden Herzleiden? Papa hatte ja bereits an einer anderen belastenden Krankheit gelitten. In gewisser Weise war der Herzanfall eine gesegnete, fast beneidenswerte Möglichkeit des Todes für ihn gewesen.

Wie froh war ich, daß ich eine Waffenruhe ausgerufen hatte und nicht sechzehn Jahre der Gemeinschaft mit Gott verschwendet oder verloren hatte! Ihm lag doch stets mein bestes am Herzen, auch wenn der äußere Anschein manchmal eher auf das Gegenteil hinzudeuten schien. Gott hätte es ja nicht nötig gehabt, mir zu sagen, warum er Papa zu sich rief. Er hätte mir eigentlich nicht helfen brauchen, ihn zu verstehen. Aber er hatte sogar das getan. (Und er verwendete dazu nicht die Bibel, sondern ein gewöhnliches Kochbuch!).

Gib Gott eine Chance!

Manchmal liegen unsere Schwierigkeiten nicht daran, daß Gott uns unsere Bitte nicht erfüllen möchte, sondern, daß es für ihn noch nicht an der Zeit ist, zu handeln. Die Puzzleteile sind noch nicht vollständig zusammengefügt. In Abrahams Leben gab es eine Zeit, in der seine Feinde ihrer Boshaftigkeit freien Lauf lassen konnten. Gott erklärte Abraham, warum er dies zuließ: "denn [das Maß der] Schuld des Amoriters ist bis jetzt [noch] nicht voll" (1. Mose 15, 16). Solange Abraham am Leben war, hielten die Amoriter das Verheißene Land besetzt. Gott schob jedoch das Gericht gegen sie auf, bis eine günstigere Zeit kam: die Tage Josuas.

Geduld kann niemals ohne Zeiten der Bedrängnis erlernt werden. Gott selbst verkörpert Geduld wie kein anderer, weil er auch wie kein anderer unter großer Bedrängnis leiden mußte. Sein ursprünglicher Plan wartet seit dem Sündenfall des Menschen - jahrtausendelang - auf Erfüllung und wird sich weiter hinauszögern, bis Christus wiederkommt! Um Gottes Freund sein zu können, müssen wir diese Eigenschaft an ihm akzeptieren. Er ist niemals in Eile. Dennoch kommt er niemals zu spät. Er hat einen perfekten Zeitplan, alle Details zu einem großen Ganzen zusammenzufügen. Manchmal gefällt es ihm, menschliche Schwachheit zu gebrauchen. Dadurch wird uns seine Macht noch viel bewußter. In Ehrfurcht geben wir ihm die Ehre. Jeder Mensch, der auf Gottes Hilfe wartet, wird schließlich seine Genugtuung bekommen. Wenn du ausharren möchtest, bis Gott eingreift, tue es aktiv und nicht passiv.

Vielleicht beklagst du dich darüber, daß die Dinge, die dir der Herr versprochen hat, bis jetzt noch nicht eingetreten sind. Denke dann bitte daran, daß dein Leben noch nicht vorbei ist. Gott kann auf vielerlei kreative Weise verschiedenste Ereignisse zusammentreffen lassen und unser Leben segnen - selbst wenn er im Augenblick unsere Gebete nicht erhört. Werden wir es nicht bereuen, ihm keine Chance gegeben zu haben, wenn er schließlich doch seine Treue beweist und seine Verheißungen an uns erfüllt?

Zacharias, der Vater von Johannes dem Täufer, machte diese Erfahrung. Der Erzengel Gabriel kündigte die Geburt des Johannes an, während Zacharias im Tempel Dienst tat. Zacharias war aber von seiner langen Fahrt auf der Hoffnungs-Enttäuschungs-Achterbahn völlig erschöpft. So lange hatte er auf einen Sohn gehofft. Nun weigerte er sich sogar, dem Herrn zu glauben, als ihm ein Engel erschien. Das ist echte Verzweiflung. Gott hatte jedoch sozusagen das letzte Wort. Zacharias wurde plötzlich stumm bis das gesegnete Ereignis eingetreten war. Warum? "Dafür", sagte der Engel, "daß du meinen Worten nicht geglaubt hast, die sich zu ihrer Zeit erfüllen werden" (Lukas 1, 20).

Auch Jesus erschien, als Gottes Zeit erfüllt war. Es war der Zeitpunkt, an dem man ihn am wenigsten erwartete. Erinnere dich an die prophetischen Worte im Alten Testament: "Und plötzlich kommt zu seinem Tempel der Herr, den ihr sucht" (Maleachi 3, 1). Er kam wirklich.

Voller Erwartung zu sein bedeutet jedoch nicht, daß wir in die Hoffnungs-Enttäuschungs-Achterbahn einsteigen müssen. Wir brauchen auch nicht seekrank zu werden, weil wir beobachten, wie eine Welle nach der anderen ans Ufer schwappt und wieder abebbt, während wir auf die Flut warten. Das führt nur zur Verzweiflung.

Nachdem Lisa von ihrem Pastor die Erlaubnis erhalten hatte, ihrem Zorn Luft zu machen, stellte sie plötzlich fest, daß Gott ja einen wunderbaren, erlösenden Plan für ihr Leben hatte. Sie heiratete einen prächtigen Mann, der auch Christ ist. Er schätzt alles an ihr - auch die Dinge, die Harold immer verächtlich belächelt hatte. Die Kinder haben seelsorgerliche Hilfe erhalten und dabei viel Heilung erfahren. Sogar Linda hat begonnen, die Gottesdienste in der Gemeinde zu besuchen. Harold hingegen ist inzwischen von Dee geschieden. Lisa ist froh, daß sie ihre Zeit nicht damit verschwendet hat, Gott zu hassen und bitter gegenüber Harold zu bleiben. Sie freut sich an der Erfüllung all der Wünsche, die sie immer gehegt hatte.

Was solltest du tun, wenn du tiefen Kummer, Verluste und schwere Enttäuschungen erlebt hast? Kümmere dich eifrig um das, was Gott *heute* für dich geplant hat. Bleibe der Achterbahn der Gefühle fern: versuche nicht, den Zeitplan Gottes zu erraten oder vorauszusagen. Wenn wir es geschafft haben, unseren Willen dem des Herrn unterzuordnen, können unsere Träume Realität werden oder auch nicht, - es wird uns nichts mehr ausmachen. Wir werden auf Gott nicht mehr so zornig sein, daß wir die Erfüllung seines Versprechens nicht einmal mehr genießen können, wenn es dann schließlich doch noch eintritt.

Wenn du jetzt bereit bist, dann laß deinen Traum sterben. Dabei muß auch deine Wut auf Gott den Tod finden, selbst wenn er seine Verheißungen noch nicht wahr gemacht hat. Vielleicht kannst du jetzt noch nicht loslassen. Rufe in deinem Krieg mit Gott wenigstens einen Waffenstillstand aus. Laß ihn zu dir sprechen und dir mitteilen, was du jetzt im Augenblick tun sollst. Unter Umständen hat es gar nichts mit deinen gegenwärtigen Schwierigkeiten zu tun. Wenn du im Moment nicht einmal das schaffst, verstehe ich es auch. Wir können immer noch Freunde sein.

Wir wollen nun auf unserem Weg in die Heilung einen Schritt weitergehen. Damit erreichen wir einen Meilenstein: die Erneuerung und Wiederherstellung der Gemeinschaft mit Gott. Fragst du dich, wie das geschehen kann? Das folgende Kapitel wird dir das Geheimnis verraten.

Kapitel 13

Die Beziehung zu Gott erneuern

Ähnlich wie die verletzten Kriegsveteranen der militärischen Konflikte Amerikas tragen auch manche Christen tiefe Wunden. Sie erinnern an jenen weniger offensichtlichen Konflikt, den wir unter der Bezeichnung "geistlicher Kampf" kennen. Sogar der auferstandene Jesus trägt an seinem Körper für alle Ewigkeit die Nägelmale und die Wunde des Speeres, den man ihm in die Seite bohrte. Es sind die Wunden seiner sieghaften Schlacht am Kreuz mit den Mächten der Finsternis.

Vielleicht sind seine Wunden der einzige Hinweis, der uns im Himmel noch an unseren irdischen Konflikt zwischen Gut und Böse erinnern wird. Bis zu dem Augenblick, in dem die liebende Hand des Vaters jede Träne von unseren Augen abwischen wird, tragen unser Körper und unsere Seele jedoch noch die "Malzeichen Jesu", wie sie der Apostel Paulus nannte (Galater 6, 17).

Jesus und die Wiederherstellung deiner Seele

Wir lernen am Beispiel Jesu, wie dringend erforderlich die seelische und geistliche Wiederherstellung nach einer Verwundung im Kampf ist. Nachdem er vierzig Tage lang vom Teufel in der Wüste versucht worden war, wurden Jesus Engel gesandt, die ihm dienen sollten. Es gab Zeiten, in denen der Druck seines anstrengenden Dienstes so groß war, daß er sich mit seinen Jüngern an einen stillen Ort zurückziehen mußte, um in einer dringend benötigten Ruhepause neue Kraft zu schöpfen. Nach seiner Auferstehung kehrte Jesus zu seinen Jüngern zurück, um den Kontakt zu ihnen erneut zu festigen und ihnen Heilung zu schenken.

Denn trotz aller prophetischen Ankündigungen Jesu, daß er viel leiden und schließlich sterben würde, traf sein Tod seine Nachfolger dann doch unvorbereitet. Sie hatten den Einen verloren, dem sie ihr ganzes Leben anvertraut hatten. Diese schwere Prüfung ließ sie zerschlagen und verwundet zurück. So lebte Jesus noch einmal vierzig Tage lang in ihrer Mitte, um sie auf ein Leben ohne seine körperliche Anwesenheit vorzubereiten. Er half ihnen in ihren emotionalen und geistlichen Nöten, damit ihre Seelen Erneuerung finden konnten. Einmal kochte er ihnen sogar ein Abendessen am Ufer des Sees Genezareth. Er war so sehr daran interessiert, wie sie sich fühlten! Er ließ sie wissen, daß er ihnen vergeben hatte und sie verstand.

Wenn eine verletzte Frau von den Strapazen ihrer Fahrt auf der Hoffnungs-Enttäuschungs-Achterbahn erschöpft ist, benötigt sie genau den gleichen Heilungsprozeß, den Jesus damals auch bei seinen Jüngern in Gang gesetzt hat.

Du brauchst dich nicht mehr zu schämen

Wer sich schämt, kann sich für andere Menschen nicht ehrlich öffnen und wirklich mit ihnen vertraut werden. Daher wollte Jesus seinen Jüngern die Scham darüber nehmen, wie sie mit seinem Leiden und seinem Tod umgegangen waren. Das war einer der Hauptgründe, warum er sie nach seiner Auferstehung immer wieder besuchte. Adam und Eva hatten sich aus Scham über ihre Sünde vor Gott versteckt. Genauso ging es nun auch den Jüngern, die sich schämten, daß sie versagt hatten, als sie Jesus hätten beistehen sollen.

Petrus hatte bereits beschlossen, zu seinen Fischernetzen zurückzukehren. Er war gerade frühmorgens zum Fischfang aufgebrochen, als ihn Jesus mit einem Frühstück unterbrach, das er am Ufer vorbereitet hatte. Während dieses Besuches rief der Herr Petrus zurück in den Dienst. Aber zuerst rief er ihn zurück in die Gemeinschaft mit ihm. Dreimal kam Jesus auf das Thema der Verbundenheit und Liebe zwischen ihnen zu sprechen: "Simon, Petrus, liebst du mich?" Nur auf der Grundlage seiner Liebe zu Jesus würde Petrus fähig sein, die Herde Gottes zu weiden.

Eine verwundete christliche Frau muß sich vom Herrn angenommen fühlen. Sie darf keine Ablehnung spüren. Nur dann wird sie auch mit Gott Gemeinschaft haben und ihm dienen wollen. Das Ziel des Wiederherstellungsprozesses ist letztlich immer, sich Gott endlich wieder nahe fühlen zu können. Es beinhaltet auch, mit geistlichen und seelischen Anstrengungen oder religiösen Übungen in jeder Form aufzuhören. Wir werden später in diesem Kapitel noch einmal darauf zurückkommen.

Wenn Jesus die Last unseres Schamgefühls von uns genommen hat, werden auch wir andere Christen von ihrer drückenden Last befreien wollen. Was wir empfangen, können wir auch weitergeben. Andere Menschen sollten sich in unserer Gegenwart frei fühlen, ihre verborgenen Geheimnisse und Wünsche mitzuteilen, weil sie sich geliebt und angenommen wissen. Auch unser Drang zum Perfektionismus wird dann nachlassen. So können wir eine ganz neue Freiheit erleben. Wer anderen Wertschätzung und Annahme erweist, kann dies auch für sich selbst empfangen.

Nacheinander besuchte Jesus jeden einzelnen seiner Jünger und erneuerte ihre Seelen nach dem anstrengenden Kampf. Während eines Besuches blies Jesus jeden der Jünger im Raum an und sagte: "Empfangt Heiligen Geist!" (Johannes 20, 22). Wie Gott Vater dem Adam seinen Lebensatem eingehaucht hatte, so blies nun Jesus den erneuernden Atem des geistlichen Lebens in seine neuen Geschöpfe hinein: in die, die seine Auferstehung und Herrschaft anerkannten. Dieser Atem Gottes erfüllte jeden mit der tröstlichen Gegenwart Gottes. Ich glaube, dies gab ihnen die Kraft, bis zum Pfingsttag auf die Ausgießung des Heiligen Geistes zu warten.

Wie Jesus versprochen hatte, verließ er sie nicht ohne Trost. Er kam zu ihnen. Hätte er ihre Seelen durch seinen Besuch nicht wiederhergestellt, wären sie wahrscheinlich nicht in der Lage gewesen, auf die Kraft des Heiligen Geistes zu warten (Apostelgeschichte 1, 8). Die Jünger hätten ihr angestrebtes Ziel enttäuscht aufgegeben.

Eine verletzte Frau, die sich nach einer frischen Berührung Gottes sehnt, glaubt oft, sie würde seine Liebe nicht verdienen. Eine solche Frau ist voller Zorn über die Enttäuschungen und den Mißbrauch, die sie auf der Hoffnungs-Enttäuschungs-Achterbahn erlebt hat. Sie leidet vielleicht auch unter Minderwertigkeitsgefühlen. Menschen, die ihr mit Wertschätzung und Achtung hätten begegnen sollen, haben sie ausgenutzt und so ihr Selbstbewußtsein noch mehr schwinden lassen. Kein Wunder, daß sie Gott dann nicht vertrauen kann. Sie kann einfach nicht glauben, daß er freigebig ist und ihr etwas von sich aus schenkt. Viele Menschen, die in gestörten

Familien aufgewachsen sind, können Gott nur sehr schwer um die Dinge bitten, die sie brauchen - selbst wenn es sich um Gaben handelt, die er jedem Gläubigen sowieso bereits versprochen hat, etwa die Kraft des Heiligen Geistes.

Vielleicht spürst du, daß du einen tiefen Mangel an Vertrauen in dir trägst. Warum versuchst du nicht einfach, Gott zu bitten, dich mit einem neuen Gefühl seiner Gegenwart zu erfüllen? Auch wenn alle anderen Menschen dich im Stich lassen: das Gefühl der bleibenden, dauerhaften Liebe Gottes wird dich stärken und dir Kraft geben. Vertraue ihm deine Not an. Er gibt den Heiligen Geist denen, die ihn darum bitten. Jesus versprach seinen Jüngern, daß Gott nicht wie ein Vater ist, der seinem Sohn anstelle eines Brotes einen Stein gibt. Gott wird den Herzenswunsch seines Kindes erfüllen, besonders wenn es ihn um seine Gegenwart und Nähe bittet. Warum bittest du ihn nicht jetzt gleich darum?

Wenn wir erst mit Gottes Lebensatem angehaucht worden sind, wird er uns den Mut geben, die anderen notwendigen Schritte auf dem Weg zur Wiederherstellung zu gehen. Soll der Prozeß der Heilung fortgesetzt werden? Dazu muß ein innerlich verletzter Christ bereit sein, mit Gott in dem Punkt zusammenzuarbeiten, der nun folgt.

Die Evakuierung aus dem Kriegsgebiet

Armeen bergen ihre Verwundeten und bringen sie aus der Gefechtslinie in Sicherheit. Ebenso muß ein kriegsmüder Soldat in der Armee des Herrn von der unmittelbaren Kriegsfront weggeschafft werden. Nur so kann er Wiederherstellung erfahren. Wenn beispielsweise eine verwundete Frau dem Schlachtfeld entkommen möchte, muß sie einige notwendige Schritte planen und auch wirklich gehen, um sich aus dem permanenten Konflikt zu lösen. So müssen sich Frauen, die verprügelt und mißhandelt werden, von ihren gewalttätigen Ehemännern trennen, bis diese sich ändern. Frauen in weniger lebensbedrohlichen Situationen müssen lernen, endlich angemessene Grenzen zu setzen und sich nicht weiterhin sinnlosem Leiden und Mißbrauch zu fügen. Plötzlich fühlen sie sich dann vielleicht tatsächlich "evakuiert". Es kann bedeuten, den Wohnort zu wechseln. Vielleicht mußt du auch nur innerlich einen

Ort der Stille und des Friedens finden, der weit genug von der Hoffnungs-Enttäuschungs-Achterbahn entfernt ist.

Was auch immer du tun magst: triff kluge, durchdachte Entscheidungen! Unternimm keine impulsiven Maßnahmen, um dich irgendwie zu verteidigen. Eine verwundete Frau muß ihre Alternativen gründlich abwägen - in Kapitel fünf haben wir ja bereits darüber gesprochen. Solange ihr Leben nicht direkt bedroht ist, muß sie dafür sorgen, daß ihr Lebensunterhalt gesichert ist, bevor sie auch nur einen einzigen Schritt unternimmt. Bei unmittelbarer Gefahr für ihr Leben ist natürlich sofortige Hilfe nötig - verbunden mit dem festen Vorsatz, niemals zurückzukehren. Viele mißhandelte Ehefrauen gehen bereits Tage oder sogar Stunden nach ihrer Flucht zu ihren Männern zurück. Nach ihrer Rückkehr wird alles jedoch unweigerlich noch viel schlimer, weil der Ehemann sie dafür bestraft, daß sie ihn verlassen haben.

Das Verlassen des Kriegsgebietes ist nicht nur ein natürliches, sondern auch ein geistliches Prinzip in unserer Alltagswelt. Als Elia die Baalspriester auf dem Berg Karmel besiegt hatte, ging er weg und versteckte sich in einer Höhle. Er mußte sich von den Anstrengungen des geistlichen Kampfes und dem Trauma der Depression erholen, die nicht lange auf sich warten ließ. So wie Jesus sich mit seinen Jüngern zurückzog, nahm auch Elia sich eine Zeit der Ruhe, in der er neu zu Kräften kommen konnte.

Eine junge Mutter mag Pflichten haben, denen sie sich nicht entziehen kann. Für ihre Heilung kann es jedoch von enormer Bedeutung sein, daß sie den Streß unnötiger Aktivitäten hinter sich läßt. Manche Frauen sind in ihrer Gemeinde so engagiert, daß ihr Selbstwertgefühl von ihrem Dienst dort abhängig ist. Eine solch intensive Beschäftigung ist nahezu krankhaft und läßt auf eine ungesunde Abhängigkeit schließen.

Ziehe dich zeitweise aus diesen Aktivitäten zurück. Es wird dir Zeit geben, heil zu werden. Andere Menschen werden gleichzeitig die Chance bekommen, zu lernen, ohne deine aufopferungsvollen Bemühungen zurechtzukommen. Wenn du allmählich gesund wirst, kann dich der Herr entweder zurück in diese Aktivitäten stellen oder dir eine völlig neue Richtung zeigen. Vielleicht schneidet er ja deine Weinreben zurück, damit in deinem Leben viel reichere Frucht wachsen kann - in einer Art und Weise, die du bisher niemals kanntest, weil du im Kreislauf der Abhängigkeit gefangen warst. Aber wenn du dir Veränderungen vornimmst ...

...Rechne mit Kritik

Wenn du das nächste Mal zum Krabbenfischen gehst (falls du es überhaupt schon einmal getan hast), verwende ruhig einmal einen Eimer ohne Deckel. Er ist ein absolut sicherer Aufbewahrungsort. Denn jedes Mal, wenn eine Krabbe versucht, herauszukriechen, ziehen die anderen sie wieder zurück in den Eimer. Sie könnten ja zusammenarbeiten und sich gegenseitig helfen und unterstützen. So würden sie alle entkommen. Sie tun es aber nicht. Vielen Menschen geht es genauso: Sie versuchen, das Schweigen über ihre momentanen Schwierigkeiten zu Hause oder sonstwo zu durchbrechen und die Kontrolle anderer Menschen abzuschütteln. Ihre Mitmenschen sind aber noch gebunden und haben Angst vor Veränderungen. Sie weigern sich, Probleme zuzugeben. Diese Menschen werden sich dir in den Weg stellen und sich bemühen, dich zurückzuziehen. Sie werden versuchen, Schuldgefühle in dir zu wecken und dich zu manipulieren. Sie werden dich, wenn nötig, bedrohen. Sie werden alles unternehmen, um den gegenwärtigen "Status Quo" zu erhalten.

Laß dich daher bitte warnen. Einige Menschen, vielleicht sogar solche, die dir sehr nahe stehen, werden nicht verstehen, warum du dich von der Kampffront zurückziehst. Sie werden zornig auf dich sein. Wenn du aber verwundet bist, macht dich ein solcher Rückzug vom Schlachtfeld in keiner Weise zu einem Verräter. Um zu einem späteren Zeitpunkt wieder an die Front zurückkehren zu können, mußt du dich jetzt um dich selbst kümmern. Du wirst weder dir selbst, noch deiner Familie, deinem Beruf oder deiner Gemeinde in einem emotional aufgewühlen Zustand etwas nützen. Du kannst auch Gott und seine täglichen Segnungen nicht genießen, wenn du dauernd damit beschäftigt bist, den Pfeilen des geistlichen, emotionalen und körperlichen Kampfes auszuweichen.

Eine heilsame Trennung

Clint und Marcie baten Bill und mich, sie bei ihren Eheproblemen zu beraten. Nach mehr als vierzehn Jahren hatten sie sich nun getrennt. Als Marcie ihren Mann verließ, war sie durch ihre lange Fahrt auf der Hoffnungs-Enttäuschungs-Achterbahn seelisch völlig zerstört. Clints zwanghaft-abhängiges Verhalten hatte sie in einen Zustand tiefer Verzweiflung und Hoffnungslosigkeit gestürzt. In der Öffentlichkeit trug sie die gleiche gefühllose, stoische Gelassenheit zur Schau, die man häufig bei Frauen antreffen kann, die jahrelang unter dem permanenten Fehlverhalten ihrer Partner leiden.

Clint war früher drogenabhängig gewesen, hatte dann aber zum Glauben gefunden und war von den Drogen weggekommen. Niemals jedoch hatte er Jesus seine Spielleidenschaft anvertraut, um von ihr befreit zu werden. In seelsorgerlichen Gesprächen stellte sich dann heraus, daß Clint sich nicht nur am Glücksspiel beteiligte, sondern auch trank (trotz seiner früheren Drogensucht) und deutliche Symptome einer sexuellen Abhängigkeit zeigte. Marcie arbeitete hart in ihrem Beruf als Computertechnikerin, Clint hingegen gab ihr Einkommen verantwortungslos und leichtherzig für seine frivolen Neigungen aus. Marcies Treue und Zuverlässigkeit standen in krassem Gegensatz zu den häufigen, zwanghaften Berufswechseln ihres Mannes.

Clint war auch in religiöser Hinsicht süchtig. Er besuchte eine Heilungsveranstaltung nach der anderen. Manchmal ließ er seine Frau mit ihren drei Kindern an sechs Abenden in der Woche allein, weil er ständig in irgendeinem Gottesdienst war, in dem er Gottes Wirken in Vollmacht und Kraft zu spüren glaubte. Er hatte riesige Geldsummen an irgendwelche Dienste gespendet, die nicht viel Segen zurück in sein Leben brachten. Über einen Zeitraum von zehn Jahren stand er gegenüber mindestens sieben christlichen Organisationen auf Dauer in finanziellen Verpflichtungen.

Clint wollte nicht wahrhaben, wie sehr Marcie und er durch sein zwanghaftes Verhalten beeinträchtigt wurden. Marcie hatte es inzwischen frustriert aufgegeben, zu Clint durchzudringen und glaubte nicht mehr, daß er sich noch irgendwann ändern würde.

Clint seinerseits gab zwar gelegentlich zu, daß er Dinge getan hatte, auf die er nicht gerade stolz war. Seine Neigung, Probleme zu verdrängen, war aber nie wirklich durchbrochen worden. Er dachte noch immer, der Großteil ihrer Schwierigkeiten läge daran, daß Marcie ihn verlassen hätte. So zitierte er ständig Bibelstellen über ihre Pflicht, ihm als seine Ehefrau zu vergeben und nach Hause zurückzukommen.

Clint hatte seine Frau zu uns geschleppt, weil er von uns erwartete, daß wir seinen Standpunkt bestätigen würden. Er war höchst erstaunt, als wir ihnen nicht zu einer sofortigen, bedingungslosen Versöhnung rieten. Marcie mußte zunächst erst einmal aus der Hoffnungs-Enttäuschungs-Achterbahn aussteigen können. Clint brauchte die Trennung, um seine eingeschliffenen Verdrängungsmechanismen zu durchbrechen. Er mußte erst erkennen, wie schlecht er seine Frau und seine Kinder wegen seiner Süchte behandelt hatte. Er mußte beweisen, daß er sich ändern wollte. Er mußte von sich aus professionelle Hilfe suchen und annehmen. Er war wohl ebenso irritiert und zornig auf Bill, wie er es anscheinend auf mindestens fünf Seelsorger vor uns gewesen war. Sie alle hatten sich geweigert, mit ihm "für seine Ehe einzustehen", wie er es ausdrückte. Clint kaschierte geschickt seine fehlende Bereitschaft, ehrlich und genau die Verletzungen zu betrachten, die er verursacht hatte. So schob er Marcie immer mehr von sich weg, während er sie weiterhin ständig mit Bibelzitaten vollpredigte.

Clint wollte den Eindruck vermitteln, als würde Marcie die Pläne Gottes hinauszögern oder zurückhalten. Schließlich war *sie* doch nicht bereit, zu vergeben, zu vergessen und wieder nach Hause zu kommen. Er redete ihr Schuldgefühle ein, weil sie ausgezogen war. Er wollte einfach nicht einsehen, daß die Wurzel der Schwierigkeiten in seinem krankhaften Verhalten lag. Ohne Kontrolle über sich selbst drehte er sich immer schneller im Kreislauf der Sucht. Gleichzeitig raste Marcie in ihrer Achterbahn über die Höhen und Tiefen der Hoffnung, Krise und Enttäuschung dahin, so lange bis sie schließlich nichts mehr für den Mann empfinden konnte, den sie einst geliebt hatte.

Liebevoll erklärten wir Clint, daß es an ihm lag, ob Marcie zu ihm zurückkommen würde oder nicht. Er mußte ihre Liebe und ihr Vertrauen zurückgewinnen und ganz von vorne beginnen, wenn ihre Ehe erneuert werden sollte. Er mußte handeln und seine Frau wieder neu für sich gewinnen. Ansonsten würde auch kein äußerer

Druck (und sei er noch so groß) von Seelsorgern oder Pastoren Marcie wieder dazu bringen, Freude an ihrer Ehe zu haben. Den seelischen Schaden, den er angerichtet hatte, konnten nur er selbst und Gott wieder reparieren - wenn Clint mit Gott zusammenarbeiten würde. Wir würden Marcie jedenfalls nicht unter Druck setzen. Keinesfalls würden wir versuchen, sie durch Schamgefühle, die niedrigste Form der Motivation, zurück in Clints Haus zu treiben, einen Ort an den sie nicht gehen wollte.

Die Bergung eines Verwundeten aus dem Schlachtfeld ist der erste Schritt zur Wiederherstellung seiner Seele. Dies kann durch eine räumliche oder nur innerliche, seelische Trennung geschehen, oder durch beides. In jedem Fall gilt: "Zum Frieden hat uns Gott doch berufen." (1. Korinther 7, 15). In dieser Zeit des Friedens können sich Wunden schließen. Der Heilungsprozeß beginnt.

Ziehe dich von jedem Ort zurück, an dem dein Gewissen dich quält und unruhig macht. Gott möchte dein Gewissen heilen, damit du dich seinem Willen unterordnen kannst. Du brauchst nicht mehr länger auf die listigen Vorwürfe des Feindes hereinzufallen, die er als Bedenken deines Gewissens tarnt (vielleicht in Form von Schuldgefühlen, die dir Menschen einreden wollen, die nicht mit dem einverstanden sind, was du tust). Wenn Frauen in ihrem Geist und in ihren Gefühlen mißbraucht worden sind, fürchten sie sich oft davor, wieder zurück zum Herrn zu gehen - und manchmal auch zurück in die Gemeinde. Sie rechnen damit, wegen ihres "Versagens" verurteilt zu werden. Diese Hürde ist so groß, daß eine Frau sie kaum überwinden kann, wenn sie in einem seelisch instabilen Zustand ist.

Naomi verließ Moab, weil sie in ihrem wackeligen Gefühlszustand und in ihrer Trauer den Eindruck hatte, daß Gott sie dort nicht mehr haben wollte. Sie suchte Wiederherstellung. So nahm sie all ihren Mut und das letzte bißchen Energie zusammen, um rechtzeitig zur Gerstenernte zurück in Bethlehem zu sein. Sie war zornig und fühlte sich von Gott verlassen. Dennoch führte ihr Gewissen sie zurück an den Ort, an dem sie glaubte, Gottes Tadel oder seine Heilung zu empfangen. Natürlich erlebte sie dort ihre Wiederherstellung durch ihn.

Vielleicht ist es für dich an der Zeit, nach Hause zu gehen - dieses Mal nicht zurück zum Schmerz, sondern zum Herrn.

Wiederhergestellt, um fruchtbar zu sein

Es ist wichtig, vom Kriegsschauplatz evakuiert zu werden und das gelockerte Band der Gemeinschaft mit Gott wieder neu zu knüpfen. Dann kann Gott uns "aufpäppeln" und gesund machen. Nur so können wir schließlich auch wieder Frucht bringen. Gottes Interesse an deiner Heilung ist aber nicht in erster Linie davon motiviert, daß er deine Fruchtbarkeit oder Produktivität "bräuchte". Viel zu viele Frauen sehen den Nutzen ihrer Erholung vor allem darin, anderen Menschen anschließend wieder besser helfen zu können. Als seien sie es nicht wert, um ihrer selbst willen geheilt und wiederhergestellt zu werden, ohne daß Gott darauf zu einem späteren Zeitpunkt zurückgreifen würde, um anderen zu helfen! Vielleicht ist es ein Nebenprodukt unserer Wiederherstellung, daß wir anderen Menschen helfen möchten bzw. können. Es ist Gott aber viel wichtiger, daß du selbst erneuert wirst, - egal ob es dich produktiver macht oder nicht.

Lea hat dieses Geheimnis niemals begriffen. Jakobs erste Frau versuchte immer, die Liebe ihres Ehemannes zu gewinnen, indem sie ihm Kinder gebar. Sie schenkte ihm zehn Söhne. Jakobs Liebe aber gehörte Rahel. Gottes Liebe für dich ist dir fest zugesichert und bleibt beständig. Sie gründet sich nicht auf Leistung oder Produktivität. Gott geht es um dich als Persönlichkeit, so wie du bist.

Ruhe

Wiederherstellung beginnt damit, daß wir innerlich zur Ruhe kommen. Ohne eine Ruhepause im Kampf können Wunden nicht heilen. Unsere Seele wird sonst auch keine Erneuerung finden. Du kannst viel leichter Gottes Stimme hören, wenn der Kriegslärm allmählich hinter dir in der Entfernung verhallt. Die verwundete Frau muß sich aber selbst entscheiden, sich diese Ruhepause zu gönnen. Sie muß begreifen, daß ihre Entscheidung nicht egoistisch oder selbstsüchtig, sondern auch in geistlicher Hinsicht sehr klug ist.

Jeder Gläubige ist an einen stillen Ort der Ruhe gerufen, bevor er auch nur ein einziges Werk für Gott beginnt. Überarbeitete Christen können im 3. Buch Mose eine wichtige Lektion lernen. Dort wird die

Zeremonie bei einer Priesterweihe beschrieben. Jeder angehende Priester wurde zunächst aus dem Lager herausgerufen, gereinigt und mit priesterlichen Gewändern eingekleidet. Danach salbte man ihn mit dem Blut von Opfertieren, die man anläßlich seiner Ordination geschlachtet hatte. Auch mit heiligem Öl wurde er gesalbt. Dann jedoch trat in der Zeremonie eine Pause ein: sieben Tage lang tat der neue Priester nichts anderes, als im Allerheiligsten der Stiftshütte zu sitzen. Er mußte lernen, zur Ruhe zu kommen, bevor er seinen Dienst begann. Er mußte in Gottes Gegenwart sitzen können, bevor er auch nur ein einziges Opfer darbringen durfte.

Jesus lehrt uns, daß der Vater im Himmel *Anbeter* sucht, keine *Arbeiter* (Johannes 4, 21-24). Bevor Gott uns ruft, fruchtbar zu sein, möchte er, daß wir uns nicht mehr länger aus eigener Kraft abmühen. Wir sollen zunächst einfach wissen, daß Er Gott ist. (Psalm 46, 10). Leistungsorientierte Bemühungen und geistlicher Aktivismus haben die verwundete Frau überhaupt erst in die Hoffnungs-Enttäuschungs-Achterbahn getrieben. Manchmal können geistliche Disziplinen wie Gebet und Bibelstudium den Wiederherstellungsprozess sogar behindern oder stören, wenn sie zwanghaft werden.

Beende Gebete, die keine Frucht bringen

Möchtest du deine eigenen krampfhaften Anstrengungen gerne beenden? Eine Möglichkeit besteht darin, mit fruchtlosem oder sinnlosem Gebet aufzuhören. Solche Gebete rauben dir nur deine Kraft. Beten heißt einfach: mit Gott reden und ihm zuhören. Manche Frauen stürzen sich in intensive, langfristige Fürbitte. Wenn sie dabei unrealistische Hoffnungen hegen oder die Erfüllung eines Herzenswunsches herbeisehnen, riskieren sie, in die Hoffnungs-Enttäuschungs-Achterbahn einzusteigen. Je stärker ihr Wille ist, desto länger werden sie die rasante Berg- und Talfahrt mitmachen. Niemals jedoch werden sie die Erhörung ihrer Gebete erleben.

Gerade durch solch intensives Gebet verlor Lynn (die Frau, der wir im zweiten Kapitel begegnet sind) allmählich ihren Glauben an Gott, während sie mehr als 25 Jahre lang für die Bekehrung ihres Mannes betete. Es war so schwer für Lynn, still danebenzusitzen, wenn Gott die Ehemänner anderer Frauen errettete. So begann sie, dafür zu "arbeiten".

Predigten oder Bibelarbeiten, die wir in der Gemeinde über Themen wie Fürbitte hören, bringen ernsthafte Christen manchmal in geistliche Panik. Sie möchten gerne alles tun, was sie nur können. Sie wollen dadurch sichergehen, daß sich bestimmte Wünsche, die für sie so überaus wichtig sind, auch tatsächlich erfüllen. So stürzen sie sich kopfüber in inbrünstiges, fast zwanghaftes Gebet. Allerdings ist diese Art zu beten ein Zerrbild wahrer Fürbitte, die zwar auch intensive Gefühle hervorrufen mag, die aber (anders als das zwanghafte Gebet) von Gott initiiert und motiviert ist. Wenn Gott Menschen zum Beten veranlaßt, spürt der Betende eine Gelassenheit und Ruhe. Er merkt, daß er von Gott durchgetragen wird.

Im Gegnsatz dazu ist die Christin, die unter Zwang betet, auf einen bestimmten Abschluß fixiert. Sie setzt all ihre seelischen Fähigkeiten und Gefühle ein, für ihr Anliegen zu beten und dafür "Glauben zu haben". Vielleicht erlebt sie in ihrer Phantasie sogar Visionen und hörbare Halluzinationen. In ihrem religiösen Wahn hält sie das für die Stimme Gottes und fühlt sich in ihrer Überzeugung bestärkt, daß ihre Erfahrungen bei der Fürbitte echt sind. Tief in ihrem Herzen jedoch spürt sie, daß sie diese Intensität selbst produziert anstatt von einem mühelosen Fluß vorangetrieben zu werden. Wenn eine Antwort Gottes ausbleibt und sie erschöpft die Intensität ihres Gebetes nicht mehr durchhalten kann, bekommt diese Christin Angst. Sie befürchtet, daß ihr Gebet nun nicht erhört werden könnte. Sie wird außerdem zornig auf Gott, weil er ihr in der Stunde ihrer Traurigkeit "eine Abfuhr" erteilt.

Statt viel zu bewirken (Jakobus 5, 16) hat zwanghaftes Gebet nur die Macht, das Gefühl der Nähe zu Gott in einer Frau zu zerstören. Auf der Hoffnungs-Enttäuschungs-Achterbahn rast sie über Höhen und Tiefen hinweg geradewegs in die Verzweiflung.

Diese Art von Hingabe entsteht gewöhnlich aus einem menschlichen Wunsch heraus, nicht aufgrund eines von Gott gegebenen Anliegens. Manchmal ist es zunächst wirklich nicht einfach, das eine vom anderen zu unterscheiden. Wenn jedoch Antworten auf Gebete einfach nicht eintreten, solltest du erkennen, daß du nicht mehr im Fluß Gottes bist. Höre auf, zu beten! Das entspricht viel mehr der Führung des Heiligen Geistes als wenn du dich in sinnloses Gebet stürzt, das fruchtlos bleiben wird und dich schließlich in die Verzweiflung treibt.

Menschen mit einem Gebetszwang befürchten manchmal, dem Teufel die Oberhand zu lassen und so eine wichtige Schlacht zu verlieren, wenn sie im Beten nachlassen. Wir müssen daher erkennen, daß der Herr auf Golgatha den endgültigen und völligen Sieg bereits errungen hat. So können wir still werden und zusehen, wie Gott für uns arbeitet. Sollte die Zeit für intensiveres und ausdauerndes Gebet kommen, wird er uns Hilfe geben, so wie er es bei Mose tat. Die Arme von Mose wurden durch Aaron und Hur gestützt, damit er weiterhin seine Gebetswache halten konnte.

Vor allem sollte sich der Gläubige niemals aus einem Gefühl des Ruhens in Gott herausdrängen lassen. Wenn geistliche Aktivitäten wie Gebet, Fasten, Spenden oder Dienen aus einem inneren Druck heraus getan werden, hat der Christ diese Ruhe verlassen und beginnt menschliche Werke. Eine Frau, die sich so in ihrer eigenen Kraft abmüht, wird bald andere Menschen ablehnen oder verachten, weil sie nicht mit ihr leiden.

Grollende Menschen sind voller Ablehnung

Manchmal glaubt eine Frau, nur sie allein müsse leiden, während es anderen Frauen anscheinend erspart bleibt. Dabei bemüht sie sich doch aufrichtig, alles zu tun, was sie nur kann! An diesem Punkt wird sie oft von dem Bedürfnis überwältigt, ihr Leiden rechtfertigen zu müssen, obwohl sie es oft selbst verursacht oder zumindest verschlimmert hat. Leider richtet sich diese Selbstrechtfertigung gegen andere. Sie verachtet Menschen, die nicht leiden oder um Gebetserhörungen und geistlichen Erfolg in der Weise kämpfen, wie sie es tut. Wenn Frauen so für ihre Fruchtbarkeit oder ihr Heil "arbeiten", fühlen sie sich oft wie Missionare, die von einem Entwicklungsland zum Heimaturlaub nach Hause kommen. Ihr Gefühl gleicht dem eines heimkehrenden Kriegsveteranen, der die alltägliche Betriebsamkeit Amerikas beobachtet. Im Krieg wurden ihm seine Gliedmaßen abgerissen, seine Kameraden hat er verloren - und das Leben geht einfach weiter! Der Haß auf das scheinbare Wohlergehen anderer ist eigentlich eine Art umgekehrter

Kulturschock oder ein "Wiedereintritts-Schock". Auch die verwundete Frau muß sich ihm stellen.

Je mehr sie sich abmüht, umso mehr wird ihr Haß wachsen. Die verwundete Frau ist in einer Tretmühle der Bitterkeit gefangen. Sie kann nicht vergeben. Der krankhafte Wunsch, nun auch andere Menschen leiden zu sehen, liegt da nicht fern. Wenn sie schon nicht mit ihr leiden, ist es eine große Versuchung, ihnen deswegen Schuldgefühle einzureden. Wahrhaft geistliche Menschen müssen leiden, um darauf vorbereitet zu werden, daß Gott sie vollmächtig gebrauchen kann! Diese Vorstellung macht die Stolzen noch stolzer. Die Menschen, die in Gelassenheit und innerem Frieden leben, beginnen sich schuldig fühlen - es sei denn sie durchschauen diese ungerechtfertigten Schuldzuweisungen.

Wir erhalten regelmäßig den Rundbrief eines Missionars. Darin stellt er sein eigenes Leiden der großen trägen Masse der Christenheit gegenüber, die nicht durch die gleichen intensiven Prüfungen und Schwierigkeiten zu gehen scheint. Diese Tatsache beschäftigt ihn mehr als alles andere. Sein Mangel an emotionaler Heilung und Wiederherstellung hat ihn so für eine subtile Form des Stolzes anfällig gemacht. Er hält seine Rolle im Plan Gottes für wichtiger und entscheidender als die anderer Menschen. Daraus folgert er, daß er auch besonders massiven geistlichen Anfechtungen ausgesetzt ist. Er fürchtet, daß die Attacken des Teufels an Stärke noch zunehmen werden, glaubt aber, daß Gott dies irgendwie zulassen wird. Wenn andere Christen Gott nur wirklich mit Hingabe nachfolgen würden, so würden auch sie dieses Leid erleben.

Er ist einer Täuschung zum Opfer gefallen, die ihn zu einer leichten Beute Satans macht. Nur noch ein kleiner Schritt trennt ihn von einem Verfolgungswahn, der ihm dann auch noch den letzten Rest seiner inneren Ruhe rauben wird. Für seinen Dienst wäre es am Besten, mit seinen Anstrengungen aus eigener Kraft aufzuhören. Er müßte seiner Seele Erholung gönnen - eine Tatsache, die er entschieden abstreitet - und aufhören, den Leib Christi anzugreifen. Er sollte nicht länger versuchen, Christen Schuldgefühle einzureden, weil sie im Herrn ruhen. Seelische Verletzungen haben diesen Christen heraus aus seiner Ruhe und hinein in eine subtile Bindung an die eigene Werkgerechtigkeit gelockt.

Den Anschluß an andere Menschen wiederfinden

Frauen, die sich von den Wunden ihres häuslichen Kleinkrieges oder von tiefem Kummer erholen möchten, brauchen dringend einen sicheren Zufluchtsort, an dem sie sich anderen Menschen anvertrauen können. Sie brauchen eine "Kriegsschiff-Erfahrung": Heimkehrende Kriegsveteranen erzählen einander ihre Niederlagen und Triumphe bereits auf dem Deck der Kriegsschiffe, die sie nach Hause bringen. Auch verletzte Frauen müssen ihrem Herzen Erleichterung verschaffen können, indem sie anderen Leidensgenossinnen ihre Erfahrungen mitteilen. Ablehnung entsteht häufig überhaupt erst durch ein Gefühl der Isolation: viele Menschen, die unter Kummer und seelischem Schmerz leiden, ziehen sich zurück. Schamgefühle verbunden mit Depressionen lassen eine Frau einsam und ängstlich werden, wenn sie plötzlich von ihrem Schlachtfeld getrennt ist.

Das Problem verschlimmert sich noch, sobald die Ursache des Leids in einer ungesunden Abhängigkeit in Beziehungen liegt. Manche Frauen haben nicht nur unter einer Beziehung gelitten, in der man sie mißbrauchte, sondern gleich unter mehreren. Wurde eine verletzte Frauen beispielsweise von einem herrschsüchtigen Ehemann ausgenutzt, schafft sie es kaum, ihm fern zu bleiben. Er ist für sie wie eine süchtigmachende Droge. Wenn diese Frau sich nicht auf ein sicheres, stabiles Unterstützungsgefüge verlassen kann, wird sie von falscher Schuld zurück an den Ort gelockt werden, an dem man sie ausnutzte.

Wenn sie jedoch eine "Kriegsschiff-Erfahrung" machen kann, gewinnt sie dadurch Anschluß an andere Menschen und somit an Jesu Gegenwart in ihnen. Vielleicht ist dir schon aufgefallen, daß Jesus seinen Jüngern nach der Auferstehung wesentlich öfter erschien, wenn sie sich gemeinsam trafen. Jesus widmet sich gerne der Gruppenheilung . Häufig werden Frauen von ihren Ehemännern verprügelt. Die Eifersucht des Mannes bringt ihn dazu, durch Drohungen und Manipulation seine Frau von ihren Verwandten und engsten Freunden zu isolieren. Sie schämt sich für ihren gewalttätigen Mann, weil er ihre Verwandten und Freunde beleidigt. Vielleicht ist es dir genauso ergangen. Du hast daher versucht, ihnen fernzubleiben. Es ist aber von großer Wichtigkeit, daß du wieder den

Kontakt zu diesen Menschen aufnimmst. Suche gesunde Beziehungen!

Ich möchte dir gerne drei Möglichkeiten vorschlagen, wie du mit anderen Menschen wieder in Verbindung kommen kannst.

Die "Kriegsschiff-Erfahrung"

Ich möchte dir zunächst vorschlagen, eine "Kriegsschiff-Erfahrung" zu machen. Triff dich mit anderen Frauen, die sich ebenfalls gerade von den Schwierigkeiten erholen müssen, mit denen auch du zu kämpfen hattest. Vielleicht hast du (wie viele andere Frauen) unter den gewalttätigen Attacken und Beleidigungen eines brutalen Ehemannes gelitten. Du solltest nun andere Frauen kennenlernen, die dir geduldig zuhören und das Gefühl vermitteln können, daß du angenommen bist. Wenn Menschen einander von ihren Erfahrungen berichten, wächst zwischen ihnen eine besondere Verbindung. Die Geschichten der anderen Frauen kommen dir möglicherweise sehr bekannt vor und erinnern dich an dein eigenes Leid. Im Zuhören wirst du bald erkennen, daß du nicht nur Opfer des frauenverachtenden Verhaltens eines Mannes geworden bist, sondern auch selbst ungesunde Verhaltensmuster aufgebaut hast.

Frauen leben in Scheidung, Eltern haben ihr Kind verloren, Witwen müssen plötzlich allein zurechtkommen - sie alle können von einer Gruppe Gleichgesinnter sehr viel profitieren! Deine Erfahrung ist ziemlich häufig anzutreffen. Du bist nicht die einzige, die verrückt ist: Dieses Wissen kann eine große Stärkung für dein Selbstwertgefühl sein. Du wirst nämlich viel Selbstvertrauen brauchen, um allein leben zu können. Manchmal überkommt Frauen, die nach vielen Jahren plötzlich allein dastehen, große Panik - besonders wenn sie in einer ungesunden Abhängigkeit zu anderen Menschen gelebt haben. Auf einmal werden sie nun von furchtbaren Angstgefühlen gequält, zum Beispiel mitten im Supermarkt. Wenn du von anderen Menschen erfährst, daß sie die gleichen Erfahrungen gemacht haben, kannst du mit diesen Angstanfällen sicher besser umgehen. Sie sind eine verständliche Reaktion auf deine gegenwärtige Streßsituation.

Rufe doch bei einem Frauenhaus oder einer Beratungsstelle an. Sie haben sicher Informationen über geeignete Selbsthilfegruppen. Bestimmt gibt es auch in deiner Nähe eine Selbsthilfegruppe für Frauen, die in falscher Abhängigkeit gefangen sind. Wenn du dich seelisch oder auch räumlich von einem Alkoholiker trennen möchtest, kann die Organisation *Al-Anon* eine Hilfe für dich sein. Diese weltweite Organisation unterstützt Menschen, die mit alkoholkranken Personen zusammenleben. Wenn du bisher geschlagen oder gar verprügelt worden bist, mußt du auf jeden Fall aus dieser Situation fliehen. Lerne es, ohne die fatale Anziehungskraft der Hoffnungs-Enttäuschungs-Achterbahn zu leben.

An dieser Stelle noch ein Wort der Warnung: Manchmal schlittern Frauen geradewegs in eine innere Haltung des Männerhasses hinein, wenn sie sich langsam erholen. Versuche, diese Phase möglichst schnell abzuschließen und zu wahrer innerer Heilung zu finden. Erkenne deine Ablehnung gegenüber Männern, mache sie zu deinem Gebetsanliegen und suche (wenn nötig) professionelle Hilfe. Wenn sich Diskussionen oder Gruppengespräche verselbständigen und in männerfeindliche Tiraden auszuarten drohen, sollte jemand in der Gruppe auf diese falsche Haltung hinweisen. Kannst du dich an viele Männer erinnern, die dich erniedrigt und mißbraucht haben? Ihnen steht mit Sicherheit eine wesentlich größere Zahl von Männern gegenüber, die stets in den Hintergrund deines Lebens gedrängt blieben - Brüder, Onkel, Mitchristen. Ihre Gegenwart hast du jedoch immer ignoriert und deine Aufmerksamkeit auf jene männlichen Wesen beschränkt, die gemein zu dir waren. Nicht alle Männer sind Misogynisten. Eigentlich sind es die allerwenigsten.

Eine "gesunde" Gemeinde vor Ort

Es gibt für dich eine zweite Möglichkeit, den Anschluß an das "normale" Leben neu zu finden: eine gute, gesunde Gemeinde vor Ort. Ich verwende bewußt die Bezeichnung "gesund", weil leider nicht in jeder Gemeinde eine Atmosphäre herrscht, die für den Genesungsprozeß einer Frau förderlich ist. Überprüfe zunächst deine eigene Gemeinde: wird sie von Frauen besucht, die auch gerade auf dem Weg zur Heilung sind? Vielleicht könntest du mit der Erlaubnis deines Pastors eine Frauengruppe beginnen. Gefangen in deinem

Schmerz hast du bestimmt auch nicht bemerkt, daß überall auf der Erde neue Dienste der Erneuerung und Wiederherstellung im Leib Christi entstehen.

Wir sind gegenwärtig alle am Aufwachen. Wir stellen erstaunt fest, daß der Herr weltweit etwas Neues tut. Ich glaube, daß er seine Gemeinde auf eine große Ernte vorbereitet. Viele Menschen sollen neu ins Reich Gottes hineingerufen werden. Diesmal möchte Gott jedoch, daß wir Christen vorbereitet sind. Die Ernte wird Drogenabhängige ebenso einschließen wie Männer und Frauen aus kaputten Familien oder Menschen mit tiefen seelischen Verletzungen. Wenn wir Gott und seine Segnungen auch weiterhin genießen möchten, wird das stark davon abhängen, ob diese gebrochenen Herzen geheilt werden. Gott bereitet neue Weinschläuche vor, weil er uns neuen Wein schenken möchte. Im Moment ändern viele Gemeinden ihre bislang gesetzlichen Ansichten in bezug auf Psychologie, Seelsorge, Beratung oder Selbsthilfegruppen. Erkundige dich, welche Einstellung man in deiner Gemeinde zur Notwendigkeit innerer Heilung hat.

Suche dir eine geistliche Heimat, wo man dich unterstützt. Du hast bestimmte Schritte unternommen, um dich aus der Schußlinie der Kampffront zu retten. Du wirst dich kaum erholen können, wenn du dir jeden Sonntag anhören mußt, wie man von der Kanzel aus christliche Seelsorge, Selbsthilfegruppen oder innere Heilung anprangert. Höchstwahrscheinlich drängen sich gerade in Gemeinden, die diese Dinge verachten und schlecht machen, hilfsbedürftige Menschen. Es sind Christen, die selbst noch immer in ungesunder Abhängigkeit von anderen Personen leben, ohne jemals Heilung erfahren zu haben. Es sind Erwachsene, die in kaputten Familien aufgewachsen sind. Es sind verletzte Menschen, die tief in ihrem Herzen tiefen Groll hegen. Deshalb sind sie in ihren Einstellungen so engstirnig und starr geworden. Ein Pastor, der innere Heilung zornig als unnötig ablehnt, ist mit großer Sicherheit selbst sehr frustriert. Teile ihm respektvoll deine Besorgnis mit, ohne über ihn zu urteilen.

Jahrelang mühten sich mein Mann und ich vergeblich ab. Wir lebten in der Illusion, daß schnelle Patentlösungen all unsere Probleme lösen würden: Wir mußten nur mehr beten! Wir brauchten einfach mehr Zeichen und Wunder! Wir mußten eben eifriger das Wort

Gottes studieren! Ich danke Gott für die Menschen, die dafür beteten, daß wir endlich Licht sehen würden. Unsere Kirche öffnete sich schließlich für den Dienst der Wiederherstellung, weil Bill und ich als Pastoren die Notwendigkeit dafür erkannten. Wir gingen diesen Schritt in großer Einheit. Es fiel uns wie Schuppen von den Augen, als wir plötzlich feststellten, daß volle neunzig Prozent unserer Mitglieder in ihrer Kindheit in Alkoholikerfamilien aufgewachsen waren!

Mir liegen so sehr die Gemeindeleiter am Herzen, die sich mit zähen Problemen herumschlagen. Die Schwierigkeiten werden sich durch Patentrezepte jedoch niemals lösen lassen. Nur ein gründlicher, umfangreicher Heilungsprozeß kann wirklich Hilfe bringen. Wer lediglich "08/15-Lösungen" für seine schwierige Situation sucht (womit ich nicht ausschließen möchte, daß manchmal auch einfach ein Wunder geschieht), schlägt damit den Weg zu garantiertem seelischen "Burnout" in seinem Dienst ein.

Warte geduldig darauf, daß dein Pastor endlich die Wichtigkeit innerer Heilung begreift. Opfere aber auf keinen Fall deine eigene Genesung.

In manchen Gemeinden werden beispielsweise Frauen benachteiligt oder sind mit ihren Führungsqualitäten nicht willkommen. Das ist meiner Ansicht nach kein gesunder Ort für Frauen, die sich gerade in einem Erholungsprozeß befinden. Eine solch herablassende Haltung ist ein deutliches Anzeichen für Strenge und Gesetzlichkeit. Die gleiche Einstellung wird in jeder anderen Maßnahme des Pastors und in seiner Haltung zu anderen Fragen zutage treten. Suche eine Gemeinde, die ihren "Deckel geöffnet" hat und nicht mehr im eigenen Saft schmort. Männer und Frauen sollten dort frei sein, "Gott zu verherrlichen und sich ewig an ihm zu erfreuen".

Gemeinden mit ungesunden Abhängigkeitsstrukturen existieren nur um der Selbsterhaltung willen. Besucher können Gott dort nicht wirklich kennenlernen oder Freude an ihm haben. Du wirst von einer Gruppe vereinnahmt, die an ihrem eigenen kleinen Reich baut. Man wird dich völlig aufsaugen, ohne daß du es überhaupt merkst. Du wirst zunehmend in eine seelische Bindung an diese Gemeinde geraten und in geistlicher Hinsicht mißbraucht werden. Sowohl in einer bestimmten Konfession als auch in überkonfessionellen Gruppen kann das geschehen.

Suche nach einem guten, vernünftigen Pastor. In deiner Gemeinde sollten Liebe und Gnade betont werden. Frauen wie Männer sollten gleichberechtigte Möglichkeiten und Chancen haben. Du darfst keinesfalls das Gefühl haben, man wolle dich unter Druck setzen, Gott zu dienen, um ihm gefallen zu können. Frage dich selbst: Fühlen sich die Menschen hier wirklich wohl? Werden sie mich akzeptieren und so lieben, wie ich bin?

Laß es nicht zu, daß deine negativen Erfahrungen dich von deinen Brüdern und Schwestern in Christus trennen. Laß dich nicht täuschen. Denke nicht, du wärst den Christen ja sowieso egal! Mir zumindest bist du nicht gleichgültig. Und es gibt viele andere Menschen wie mich in der Gemeinde!

Gesunde Freunde und Verwandte

Als drittes möchte ich dir raten, Abstand von Freunden und Verwandten zu nehmen, die dir nicht guttun. Suche stattdessen neu den Kontakt zu Freunden und Verwandten, die deinen Heilungsprozeß unterstützen. Zwischenmenschliche Beziehungen können deine Genesung fördern oder zerstören. Vielleicht wird man dir Dinge empfehlen, die dich schließlich erneut in Abhängigkeiten treiben. Eine ungesunde Beziehung würde so lediglich durch eine andere ersetzt. Solche Ratschläge sind gefährlich, ja sogar schädlich. Finde heraus, was dich in ungesunde Beziehungen treibt. Nur so kannst du vermeiden, wieder in ihren Bann zu geraten.

Meide Menschen, die dich aussaugen wollen, die immer nur von dir nehmen, dir aber nichts zurückgeben. Einige Beziehungen mußt du wahrscheinlich aus deinem Land verbannen, damit du innerhalb der Grenzen deines "Hoheitsgebietes" in Frieden leben kannst. Vielleicht wirst du feststellen, daß du dir ganz neue Freunde suchen mußt. Freundschaften sind gesund, wenn sie deine Beziehung zu Jesus Christus fördern und dir seelische Unterstützung und Trost anbieten. Falsche Freunde hingegen versuchen, dich von Jesus Christus zu trennen und dich seelisch zu zermürben. Denke darüber nach! Schaffe dir selbst Erleichterung! Befreie dich von einengenden Verpflichtungen oder dem Umgang mit Menschen, die es dir schwer machen! Du mußt dich in Ruhe erholen und gesund werden können.

Umgib dich mit Menschen, vor denen du echt sein kannst und von denen du dich angenommen fühlst.

Wahrer Glaube

Die Kraft Jesu kommt in Schwachheit zur Vollendung. Deshalb ist es auch völlig in Ordnung, wenn wir Schwäche zeigen. Natürlich kann das bedeuten, dadurch unseren mangelnden Glauben zuzugeben. Menschlicher Glaube wird sowieso nur von fleischlichen Anstrengungen genährt und angetrieben. Der Gläubige jedoch, der in seinem Leben wahren Glauben empfangen hat, kommt zur Ruhe. Von Gott gewirkter Glaube läßt einen Christen in Ruhe und Gelassenheit leben, ohne dabei apathisch zu werden. Man wünscht sich nach wie vor die Erhörung seiner Gebete, ist aber frei von jeglicher Angst oder Besorgnis. Oft kommt unsere Ängstlichkeit daher, daß wir anderen unseren Glauben irgendwie beweisen möchten. Wir wollen so unsere Scham darüber loswerden, daß sich unsere Herzenswünsche nicht erfüllt haben. Falscher Glaube ist der Feind der Wiederherstellung, weil er Ängstlichkeit und ein Gefühl der Hoffnungslosigkeit hervorruft.

Paulus beschreibt den entspannten Glauben dessen, der seinen Traum hat sterben lassen und der seinen Willen mit dem Willen Jesu eins gemacht hat: "Denn wenn wir mitgestorben sind, werden wir auch mitleben; wenn wir ausharren, werden wir auch mitherrschen; wenn wir verleugnen, wird auch er uns verleugnen; wenn wir untreu sind - er bleibt treu...." Warum?- "Denn er kann sich selbst nicht verleugnen" (2. Timotheus 2, 11-13). Sobald wir wissen, daß uns ein Platz im Herzen Gottes sicher ist, kann unser menschlicher Glaube in den Prüfungen des Lebens zwar ins Wanken geraten. Wir werden dennoch wissen, daß Gott uns immer festhält.

Wir erleben dann echten Glauben, echte Fürbitte und ein echtes Hören auf die Stimme Gottes, wenn wir aufhören, uns in eigener Kraft abzumühen. Wir müssen unsere Schwäche zeigen. "Glückselig die Sanftmütigen, denn sie werden das Land erben. Glückselig, die nach der Gerechtigkeit hungern und dürsten, denn sie werden gesättigt werden" (Matthäus 5, 5-6). Jede Seligpreisung präsentiert uns eine Form der Schwäche oder Minderwertigkeit in den Augen der Welt als den Schlüssel zur Kraft Gottes. Solange wir das nicht begreifen und uns ehrlich unserer eigenen Schwachheit stellen, binden wir Gott die Hände. Was würde geschehen, wenn Gott einen Segen auf unsere menschlichen Anstrengungen legen würde? Wir wären für immer in einem Spinnennetz eigener Werke gefangen!

Wahre Visionen und Gebete tragen ein Auferstehungsleben in sich. Wir werden es aber niemals entdecken, wenn wir uns dauernd abmühen, sie von uns aus wiederzubeleben. Vielleicht spürst du jetzt, daß auch du ein Mensch bist, der seine Gebete, sein Fasten und andere Anstrengungen kontrolliert einsetzt, um Gott "anzurühren". Dann ist es für dich mit Sicherheit an der Zeit, aus der Achterbahn des fruchtlosen Gebetes auszusteigen. Warte bis Gott seine Ziele in dein Herz einpflanzt. Wenn er das tut, wird es dir ein Leichtes sein, zu bitten, zu suchen, anzuklopfen. Gelegentlich mag deine Fürbitte sehr intensiv werden. Du wirst aber niemals das Gefühl haben, wie ein Lachs stromaufwärts gegen einen reißenden Fluß anzukämpfen. Stattdessen kannst du dich vom Fluß Gottes tragen und vorantreiben lassen.

Wahres Gebet

Höre auf Gottes Stimme. Bestürme ihn nicht mit Bitten, die er im Augenblick gar nicht beantworten möchte. Das Hören auf Gott wird den Kanal der Kommunikation wieder öffnen. Laß Gott das Thema wechseln! Vielleicht möchte er dir zunächst in einem ganz anderen Bereich deines Lebens begegnen und dich heilen. Vielleicht wird deine Gebetserhörung noch weitere zehn Jahre auf sich warten lassen. Schenke Gott in der Zwischenzeit Gehör.

Werde still, beende deine eigenen Anstrengungen und warte auf Gott. Er wird neue geistliche Aktivitäten oder Wünsche in dir wecken. Das ist Unterordnung. Wenn du nach einer Weile spürst, daß deine Bemühungen in seinen Augen diesmal nicht fruchtlos sind, mache Pläne und geh weiter. Halte deine Planung jedoch nur so fest, daß er jederzeit deinen Kurs ändern kann.

Verletzte Frauen müssen nicht nur in ihrem sinnlosen Beten innehalten. Sie sollten auch in den Worten der Heiligen Schrift Trost und Heilung finden. Es ist nicht immer leicht, diese Worte anzunehmen. Aber nur so können sie sich Gott wieder nahe und vertraut fühlen.

Gibt es in der Bibel Hilfe für verletzte Frauen?

Marcies Genesungsprozeß begann, als sie ihren zwanghaft-abhängigen Ehemann verließ. Schon bald bemerkte sie ihre Probleme mit der Bibel. Eigentlich hatte es ihr seit langem Schwierigkeiten bereitet, im Wort Gottes zu lesen und zu beten. Sie war mit der Bibel aufgewachsen und hatte in ihrer Kindheit viele Bibelstellen gehört. Nun fand sie es schwer, auch nur eine Passage in der Heiligen Schrift zu lesen, ohne sich schuldig zu fühlen. Es war als würden aus jedem Vers die Stimmen ihrer Leiter und Pastoren zu ihr sprechen. Jahrelang hatte sie deren Predigten in sich aufgenommen. Die Ermahnungen waren dabei keineswegs immer ermutigend oder verständnisvoll gewesen. Noch immer klang die drohende Stimme ihres Ehemannes in ihren Ohren. Seine Zurechtweisungen und "Rüffel" hatten sich für Marcie im Laufe der Zeit so sehr mit seinen Bibelzitaten vermischt, daß sie beides kaum noch trennen konnte.

In all den Jahren war praktisch jeder Abschnitt in der Bibel in Kategorien gezwängt und auf starre Prinzipien und Lehren reduziert worden. Schließlich blieb nur noch eine Liste von Geboten und Verboten übrig. Einige Stellen hatte man in der Gemeinde so oft (fast beschwörend) mit strenger Mine zitiert - insbesondere wenn von Frauen, Ehe oder Scheidung die Rede war - daß Marcie innerlich völlig blockiert war, wenn sie auf einen solchen Vers stieß. Schmerzhafte Assoziationen und negative Gefühle stiegen in ihr auf und verhinderten jede Einsicht. Marcie vermied es nun, überhaupt noch in der Bibel zu lesen. Sie fand es wesentlich hilfreicher, säkulare Psychologiebücher zu studieren. Dort fühlte sie sich in ihren Erfahrungen wenigstens ernstgenommen und nicht von vornherein wegen ihrer Schmerzen und ihrer Frustration verurteilt.

Ich habe viele Menschen kennengelernt, die sich gerade auf dem Weg zu innerer Heilung befanden. Nahezu alle litten unter diesem folgenschweren Phänomen, Männer wie Frauen. Kaum haben seelische Wiederherstellung und Befreiung von Abhängigkeiten, zwanghaftem Verhalten, Mißbrauch oder Kodependenz eingesetzt, beginnen die Schwierigkeiten mit der Bibel. Anscheinend haben die Worte, von denen sie sich einst Antworten und Hilfe für ihr Leben erhofften, sie ja enttäuscht. Gott hat sie offensichtlich im Stich gelassen, sein Wort ist nicht länger hilfreich, man kann ihm kein Vertrauen mehr schenken. Was ist da falsch gelaufen?

Ein strenggläubiger, eifriger Christ wird sofort zu der Schlußfolgerung kommen, daß die ganze Welle der "inneren Heilung" eben menschlichen, fleischlichen oder gar satanischen Ursprungs sei. Schließlich versuche sie ja, den Gläubigen vom Wort Gottes abzubringen, das doch die absolute Grundlage und letztlich gültige Autorität ist. Diese Schlußfolgerung ist jedoch nicht zutreffend. Ein tieferer Einblick in das Leben der Betroffenen wird offenbaren, daß es Menschen sind, die Gott wirklich von Herzen lieben. Im Grunde genommen möchten sie Gottes Wege verstehen und haben große Achtung vor der Bibel als dem unfehlbaren Wort Gottes - obwohl sie es zu meiden scheinen.

Die Juden machten eine ganz ähnliche Erfahrung mit dem Gesetz, als Jesus damals auf der Bildfläche erschien. Die Schriftgelehrten und Pharisäer hatten das Gesetz so in starre Formen gepreßt und in Traditionen erstarren lassen, daß Gott durch die Schriftstellen nur sehr schwer zu finden war.

Als Jesus aus der Wüste kam, begann er, auf eine ganz neue, völlig gegensätzliche Art zu lehren. Er fing seinen Dienst in der Synagoge seiner Heimatstadt an. Doch obwohl er traditionell aus der Schrift las, gefiel seinen Zuhörern seine Interpretation gar nicht. Nachdem er aus dem Buch des Propheten Jesaja die Stelle über das Kommen des Messias vorgelesen hatte, sagte er ihnen, "Heute ist die Schrift vor euren Ohren erfüllt." (Lukas 4, 21). Man war erbost. Später sagte er zu den Pharisäern: "Ihr erforscht die Schriften, denn ihr meint, in ihnen ewiges Leben zu haben, und sie sind es, die von mir zeugen" (Johannes 5, 39).

Bis zu diesem Zeitpunkt hatte jedoch niemand Erlösung gefunden, indem er nur die alten Schriftrollen studierte. Die Menschen brauchten noch immer einen lebendigen Messias, die Verkörperung und Erfüllung der Schrift. Tragischerweise verpaßten die meisten Juden ihren Tag der Begegnung mit Jesus, obwohl sie treu in der Bibel lasen. Jesus paßte einfach nicht in ihre wohldefinierten Lehren und strengen Traditionen hinein.

Ich frage mich, warum Jesus kaum jemals *über* die Heilige Schrift predigte. Abgesehen von seinem Gespräch mit den Jüngern auf dem Weg nach Emmaus und gelegentlichen Bezügen zu alttestamentlichen Prophetien über den kommenden Messias - und sogar die wurden in der Regel von den Verfassern des Neuen Testamentes hinzugefügt - brach Jesus mit der Tradition. Er predigte über die Herrlichkeit der Beziehung seines Vaters zu Männern und Frauen. Er erzählte ergreifende Geschichten über Väter und Kinder. Er ließ die alten Berichte von Soldaten und Bauern wieder aufleben, gebrauchte die Bildersprache seiner bäuerlichen Umwelt. All dies diente dazu, geistliche Wahrheiten vor den bibelgläubigen Pharisäern zu *verbergen*, sie jedoch dem ehrlichen, gottesfürchtigen Volk zu *offenbaren*.

Diese einfachen Menschen hatten aus den Buchstaben des Gesetzes nicht viel Verständnis über Gott gewinnen können. Sie verschlangen jedoch die Worte Jesu, aus denen der Geist des Gesetzes sprach. Jesus faßte das Gesetz und die Bücher der Propheten zusammen. Er reduzierte die Berge von Schriftrollen, die die Pharisäer und Schriftgelehrten mit sich herumschleppten und verdichtete sie auf zwei schlichte Gebote: liebe Gott mit deinem ganzen Herzen und liebe deinen Nächsten wie dich selbst.

Wenn unsere Liebe für die Bibel die Liebe zu Gott und zu unseren Mitmenschen verhindert, gehen wir dann nicht am Eigentlichen vorbei?

Ich denke, du kannst aus den Beispielen in meinem Buch herauslesen, daß ich die Bibel von Herzen liebe. In ihren Seiten finde ich Heilung und Wiederherstellung. Wiederherstellung ist nichts anderes als die Gnade Gottes. In Jesus Christus erscheint sie uns in einer für uns verständlichen Form. In der letzten Zeit habe ich viele psychologische Bücher gelesen. Um die Wahrheit zu sagen: sie haben mir mehr die Augen über Gottes Erbarmen geöffnet als es Dutzende von gesetzlichen Predigten jemals getan haben. Plötzlich entdeckte ich Gottes Gnade und Erbarmen an so vielen Stellen in seinem Wort.

Das Problem liegt nicht beim Buch sondern beim Leser. Oft verdunkelt Gesetzlichkeit seinen Blick (siehe Matthäus 6, 22-23). Engstirnigkeit und Härte sind seelische Grundstimmungen, die häufig in gestörten Familien anzutreffen sind. Sie prägen die Familientradition auf ungesunde Weise und bestimmen die

Lebenseinstellung der Mitglieder - auch ihre Einstellung gegenüber der Bibel. Viele Lehren werden aus Gesetzlichkeit und Tradition heraus geboren. Wenn sie schließlich wie Schuppen von dir abfallen, wirst du eine Dimension wiederfinden, die Adam und Eva beim Sündenfall verloren haben: Du kannst dich selbst, andere Menschen und auch Gott nun mit Augen der Gnade sehen. Bevor dies jedoch geschieht, kann dir die Bibel niemals wirklich Trost bieten, sondern höchstens gesetzliche Vorschriften oder Anordnungen.

Das Wort Gottes mit neuen Augen lesen

Bevor du also deine Bibel frustriert wegwirfst oder sie im Prozeß deiner Erneuerung für überflüssig hältst, solltest du doch noch einmal einen Blick hinein wagen - nun mit anderen Augen. Am Tag als Saulus von Tarsus auf dem Weg nach Damaskus an den Kreuzweg seines Lebens kam, nahm Gott ihm für drei Tage das Augenlicht. Von einer Vision geblendet hörte er die Stimme des Herrn, der sich selbst als Jesus zu erkennen gab. Das war zu viel für Saulus. Drei Tage lang saß er da, er aß nicht und trank nicht. Ich bin mir sicher, daß er sich fragte, ob er wohl jemals wieder würde sehen können. Gesetzlich wie er war, glaubte er vielleicht, eine solche Strafe tatsächlich zu verdienen. Schließlich hatte er ja die Diener des Herrn ermorden lassen.

Nach drei Tagen jedoch wurde ein Christ namens Ananias zu ihm gesandt. Auch Ananias hatte eine Vision gesehen. Er betrat den Raum, in dem Saulus saß, legte ihm die Hände auf und prophezeite über ihm. "Und sogleich fiel es ihm wie Schuppen von seinen Augen..." (Apostelgeschichte 9, 18).

Als diesem selbsternannten "Pharisäer aller Pharisäer" nun plötzlich die Augen aufgingen, veränderte Gott seine gesamte Einstellung gegenüber der Schrift. Statt sie jedoch deshalb wegzuwerfen, widmete Paulus dreizehn Jahre ihrem intensiven Studium, bevor er seinen Dienst begann. Er war förmlich darin eingetaucht. Von ganzem Herzen genoß er die Offenbarung der Gnade Gottes, die ihm in seiner pharisäerhaften Gesetzlichkeit so lange verborgen geblieben war. Er kannte nun nicht nur den Buchstaben des Gesetzes, sondern auch den Geist dahinter und den Christus darin.

Paulus schrieb später an Timotheus: "Das Endziel der Weisung aber ist Liebe aus reinem Herzen ..." (1. Timotheus 1,5). Er verfaßte das dreizehnte Kapitel des Korintherbriefes. Auch die Worte "...[zieht] die Liebe [an], die das Band der Vollkommenheit ist" (Kolosser 3, 14) stammen aus seiner Feder. In jedem seiner Briefe bezog sich Paulus auf die Gnade - offensichtlich war es für ihn die atemberaubendste Erkenntnis seines Lebens. Er konnte einfach nicht genug davon bekommen. Den Rest seines Lebens verbrachte er damit, in der Liebe zu Gott und zu den Geschwistern und in der Herrlichkeit der Gnade Gottes zu wachsen.

Es ist also möglich, daß die Schuppen von unseren Augen abfallen. Was kann ich denn tun, um von Neuem aus ganzem Herzen den Versen der Heiligen Schrift glauben zu können?

Wie wäre es, wenn du dir zunächst eine neue Bibel in einer anderen Übersetzung besorgen würdest? Vor nicht allzu langer Zeit nahm ich zufällig meine alte Bibel zur Hand. Mehr als zwanzig Jahre zuvor hatte ich sie verwendet, als ich in meiner schlimmsten Zeit unter tiefem seelischen Schmerz litt. Sofort überkam mich das gleiche Gefühl der Traurigkeit wie damals. Es lag nicht an der Bibel, sondern an den gedanklichen Assoziationen, die ich gerade mit dieser speziellen Ausgabe verband. Wenn du dir eine neue Bibel in einer leicht verständlichen Übersetzung kaufst, kann das möglicherweise eine schmerzhafte seelische Barriere durchbrechen, die dich bisher immer eingeschränkt hat.

Lies in deinem Bibelstudium zunächst all die alten Stellen und Abschnitte, über die sich ein dunkler Film der Gesetzlichkeit gelegt hat. Lies sie mit neuen Augen. Bevor du jedoch damit beginnst, bitte Gott, die Augen deines Herzens mit seinem Heiligen Geist zu erleuchten, damit du die Liebe und Gnade des Herrn für dich und die anderen Menschen wahrnehmen kannst. Lies die Verse mit deinem gesunden Menschenverstand, mit der Erkenntnis, die du aus persönlicher Beobachtung und durch das Studium anderer Quellen über die menschliche Natur gewonnen hast.

Im Verlauf meiner eigenen inneren Heilung und Wiederherstellung öffnete Gott mir die Augen für ein tieferes Verständnis der Gnade. Allmählich erkannte ich auch die zerstörerischen Mechanismen, die in einer zerrütteten Familie am Wirken sind. In dieser Zeit wurde die Bibel für mich zu einem völlig neuen Buch. Rasch lernte ich, die

Menschen in diesem Buch mit ganz anderen Augen zu sehen. Ich hatte selbst noch mit Minderwertigkeitsgefühlen und geringer Selbstachtung, mit Einsamkeit und alten Verdrängungsmechanismen in meinem Verhalten, mit Perfektionismus, Engstirnigkeit und ungesunder Abhängigkeit zu kämpfen. Diese Begriffe fand ich so nicht in der Bibel, wohl aber die Erfahrungen! Es sind Grunderfahrungen, die der gesamten Menschheit wohlvertraut sind. Heute habe ich große Freude daran, über die Gnade zu predigen und Gottes Erbarmen im Leben jeder Glaubensgestalt in der Bibel zu entdecken, sogar bei Personen im dritten Buch Mose!

Sieh dir von neuem das Leben und den Dienst Jesu und der Urgemeinde an. Studiere Stellen besonders gründlich, in denen Widersprüche aufzutreten scheinen. Versuche den roten Faden zu finden, der sich konsequent durch die Worte von Paulus und Petrus zieht: jedes Thema wird aus dem Blickwinkel der Gnade heraus betrachtet und dargelegt; sogar das Buch der Offenbarung und die Berichte über das Jüngste Gericht! An manchen Stellen wirst du tiefer nachforschen und unter die Oberfläche vordringen müssen. Niemals aber wirst du Verse verdrehen müssen, damit sie in dein Schema passen.

Wenn deine festen Überzeugungen und Lehrmeinungen Gnade ersticken statt sie auszudehnen, solltest du diese Prinzipien in Frage stellen. Verändere und korrigiere dann deine Traditionen, damit sie sich nicht länger an das kraftlose Alter des Buchstabens anpassen, sondern an die jugendliche Frische des Heiligen Geistes. Vermeide Spekulationen und gewagte Interpretationen. Besprich deine Fragen mit Menschen, in deren Leben sich Gottes Gnade und Erbarmen in Reife widerspiegeln. Du kannst dich mit theologischen Schwierigkeiten auch an deinen Pastor wenden.

Der Zweck seelischer Heilung besteht darin, das Gefühl der Nähe und innigen Verbundenheit zu Gott wiederherzustellen. Das gelockerte Band der Gemeinschaft mit Gott muß neu geknüpft werden. Es wird dich dazu fähig machen, in ihm zu bleiben und Frucht zu bringen. Nun sind wir auf unserem Weg so weit gekommen, daß wir gemeinsam überlegen können, welche Art von Frucht Gott sucht und wo sie wachsen und reifen kann.

Kapitel 14

Nimm deinen Platz ein!

Wenn eine verletzte Frau sich allmählich von ihrem Unfruchtbarkeitssyndrom erholt und Heilung für ihre Seele findet, setzt auch in ihrer Beziehung zu Gott Wiederherstellung ein. Das bedeutet wiederum nahezu automatisch, daß sie beginnen wird, Frucht zu bringen - in geistlicher wie in natürlicher Hinsicht, sichtbar wie unsichtbar. Im natürlichen Bereich kann sich diese Frucht von der Geburt eigener Kinder über größere Produktivität im Beruf bis hin zu mehr Lebensfreude erstrecken. Im geistlichen Bereich kann es sein, daß du erlebst, wie deine Freunde zum Glauben kommen. Vielleicht siehst du mehr von der Frucht des Heiligen Geistes in deinem Leben oder stellst fest, daß geistliche Gaben in deinem Leben in größerem Maß freigesetzt werden.

Wenn eine Frau ihre völlige Gesundheit wiedererlangt hat und in geistliche Reife hineinwächst, werden sich auch ihre Liebesfähigkeit und -kapazität erweitern. Vernünftig und richtig gesetzte Grenzen schützen dann ihre Frucht vor dem zerstörerischen Einfluß des Feindes. Einige Grenzen gelten ganz allgemein für alle Frauen. Das Gebiet, das sie schützen, umfaßt drei wesentliche Einflußbereiche: das Zuhause, die Kinder und die Gemeinde. Wir wollen jeden dieser Bereiche genauer analysieren. Dabei wirst du erkennen, wie falsche oder unangemessene Grenzen in jedem dieser Bereiche den Heiligen Geist dämpfen und die natürlichen Ausdrucksmöglichkeiten einer Frau beeinträchtigen können.

Dein Platz zu Hause

"Der Platz einer Frau," so besagt ein Sprichwort, "ist in ihrem Heim." Wenige Menschen würden bestreiten, daß Fruchtbarkeit und Produktivität genau dort beginnen - für jeden, Männer wie Frauen. Als Paulus seine Richtlinien für die Leitungsaufgaben in neugegründeten Gemeinden verfaßte, sah er im Verhalten des Christen zu Hause stets den wahren Prüfstein für echte geistliche Reife.

Wie aber sieht nun der Platz einer Frau zu Hause *genau* aus?

Für alleinstehende Frauen stellt sich diese Frage nicht wirklich. Eine ledige Frau ist die einzige in ihrer Wohnung und daher der unbestrittene Chef. Sie bestimmt ihre eigenen Grenzen und setzt fest, wie sie ihre Zeit einteilen und verbringen möchte. Sie allein trifft Entscheidungen, die ihr Leben unter der Führung Gottes beeinflussen. Ob sie den Rat eines Pastors, Seelsorgers oder Freundes sucht, bleibt ganz ihr selbst überlassen - zumindest solange ihre Entscheidungen nicht mit den Rechten anderer Menschen in Konflikt geraten. Paulus ermutigte die Singles, ihre ungeteilte Kraft und Aufmerksamkeit dem Herrn zu widmen. Er rühmte ein Leben als Single als den Lebensstil, den er selbst bevorzugte.

Eine verheiratete Frau wird von der Bibel aufgefordert, Gott auf eine andere Weise zu verherrlichen. In jeder Gruppe muß es natürlich und notwendigerweise Leitung geben, jemand muß bestimmen. Entscheidungen müssen getroffen werden, die alle Mitglieder der Gruppe betreffen und die festlegen, wie Zeit, Energie und Geld eingesetzt werden sollten. Wenn eine christliche Frau sich entscheidet, zu heiraten, wählt sie damit einen Lebensstil, für den bestimmte Regeln gelten. Sie überträgt damit ihrem Ehemann die Verantwortung (also mehr als nur das Recht), die letztendlich gültigen Entscheidungen zu treffen. "Denn der Mann ist das Haupt der Frau, wie auch der Christus das Haupt der Gemeinde ist..." (Epheser 5, 23). Ich habe ja bereits erwähnt, daß das griechische Wort *kephale*, das in der deutschen Bibelübersetzung als "Haupt" wiedergegeben wird, eigentlich eher "Verursacher", "Ursprung" oder "Quelle" bedeutet - und nicht so sehr "Autorität". Der Herr erwartet zudem von der Frau, sich lediglich ihrem Ehemann unterzuordnen, keineswegs jedoch einem anderen Mann oder den Männern im allgemeinen.

Die Ehe wurde eingesetzt, um ein häusliches Umfeld zu schaffen, in dem geistliche "Nahrung" aufgenommen werden kann, in dem Kinder zur Welt kommen und erzogen werden können und in dem jeder dem Herrn nachfolgen kann. Sobald jedoch Satan auf der Bildfläche erschien, änderte sich all dies schlagartig. Menschen "schweben" nun nicht länger in völliger Übereinstimmung und ständiger Harmonie durch ihr Leben. Auch hat der Ehemann nicht automatisch recht. Nicht immer ist seine Meinung in einer

Angelegenheit auch die des Herrn. Kein vernünftiger, realistischer Ehemann würde solche Unfehlbarkeit für sich in Anspruch nehmen! Was Gottes Wort uns jedoch *tatsächlich* sagt, ist folgendes: Gott bevorzugt die gegenseitige Unterordnung in der Furcht Christi, sie ist seine erste Wahl. Falls dann dennoch zu Hause Interessenkonflikte oder Meinungsverschiedenheiten auftreten sollten und ein toter Punkt erreicht wird, sollte die Frau ihrem Mann die Entscheidung überlassen. Indem sie sich fügt, kann schließlich ein Ausweg aus der Sackgasse gefunden werden.

Wenn der Mann sich täuscht oder Unrecht hat, wird Gott ihm (wie wir bereits gesehen haben) erlauben, in die Folgen seiner Entscheidung hineinzurennen. Er muß die Verantwortung dafür tragen. Wenn er dann zurück in den liebevollen, gnädigen Willen Gottes läuft, ist das mit Sicherheit nicht das Schlimmste, was passieren kann! Gott hat die Macht, falsche Entscheidungen auszugleichen.

Seit fast dreiundzwanzig Jahren sind Bill und ich verheiratet. Wir genießen eine ganz einzigartige Beziehung, sowohl in unserer Ehe als auch in unserem Dienst. Ich bin nicht nur Bills Frau sondern zusammen mit ihm auch Pastorin unserer Gemeinde. Unsere Beziehung spiegelt wider, was Gott sich (meiner Ansicht nach) für die Ordnung in der Gemeinde und zu Hause wünscht.

Gott hat uns mit großer Einheit und Einigkeit gesegnet. Selten treten Situationen auf, in denen Bill und ich verschiedene Meinungen haben. Wenn dies jedoch geschieht, erlaube ich Bill bereitwillig und froh, zuerst seinen Vorschlag auszuprobieren. Nicht ein einziges Mal in den dreiundzwanzig Jahren unserer Ehe hat er zu mir gesagt: "Melinda, ordne dich mir in dieser Angelegenheit unter." Wir arbeiten einfach auf dieser Basis. Er würde niemals von mir verlangen, nur um der Unterordnung willen mein Gewissen zu übertreten oder dem Herrn oder der Schrift ungehorsam zu sein. Auf der anderen Seite fühle ich mich wohl und entspannt, wenn ich ihn als das Haupt unseres Hauses respektiere. Wenn es irgendwelche Fragen erforderlich machen, daß ich mich füge, sind es eigentlich immer unbedeutende Dinge. Sie fallen in die Kategorie "Arbeitsweise" oder "Methode". Bill respektiert und achtet mich. Deshalb achtet er auch meine Meinung. Er glaubt, daß Gott mich ihm an die Seite gestellt hat, um eine Hilfe für ihn zu sein.

Unterordnung bedeutet, das gemeinsame Leben innerhalb des Rahmens zu führen, den man sich in Übereinstimmung für die Ehe gesteckt hat. Bill möchte, daß ich in manchen Bereichen unserer Ehe von mir aus die Wahl treffe, beispielsweise was wir einkaufen oder wohin wir in den Urlaub fahren sollen. Mir wiederum ist es völlig gleichgültig, welche Ersatzteile wir für das Auto benötigen oder bei welcher Bank wir Kunden sind. Wir vertrauen einander. Ich respektiere ihn als Haupt unserer Familie. Deshalb wende ich mich auch in allen Angelegenheiten an ihn, wenn ich weiß, daß er sie mitentscheiden möchte. Er gibt mir dasselbe Recht und gestattet mir, im Entscheidungsprozeß mitzuwirken.

Ich bezweifle, daß eine Frau, die mit einem Ehemann wie Bill verheiratet ist, jemals Schwierigkeiten mit der Unterordnung haben wird!

In deiner Rolle als christliche Ehefrau ist es deine Aufgabe, dich deinem Mann unterzuordnen - oder anders ausgedrückt: mit ihm zu harmonisieren. Dementsprechend werden auch seine Bedürfnisse, Stärken und Schwächen deine Rolle definieren. Wer einer Frau starre Standardvorschriften für ihre Rolle zu Hause macht, läßt keinen Freiraum mehr für die charakteristische Individualität einer jeden Beziehung. Es ist überhaupt nicht biblisch, von allen Frauen zu erwarten, daß sie ihren Männern auf genau die gleiche Weise dienen sollten. Wenn ein Paar damit am glücklichsten ist, daß der Mann kocht und die Frau das Auto repariert (wir kennen ein solches Paar), sollten sie sich dabei nicht fühlen müssen, als hätten sie die göttliche Ordnung verlassen! Die Ehe sollte das Beste im Mann und in der Frau zum Vorschein bringen und sie nicht in einengende Schablonen zwängen.

Liebe ist das entscheidende Element, das Leitung, Unterordnung und ein Leben unter der Führung Gottes überall funktionieren läßt. Wenn dieser Bestandteil fehlt, kann eine gesetzliche Rollenbestimmung niemals wirklichen Frieden in das Zuhause bringen - und sei sie noch so genau festgelegt.

Dein Platz im Umgang mit deinen Kindern

Vor ungefähr zehn Jahren verbrachten meine Schwester und ich eine Nacht bei einer Familie in einer kleinen Stadt im Bundesstaat Ohio. Ich sollte am nächsten Tag dort sprechen. Lily, die Frau des Hauses (die wir nicht kannten), war noch nicht zu Hause. Ihr ältester Sohn Dan nahm uns an der Tür in Empfang. Wir trugen unsere Taschen ins Gästezimmer des geräumigen Bauernhauses und gingen wieder hinunter in die Küche. Dort setzte Dan gerade den Teekessel auf. Offensichtlich hoffte er, eine Tasse Tee würde uns bei Laune halten, bis seine Mutter heimkam!

An seinem äußeren Erscheinungsbild konnten wir bereits erkennen, daß Dan einem anderen Herrn nachfolgte. Er war Anfang zwanzig, trug ein Netzhemd, ausgebleichte Jeans und Gesundheitslatschen. Sein dunkelbraunes Haar war hinten im Nacken zu einem Pferdeschwanz zusammengebunden. Er sah wirklich aus wie ein Überbleibsel aus den alten Hippietagen. Die Gesprächsthemen, die er wählte, verrieten uns, daß er noch kein Christ war.

Einer seiner Sätze ließ mich jedoch überrascht aufhorchen: "Ihr werdet meine Mutter wirklich mögen!" In den nächsten Minuten erzählte er, wie sehr er seine Eltern liebte, obwohl uns klar war, daß zwischen seinen Ansichten und denen seiner Eltern Welten lagen.

Im Laufe des Abends fanden wir allmählich heraus, weshalb das so war: Lily und Harold liebten ihre Kinder bedingungslos. Der Druck, den ich in anderen Familien oft verspürt hatte, fehlte hier völlig. In vielen anderen Familien, in denen ich zu Gast gewesen war, lehnten die Kinder den Glauben oder die Bekehrungsentscheidung ihrer Eltern ab. Einige dieser Kinder waren im Teenageralter, als ihre Eltern zum Glauben gefunden hatten, wollten diesen Weg selbst aber nicht gehen.

Auch Dan war noch nicht so weit, aber offensichtlich spürte er von seinen Eltern keinen Druck, sich anzupassen. Er fühlte sich geliebt, wie er war: mit Pferdeschwanz, Motorrad und allem. Dans Eltern überließen es Gott, ihren Sohn zu retten.

Die glückliche, fröhliche Atmosphäre in diesem Bauernhaus hätte echter nicht sein können. Wir saßen um den großen Tisch herum, verspeisten köstlich zubereitetes Essen (aus eigenem Anbau), lachten und unterhielten uns über ganz "normale" Themen. Es war einer der angenehmsten Abende meines Lebens. Niemals habe ich mich entspannter und sicherer gefühlt. Ich konnte einfach ich sein.

Nachts lag ich noch lange wach in Lilys Gästezimmer. Ich versuchte, es auf den Punkt zu bringen, was denn hier nun eigentlich so anders war. Lily und Harold schienen nicht beunruhigt oder verlegen zu sein, weil Dan nicht bekehrt war. Sie hatten nicht das Gefühl, seinen Kleidungsstil und sein Verhalten uns gegenüber rechtfertigen oder erklären zu müssen. Für sie war ihr Ältester kein Gradmesser ihrer eigenen Geistlichkeit. Tatsächlich bewies Dans seelische Verfassung die geistliche Reife seiner Eltern viel eher als es sein geistlicher Zustand hätte tun können. Er wurde angenommen und akzeptiert, ohne sich ändern zu müssen. Es schien auch keine größeren Konflikte zwischen Dan und seinem Bruder Jake zu geben. Jake, ein reizender junger Mann, war Christ. Die beiden Brüder mußten um die Zuneigung ihrer Eltern jedoch nicht kämpfen. Es war offensichtlich, daß keiner von ihnen in negativer Weise mit dem anderen verglichen wurde.

Ich änderte meine Ansprache für den nächsten Tag. Im Zentrum stand nun Dans Aussage "Ihr werdet meine Mutter wirklich mögen!" In dieser Veranstaltung war Gottes Wirken sehr stark zu spüren. Er rührte die Frauen in ihren Herzen an, machte sie weich und setzte sie frei, ihre Kinder zu lieben ohne sie ändern zu müssen. Es gab kaum Menschen im Saal, die nicht Tränen in den Augen hatten. Lily war ein bißchen verlegen, aber ihre anwesenden Freundinnen wußten, daß ich die Wahrheit erzählte. Aus diesem Grunde bevorzugten sie Lilys Haus ja auch als Gästeunterkunft für Besucher oder Referenten: Es herrschte dort eine besondere Atmosphäre der Gegenwart des Herrn.

Lily hatte ihre Scham überwunden. Viele Frauen empfinden es als Blamage oder gar Schande, wenn ihre Kinder sich entscheiden, dem Herrn nicht nachzufolgen. Lily schien diesen Stachel der geistlichen Unfruchtbarkeit nicht mehr zu spüren. Er quält jedoch viele Frauen, deren Kinder keine Christen sind.

Meine Schwester und ich weinten, als wir am nächsten Tag Lilys und Harolds Haus verlassen mußten. Wir fühlten uns, als hätten wir Zeit mit unseren engsten Verwandten verbracht. Obwohl nicht jeder dort Christ war, lebte Jesus in ihrer Mitte.

Eine Mutter gibt ihre innige Liebe fast immer ohne Bedingungen. Sie ist für uns Menschen einer der besten Spiegel der Liebe Gottes, die wir besitzen. Liebe verlangt keine Leistung, sie nimmt einfach an. Liebe repariert und heilt den Schaden, der vom Feind angerichtet worden ist. Sie stellt die Schlichtheit des Evangeliums und die Freude am Leben in zwischenmenschlichen Beziehungen wieder her.

Ich habe keinerlei Zweifel daran, daß Dan inzwischen seit langem zu Christus gefunden hat. Aber auch sonst wird seine Entscheidung Lilys Leben mit Gott nicht belasten. Sie hat ihr geistliches Leben erfolgreich von Dans Erlösung getrennt. Von Gott hat sie die Gabe der bedingungslosen Liebe empfangen und angenommen. Sie weiß, daß sie genau diese Frucht bringen soll. Lily arbeitet mit dem Herrn zusammen, damit er seine Liebe in ihrer Ehe und im Umgang mit ihren Kindern zeigen kann.

Im Missionsbefehl ruft Jesus jeden Gläubigen aus den Beschränkungen und Grenzen seines Hauses heraus. Er erweitert den Umfang unseres Dienstes über unser eigenes Heim hinaus bis zu den äußersten Enden der Erde. Manche Menschen behaupten, die Frau sei nur dazu berufen, Gott zu Hause zu dienen. Damit geraten sie aber in Widerspruch zum Recht Gottes, jeden Gläubigen so zu benutzen, wie er es für angemessen hält. Jeder Christ hat geistliche Gaben erhalten, die als Zeichen der Liebe Gottes für seine Gemeinde freigesetzt werden sollen.

Die Rolle jeder christlichen Frau ist individuell auf sie zugeschnitten. Sie entspricht den Menschen, zu denen sie Gott beruft und denen sie seine Liebe zeigen soll. Ihre natürlichen und geistlichen Gaben, die sie von Gott erhält, sind das Werkzeug für ihren speziellen Auftrag. Jede Christin hat unabhängig von ihrem Familienstand einen Dienst, der über die Grenzen ihres Hauses hinausgeht, ob sie nun das Evangelium in einem fremden Land predigt, oder ihrer Freundin in der Nachbarschaft Zeugnis gibt.

Dein Platz in der Gemeinde

Wenn der eingegrenzte, geschützte Lebensraum einer Frau zu eng definiert ist, fühlt sie sich eingesperrt. Sie darf in ihren Freiheiten und Privilegien nicht zu sehr reduziert oder jeglicher

Wahlmöglichkeit beraubt werden. Sonst fühlt sie sich bald in ein Schema gezwängt, in einen engen Käfig gesperrt. Nirgendwo ist das offensichtlicher als in der Gemeinde.

In Jesaja 54 spricht Gott ein prophetisches Wort zu den unfruchtbaren Frauen unserer Tage:

> "Juble, du Unfruchtbare, die nicht geboren, brich in Jubel aus und jauchze, die keine Wehen gehabt hat! Denn die Söhne der Einsamen sind zahlreicher als die Söhne der Verheirateten, spricht der Herr. Mache weit den Raum deines Zeltes, und deine Zeltdecken spanne aus! Spare nicht! Mache deine Seile lang, und deine Pflöcke stecke fest! Denn du wirst dich nach rechts und links ausbreiten, und deine Nachkommen werden die Nationen beerben und die verödeten Städte besiedeln. Fürchte dich nicht, denn du wirst nicht zuschanden, und schäme dich nicht, denn du wirst nicht beschämt dastehen!..."
>
> Jesaja 54, 1-4

Ist dir schon einmal aufgefallen, daß es einen deutlichen Anstieg geistlicher Aktivität bei Frauen gab, als die Geburt Jesu nahe bevorstand? Jahrhundertelang hatte keine Frau ein prophetisches Wort gesprochen. Unmittelbar nach Jesu Geburt jedoch begannen Elisabeth (eine unfruchtbare Frau), Maria (eine Jungfrau), und Anna (eine Witwe), zu singen und zu prophezeien. Die Zeit der Geburt des Messias war gekommen. Der verheißene Erlöser würde der Schlange den Kopf zertreten. Gott würde den Samen der Frau gebrauchen, um sein Versprechen zu erfüllen, daß er am Anfang der Eva gegeben hatte.

Starre Traditionen gottesfürchtiger Männer hatten den Stand der Frau erniedrigt. Vorurteile und streng auferlegte Traditionen sollten ihre geistlichen Grenzen so einschränken, daß sie über den Einflußbereich ihres Hauses nicht mehr hinauskommen konnte. Durch Täuschung und Anklage war es Satan auch gelungen, das Wort Gottes zu verdrehen. Der Talmud (eine Sammlung alter rabbinischer Schriften des Judaismus) sah in der Frau nicht mehr als ein Stück Besitz: Sie mußte ja für die Sünde Evas büßen und daher ihr Gesicht in Schande verbergen. So stand sie da, all dessen beraubt, was Gott ursprünglich für sie beabsichtigt hatte.

In der Mishna (dem ersten Abschnitt im Talmud) wurde die Frau zu "einem Stück Fleisch [...] das man essen, salzen, teilweise rösten oder im Ganzen kochen kann" degradiert. Die Teilnahme an geistlichen Aktivitäten blieb ihr untersagt. "Es ist eine Schande für eine Frau, ihre Stimme unter den Männern hören zu lassen [...]. Die Stimme einer Frau ist schmutzige Nacktheit." Ein berühmter Rabbi fügte dem noch hinzu: "Die Worte des Gesetzes sollen lieber verbrannt als den Frauen überlassen werden."

Diese frommen Männer widmeten ihr Leben völlig dem Studium der Schriften. Aber sie waren für alles andere außer ihrer Tradition taub. Sie ließen es zu, daß Überlieferungen und Sitten die Grenzen einer Frau bestimmten und sie dabei viel mehr einschränkten, als es eigentlich Gottes Wille war.

Jesus stellte sich diesen Männern, die in ihren Gewohnheiten und Ansichten so eingefahren waren. Obwohl es seinen Dienst gefährdete, brachte er ihre Vorurteile und ihre Hartherzigkeit ans Tageslicht. "Trefflich hebt ihr das Gebot Gottes auf", warf er ihnen vor, "damit ihr eure Überlieferung haltet!" (Markus 7, 9).

Der Dienst Jesu ließ für die Frauen eine neue Zeit anbrechen. Jesus durchbrach die rabbinische Tradition und begegnete Menschen in Gnade und Wahrheit. Er erlaubte es den Frauen, zu seinen Füßen zu sitzen und von ihm zu lernen. Eine Gruppe von Frauen folgte ihm und kam für seinen Lebensunterhalt auf. Sie versorgten ihn mit ihren eigenen Mitteln. Frauen waren unter seinen engsten Freunden, wenngleich auch nicht unter den Zwölfen (ich denke aus Gründen des sittlichen Anstandes und der sexuellen Korrektheit). Jesus verletzte die damaligen Konventionen, wenn er Gespräche mit Frauen begann - bei einer Gelegenheit beispielsweise mit einer samaritanischen Frau, die zu dem Brunnen kam, an dem er saß. Am Tag seiner Auferstehung entschied er sich, zuerst Maria Magdalena zu erscheinen, der einzigen Jüngerin, die ihm bis zum Ende nachgefolgt war. Ihr gab er die Anweisung, sich aufzumachen und die Botschaft von der Auferstehung an die anderen weiterzusagen.

Jesus wußte ganz genau, was er tat. Er gab seiner Umwelt dadurch zu verstehen, daß er mit den Lehren der Rabbis nicht übereinstimmte. Jesus tat für die Rechte der Frauen in drei Jahren mehr, als die organisierten Anstrengungen von Menschen aller Epochen insgesamt erreicht haben! Er erwartet von seiner Gemeinde, daß sie seinem Beispiel folgt.

Das war noch nie ein leichter Kampf. Vielleicht werden wir jedoch erleben, wie eine endzeitliche Ernte vor unseren Augen heranreift. Es geschieht, wenn Frauen heute ihren Platz in der Gemeinde finden, sowohl im Dienst als auch in Leitungsaufgaben. Gott heilt seine Kirche von ihren Verletzungen und erneuert ihre Gesundheit. Eines Tages wird sie in den Augen ihres Meisters wie eine Braut ohne Flecken oder Makel dastehen, wenn er wiederkommt. Es ist Teil des Planes Gottes, Frauen zu gebrauchen. Sie verkünden Jesus Christus als den Sieger über die Sünde auf jedem Kampfschauplatz des Lebens. Daher macht Gott den Raum ihres Zeltes weit. Ihr Einflußbereich soll sich nicht nur auf Ehe und Familie erstrecken. Auch in der Gemeinde sollen sie ihren Platz finden. An all diesen Orten möchte der Herr die Unfruchtbarkeit der verletzten Frau von ihr nehmen und sie wieder neu in den Dienst stellen. Ohne Hindernisse soll ihre natürliche und geistliche Frucht heranreifen können.

Finde deinen Dienst

Dein Dienst ist durch eine Kombination natürlicher Begabungen und geistlicher Gaben bestimmt. Gott hat sie in dich hineingelegt. Der Apostel Paulus beschreibt eine Vielfalt von Gaben und Diensten (1. Korinther 12, 4-5). Bist du noch im unklaren darüber, was dein Dienst sein könnte? Denke darüber nach, was du das letzte Mal getan hast, als du deutlich das Wohlgefallen Gottes spürtest.

Dein Dienst wird dir Kraft geben. Alles in allem wirst du das starke Empfinden haben, daß Gott mit dir zufrieden ist, auch wenn es Zeiten geben mag, in denen dich Kleinigkeiten fast verrückt machen. Missionare wie Amy Carmichael, die mehr als 55 Jahre lang in Indien lebte, können nur so ihre Arbeit tun: Das Gefühl des Wohlgefallens Gottes stärkt sie. Dein Dienst wird von Gott auch durch Wüstenerfahrungen hindurch entwickelt werden; in Entbehrung und Verlust, in Überfluß und Leid und in Freude. Wenn du die Hindernisse überwindest und lernst, deine Gaben zu gebrauchen, werden sie den Weg für dich freimachen. "Die Gabe eines Mannes schafft ihm weiten Raum, und vor die Großen führt sie ihn." (Sprüche 18, 16). Du hast es nicht nötig, dich vorzudrängen und dir den Weg freizuschaufeln, wenn Gott dir einen Auftrag gegeben hat: es wird geschehen - zu seiner Zeit.

Als ich vor einigen Jahren eine tiefere Erfahrung mit dem Herrn machte, bekam ich den deutlichen Eindruck, ich solle zu schreiben beginnen. Ich konnte mir überhaupt nicht vorstellen, wie das zustande kommen sollte. Daher legte ich den Eindruck beiseite und betete nur selten darüber. Im Jahr 1981 prophezeite mir dann ein Mann Gottes aus heiterem Himmel, daß ich christliche Bücher schreiben würde.

Acht Jahre später sprach ich bei einem Frauenseminar in Lincoln im Bundesstaat Virginia. Dabei lernte ich Sandy und Len LeSourd kennen. Durch ihre Ermutigung und Freundschaft öffnete der Herr eine Tür beim christlichen Verlag *Chosen Books*. Ich war einfach nur gehorsam, als Gott mich an der Seite meines Mannes in eine kleine Gemeinde in Pittsburgh stellte, und er tat den Rest.

Keine Frau braucht sich jemals mühsam ihren Weg freizuschaufeln, damit sie das Beste erreichen kann, das Gott für sie bereithält. Sie muß nur den ängstlichen Geist überwinden, der auch Timotheus in seinem Dienst quälte. Dann können die inneren Hindernisse und Hemmschwellen auf die Seite geräumt werden, die wie Riesen bedrohlich in ihr aufragen und ihren Dienst in der Falle der Furchtsamkeit gefangenhalten wollen.

Timotheus war sehr jung, als er die Verantwortung für die Gemeinde in Ephesus übertragen bekam - besonders im Vergleich zum Apostel Paulus, dessen Ruf ihm überall vorauseilte. Es war nicht leicht, in die Fußstapfen des Paulus zu treten, schon gar nicht für einen schwächlichen jungen Mann, der von seiner gottesfürchtigen Mutter und seiner Großmutter aufgezogen worden war. Der Einfluß eines Vaters im Leben des Timotheus wird in der Bibel nicht erwähnt. Vielleicht hatte Paulus gerade aus diesem Grund so großes Interesse an ihm.

Der Pastorendienst in Ephesus ließ sowohl die besten als auch die schlechtesten Seiten in Paulus' jungem Schützling zum Vorschein kommen. Falsche Lehrer, törichte Frauen, streitsüchtige Menschen und diejenigen, die sich über seine Jugend lustig machten: sie alle lehnten sich gegen ihn auf. Sie schüchterten ihn ein und wollten ihm die Position streitig machen, die Gott ihm gegeben hatte.

Paulus wußte, was Timotheus brauchte: "... erinnere dich, die Gnadengabe Gottes anzufachen, die in dir durch das Auflegen meiner Hände ist. Denn Gott hat uns nicht einen Geist der Furchtsamkeit gegeben, sondern der Kraft, der Liebe und der Besonnenheit." (2. Timotheus 1, 6-7). Um die Riesen der Furchtsamkeit zu vertreiben, die ihn bedrohten, mußte Timotheus die Gabe des Heiligen Geistes neu in sich anfachen. Als Paulus ihn in sein Amt eingesetzt hatte, hatte Timotheus diese Gabe erhalten.

Der Heilige Geist in dir ist stark genug für die Aufgabe vor dir, wenn du innerhalb der Grenzen des Landes lebst, das Gott dir als Erbe gegeben hat. Es gibt keinen Grund, sich in eigener Kraft abzumühen. Versuche nicht, Dinge selbst (mit Druck) voranzutreiben. Laß dich nicht auf Konflikte ein. Entfache nur den Heiligen Geist in dir, bemühe dich, die Gemeinde aufzubauen, und die Kraft Gottes wird einen Weg für dich freimachen.

Wir wollen abschließend gemeinsam überlegen, wie eine Frau den Platz einnehmen kann, den Gott für sie bestimmt hat. Was muß sie tun?

Nimm deinen Platz ein

Noch wanderte das Volk Israel in der Wüste herum, doch jeder sprach bereits über das Land, das sie bald erobern würden. In Kürze würde man Kanaan einnehmen. In dieser Zeit begannen fünf Frauen, sich ernsthaft Sorgen zu machen. Ihr Vater war nämlich bereits in der Wüste gestorben. Nun mußten sie befürchten, nach ihrer Flucht aus Ägypten und dem Kampf in der Wildnis in Armut zu enden, sobald Israels Invasion erfolgreich abgeschlossen sein würde. So nahmen die fünf Schwestern - Tirza, Hogla, Machla, Noa und Milka all ihren Mut zusammen. Sie suchten Mose persönlich auf, um mit ihm über die Angelegenheit zu sprechen. Von ihrem großen Mut berichtet das vierte Buch Mose im 27. Kapitel. Vielleicht war es die erste Demonstration für die Rechte der Frau in der Geschichte! Sie wußten, daß ihnen nicht mehr viel Zeit blieb. Bald würde Israel das Land erobert haben. Ihr Anliegen mußte geklärt sein, bevor sich einflußreiche Männer im Stamm darum kümmern und dafür sorgen würden, daß man sie in der Erbfolge völlig überging. Sie wandten sich daher an Mose und an den Priester Eleasar. Mutig durchbrachen sie die Tradition, stellten sorgfältig ihre Argumente zusammen und machten sich auf den Weg zum Gerichtsplatz.

Alle diese Frauen wünschten sich einen Platz unter den anderen Nachkommen Josephs. Ihr Vater Zelofhad war in der Wüste gestorben, hatte sich aber nicht am Aufstand Korahs beteiligt. Er war also nicht wegen einer gravierenden Übertretung oder Sünde gestorben.

"Warum soll der Name unseres Vater abgeschnitten werden aus der Mitte der Sippe, weil er keinen Sohn hat?" wollten die Frauen wissen. "Gib uns einen Grundbesitz inmitten der Brüder unseres Vaters."

Ihr Anliegen kam beim Ältestenrat anscheinend durch - vielleicht weil es so ungewöhnlich war. Hatte man so etwas schon gehört: Frauen, die um ein Recht auf Grundbesitz bitten! Welcher Ausdruck von Glauben! Ihr Anspruch auf eigenen Grund umfaßte ein Stück Land, das niemand bislang gesehen hatte. Mehr noch: viele Israeliten zweifelten daran, daß sie dieses Land jemals besitzen würden.

Auch Mose muß höchst erstaunt gewesen sein, denn er brachte diesen Fall vor den Herrn. Und der Herr sprach mit Mose direkt über die fünf Schwestern: "Die Töchter Zelofhads reden recht. Du mußt ihnen in der Tat einen Erbbesitz inmitten der Brüder ihres Vaters geben, und du sollst das Erbteil ihres Vaters auf sie übergehen lassen!" (4. Mose 27, 7).

Was wäre passiert, wenn die Frauen niemals gefragt hätten? Wären sie bei all den heimlichen Schiebereien ihrer Verwandten schließlich auf der Strecke geblieben? Was wäre mit ihnen geschehen, wenn der Stamm Manasse sich außerhalb der Grenzen des Landes niedergelassen hätte?

Schauen wir uns noch ein anderes Beispiel aus der Bibel an: Es geht um eine Frau, die den ihr von Gott zugewiesenen Platz einnahm, als das verheißene Land besiedelt wurde.

Als das Volk Israel in das Land einmarschierte, das Gott ihnen versprochen hatte, war Kaleb neben Josua der einzige Jude, der es zuvor betreten hatte. Kaleb war ein Mann voller Visionen. Ohne Zweifel war es ihm gelungen, seine Vision für das Land an seine Kinder weiterzugeben. Das Gebiet, das Kaleb zugesprochen bekommen hatte, war kein leichter Besitz. Er schwor jedoch, es zu erobern, auch wenn es zu diesem Zeitpunkt noch von Riesen besetzt gehalten wurde. Kaleb gab seine Tochter Achsa einem tapferen jungen Mann zur Frau. Zusammen mit einigen anderen Männern hatte er eine der Städte der Riesen erobert, die Kaleb Widerstand geleistet hatte.

Bevor Achsa mit ihrem Mann davonritt, stieg sie noch einmal vom Esel und bat ihren Vater um ein Stück Land. Kaleb gab ihr Negev - ein ebenes, aber trockenes Gebiet.

Achsa, die offensichtlich auch jenen "anderen Geist" besaß, den der Herr schon in ihrem Vater gesehen hatte, bestand auf mehr: "Gib mir einen Segen! Denn ein [dürres] Südland hast du mir gegeben. So gib mir auch Wasserquellen!" (Josua 15, 19).

So gab ihr Kaleb die oberen und die unteren Quellen.

Achsas Bitte machte den großen Unterschied zwischen Unfruchtbarkeit und Fruchtbarkeit aus! Auch die fünf Frauen erhielten ihr Erbe nur wegen ihrer mutigen Bitten.

Steh auf, Frau! Gott hält Wiederherstellung und einen neuen Dienst für dich bereit. Nimm dein Land in Besitz!